U0733602

在线知识传播

媒介化与社会化

林秀瑜　李梦杰　著

中国·广州

图书在版编目（CIP）数据

在线知识传播：媒介化与社会化/林秀瑜，李梦杰著．—广州：暨南大学出版社，2023.12
ISBN 978－7－5668－3833－9

Ⅰ.①在…　Ⅱ.①林…②李…　Ⅲ.①网络传播—知识传播—研究　Ⅳ.①G2

中国国家版本馆CIP数据核字（2023）第252298号

在线知识传播：媒介化与社会化
ZAIXIAN ZHISHI CHUANBO：MEIJIE HUA YU SHEHUI HUA
著　者：林秀瑜　李梦杰

出 版 人：阳　翼
策　　划：武艳飞
责任编辑：王莎莎
责任校对：刘舜怡　王雪琳
责任印制：周一丹　郑玉婷

出版发行：暨南大学出版社（511443）
电　　话：总编室（8620）37332601
营销部（8620）37332680　37332681　37332682　37332683
传　　真：（8620）37332660（办公室）　37332684（营销部）
网　　址：http：//www.jnupress.com
排　　版：广州良弓广告有限公司
印　　刷：广州市友盛彩印有限公司
开　　本：787mm×1092mm　1/16
印　　张：16.5
字　　数：290千
版　　次：2023年12月第1版
印　　次：2023年12月第1次
定　　价：69.80元

前　言

人们在改造世界的实践中获得知识，并将其通过媒介传播开来，推动了人类文明的进程。知识对人类发展的决定性不言而喻，而知识传播所依托的媒介亦具有不可忽略的重要性。媒介在知识传播的过程中扮演着重要的角色，伊尼斯认为，不同的知识垄断倚重不同的媒介，莎草纸、羊皮纸、浆纸、印刷术、广播等传播媒介影响着帝国的知识垄断和统治体制。一如麦克卢汉所言，从人类漫长的历史进程来看，传播媒介说了什么，也许我们早已忘记，但传播媒介本身的特质，则会深刻影响人类文明的兴衰。

如今互联网媒介成为知识传播的重要场域之一，在线知识传播也深刻影响着我们的感觉、思维和表达方式。媒介环境学派认为，我们从媒介内在的符号世界中思考、感知、谈论和表现身边的世界时，我们不是站在传播媒介之外，而是处在传播媒介的符号结构之中。以互联网为核心的数字媒介技术使人类的知识传播活动达到了前所未有的深度和广度，使知识传播的媒介化与社会化特征更加突显。知识传播从人际传播发展到在线传播，从组织中的群体传播发展到社交媒体联通的扁平化传播，从面对面学习发展到混合学习、在线学习，从学校教育走向社会化教育。这些新的传播现象，值得我们关注和研究。这对营造风清气正的网络空间，建设全民终身学习的学习型社会、学习型大国具有重要的意义。

本书讨论了知识传播的媒介化与社会化特征，着重考察知识分享社区、视频分享 App 和移动音频 App 三种主要的互联网媒介产品中知识传播的现象，研究了其传播模式、受众和内容生产者的行为和心理特征。全书共分四个部分：第一部分简述了在线知识传播的媒介化和社会化倾向；第二部分探讨了知识分享社区的知识传播模式、用户的信任度及其影响因素；第三部分分析了视频分享 App 的知识传播模式、用户生产内容动因、受众分享行为及影响因素；第四部分剖析了移动音频 App 的知识传播模式、用户持续使用意愿等。通过这些内容，以期理清互联网中知识传播的规律，优化知识传播的网络空间，培育积极健康、向上向善的网络文化，推动数字文明。

本书可供新闻传播学教育研究部门和广大新闻传播学人士参考，也可作为高等院校开设相关课程的教材或教学参考书。

作　者

2023 年 8 月

目　录

第一章

在线知识传播

…… ……

第一节　知识与知识传播

在现代社会，随着知识在社会生活中的全方位渗透，整个社会的经济、政治、军事、科学、艺术等领域已经发生了巨大的变化。众多学者指出，21 世纪的社会是知识社会，未来的经济是知识经济。显然，知识已经在社会各个方面发挥着至关重要的作用。[①] 如果我们不能正确地认识知识及其概念，就很难理解其在现代社会中究竟扮演着什么样的角色。

一、知识及其概念

（一）知识的定义

知识的概念是哲学认识论领域探讨的一个核心命题。[②] 从哲学认识论的角度来看，知识是对客观世界的主观反映，是事物属性与联系的认识。西方传统哲学关于知识的定义最早起源于古希腊哲学家柏拉图，他在《泰阿泰德篇》中将知识定义为“确证了的真实的信念（justified true belief）”。按照柏拉图的解释，信念、真实和确证构成了知识的三个必要条件[③]，这里有一个表述方式：

命题 *P* 是真的

S 相信 *P*

S 相信 *P* 是确证了的

但值得注意的是，这里是必要条件不是充分条件。就信念而言，知识一定

---

① 胡军. 什么是知识［J］. 求是学刊，1999（3）：5－12.

② 张新华，张飞. “知识”概念及其涵义研究［J］. 图书情报工作，2013，57（6）：49－58.

③ 曹正善. 论教师的实践知识［J］. 江西教育科研，2004（9）：3－6. DOI：10.16477/j.cnki.issn1674－2311.2004.09.001.

是信念，但是信念却不一定是知识。比如说，我们知道地球一直在围绕太阳公转，这是一个客观的事实，也是一个非常基础的科学常识。但是，如果我不相信这是一个事实，那么地球一直在围绕太阳公转这一事实，相对于我而言就不是知识。因此，要使这一事实成为我的知识的一个必要条件就是作为认识主体的我要相信这个事实，要使它成为我的信念。①

在哲学史上，哲学家们很少对某些实质性的哲学问题达成较为一致的看法，但是他们对于“知识构成的三要素”这一问题基本达成了共识。然而，传统的知识构成论却在1963年遭到了挑战。美国哲学家爱德蒙德·葛梯尔在1963年第6期的《分析》杂志上发表了一篇名为《证实了的真的信念是知识吗?》的文章，率先质疑了传统的知识定义。此后，哲学论坛在关于知识定义的问题上陷入了一场旷日持久的辩论，至今仍是众说纷纭。② 许许多多的哲学家都在绞尽脑汁地思考着，如何在传统知识构成论的基础上增补第四个条件，或者通过反证法来回答“知识不是什么”，以使得知识的定义趋于完善。同时，我们也应看到知识论的研究终究是一门综合性的学科，它所涉及的许多问题并不能仅通过纯粹的分析和论证得以解决。因此，有学者提出推进和加强知识论研究的一个有效途径——将知识论的研究同其他相关学科的研究统合起来。③

（二）知识的类型

现代心理学一般将知识分为三类：一是陈述性知识。关于“是什么”的知识，主要反映事物的状态、内容和事物发展变化的时间、原因等，一般可以用口头或书面语言表述清楚。二是程序性知识。关于“怎么做”的知识，主要反映活动的具体过程和操作步骤，应用于实践操作。三是策略性知识。关于“如何学习”的知识。程序性知识涉及的对象是客观事物，策略性知识处理的则是学习者自身的认知活动。④

此外，从类型学看，知识还可分为简单知识和复杂知识、直接知识和间接知识、独有知识和共有知识、感性知识和理性知识、显性知识和隐性知识等。

---

① 胡军. 什么是知识［J］. 求是学刊，1999（3）：5－12.

② 吕旭龙. 论知识定义的困境与转向［J］. 自然辩证法研究，2005（9）：47－51，68. DOI：10.19484/j.cnki.1000－8934.2005.09.011.

③ 胡军. 什么是知识［J］. 求是学刊，1999（3）：5－12.

④ 彭漪涟，马钦荣. 逻辑学大辞典［M］. 上海：上海辞书出版社，2004.

依据不同的划分标准，关于知识的分类如表1－1所示：

表1－1 知识的类型

分类标准	划分类型	解释
知识的可理解程度	简单知识和复杂知识	简单知识是指容易被理解和掌握的基础知识，但内在价值较低；复杂知识是指更具价值的高阶知识，但其被理解和再利用的难度也更大
知识的来源	直接知识和间接知识	直接知识来自个体亲身体验，是主体从其自身的直接经验和间接经验中，自己运用理性思维方式总结、概括出来的；间接知识来自非亲身体验的资料，是主体进行接受、记忆、理解所获得的关于某对象事物的、符合科学的理性认识成果
知识的所有权	独有知识和共有知识	独有知识是个人单独所有的知识，具有专属性；共有知识是社会所有公众都享有的知识，具有共享性
知识的抽象水平	感性知识和理性知识	感性知识是用具体的、生动的形象直接反映外部世界，以事物的现象即外部联系为内容，还没有深入到对事物的本质的认识；理性知识是指人们借助抽象思维，在概括整理大量感性材料的基础上，达到关于事物的本质、全体、内部联系和事物自身规律性的认识
知识的表达	显性知识和隐性知识	显性知识是指能用语言表达清楚的知识，更容易被复制和传递；隐性知识是不能用语言充分表达的知识，如非正式的、难以表达的技能、技巧、经验和诀窍等

（三）知识的过程

知识的过程一般可以分为三个阶段：知识的生产（发现和创造）、知识的传播和知识的应用。

知识的生产一直是标准的职业活动，也被称为科学研究活动，有着完整的活动规范和社会建制。知识的传播过去往往是与研究活动并存的，研究成果的形式和发布、知识的学习方式等，构成了基本的传播活动。在现代社会公共领域建构以后，现代教育、大众媒体以及多元化的社会知识传播通道强化了知识的传播，同时作为知识的接受者也不仅限于社会精英阶层，而是更趋向于大众。知识的传播增进了知识发现和创造的价值意义，也适应了社会不断扩大的知识需求。知识的应用阶段主要体现为知识在社会生活中的实际应用，强调知识的迁移和转化作用。[①] 从知识的内在结构和逻辑联系来看，三个阶段相互影响和渗透。知识的发现和创造是在传播和应用的过程中完成的，可以将知识的增长看作一个螺旋上升的过程，其中传播不断推动着知识的创新与扩散，应用则是在实践中进一步检验知识的科学性。

二、知识传播

福柯曾在《知识考古学》中发问“知识是如何传播的”。知识传播是知识进步不可或缺的环节，这个问题在当代尤为突出。不同于传统社会知识生产中心论的观点，在现代社会，知识的再生产受到资本和权力等复杂关系的制约，使其失去了自身的“使用价值”。知识的价值和使用价值需要在一系列的活动中通过交换和配置实现，人们不仅关心谁创造了知识，更关注谁拥有知识，组织原则和社会关系在其中扮演着重要的角色。知识的社会化、商品化和信息化都是在知识传播的过程中实现的。[②] 因此，让我们再次回归到现代社会“知识是如何传播的”这一问题。

（一）知识传播的概念及基本特征

知识传播是指一部分社会成员在特定的社会环境中，借助特定的知识传播媒体手段，向另一部分社会成员传播特定的知识信息，并期待收到预期的传播效果的社会活动过程。从要素论的角度来看，知识传播由八个基本要素构成，分别是知识传播者，即传播活动的发起者；知识接受者，即知识信息的接受者；传播的内容，即相应的知识信息；传播手段，或称传播方式；传播行为，即知识信息传播时的具体表现方式；传播环境，即知识传播行为发生时的社会环境；传播目的，即知识信息的传播活动所预期的效果；传播效果，即传播活动发生后，知识信息的接受者所产生的变化。[③] 从过程论来看，知识传播的活动过程

① 张艺. 知识与知识传播［J］. 现代哲学，2001（3）：41－44，106.

② 张艺. 知识与知识传播［J］. 现代哲学，2001（3）：41－44，106.

③ 倪延年. 知识传播学［M］. 南京：南京师范大学出版社，1999.

主要由知识传播者、信息、传播媒介、传播对象和传播效果构成。[①] 基于上述观点，可以归纳出知识传播具有以下几个基本特征[②]：①知识传播涉及传播者和接受者两个个体或群体；②知识传播的内容是特定的知识信息，换言之，这些知识信息具有不对称性，能够满足接受者的知识信息需求；③知识传播需要借助语言或非语言媒介以及电子通信系统等传播渠道；④知识传播主要研究单向的交流（不考虑反馈），即从传播者到接受者的知识信息流动。

但随着信息技术的进步和 Web2.0 时代的到来，人们逐渐开始关注知识的反馈，尤其是伴随着知识传播平台的搭建和完善，知识传播从接受者单向地、被动地接受知识转变为接受者与传播者的双向互动和协作式生产，知识传播的主体身份发生转向，传统的接受者成了“内容贡献者”和“内容制作者”，知识传播的内容愈来愈宽泛，知识传播的效率也得到了极大的提高。

（二）知识传播的社会功能

知识传播是人类社会进步不可或缺的社会动力，从知识社会学角度来看，知识传播具有四项基本的社会功能：①加快社会知识自身的生产和进步；②提高社会成员的知识拥有水平；③推动知识成果向生产力转化；④推动工业经济社会向知识经济社会演进。知识传播产生于人类生存与发展的需要，传播的最终目的是尽可能地在最大范围内使知识被人们认识和利用。因此，知识传播的层次和程度某种意义上决定了社会知识化水平。[③]

（三）知识传播的发展阶段

知识传播的沿革与媒介技术的发展紧密相关。从非语言媒介到语言媒介，从印刷媒介到电子媒介，每一次媒介技术的革新都加快了信息生产与传播方式的转变，推动着人类社会文明的进步。从媒介技术变迁的角度来看，现代知识传播大致历经了三个阶段：印刷阶段、电子阶段和网络阶段。[④]

---

① 洪晓楠，任秋霏．知识传播方法的系统探索［J］．系统科学学报，2007（1）：37－43．

② 谭大鹏，霍国庆，王能元，等．知识转移及其相关概念辨析［J］．图书情报工作，2005（2）：13－16，149．

③ 陈则谦．知识传播及其动力机制研究的国内外文献综述［J］．情报杂志，2011，30（3）：131－137．

④ 谢新洲，赵珞琳．网络知识传播的沿革与新特征［J］．编辑学刊，2017（1）：6－12．

1. 知识传播的印刷阶段

汉代造纸术的发明使得人类的印刷出版活动成为可能。随后，唐朝的雕版印刷、北宋的活字印刷术为大规模的出版活动奠定了基础，在知识传播史中产生了深远影响。19世纪后，工业革命推动了廉价纸张和印刷机器的普及，知识传播也全面迈入了印刷阶段。在这一阶段，书籍、杂志、报纸等印刷出版物成为知识传播的重要载体和媒介，推动着知识成为可以被量化生产、大范围传播的信息形式，也促使知识传播逐渐从精英和贵族阶层走向平民大众。印刷媒介在一定程度上能够很好地保存信息，时至今日，它依然是人类知识传播的重要媒介。

2. 知识传播的电子阶段

20世纪80年代，计算机技术和通信技术不断发展，电子书、电子期刊、软件读物等电子出版物成为知识传播的新宠。不同于传统的印刷出版，电子出版物不仅可以采用数字信息记录，实现更高容量、低成本的知识存储和更便捷、高效的知识获取；而且能够融合图像、声音和文字等兼具大众性和视听性的感官文本，极大地丰富了知识传播的内容形式，进一步打破了知识传播的藩篱。

3. 知识传播的网络阶段

20世纪90年代后，随着计算机技术和网络通信技术的长足发展，人类的知识传播开始进入了全面网络化的时代。一方面，国内的知网、万方、维普等网络文献数据库作为重要的知识检索平台，为用户即时获取专业权威的信息资源提供了便利。另一方面，伴随着社交媒体的发展，博客、知乎、豆瓣、B站及喜马拉雅FM等网络平台，已成为公共知识生产与传播的新场域，并形成了"知识共创的数字化社交场所"①。依托于网络技术平台和虚拟学习社区的在线知识传播逐渐建构了数字时代知识传播的新图景。

而如今，人工智能技术和虚拟现实技术的崛起更是推动了网络知识传播的深入发展。例如，基于语音识别、自然语言处理等技术的智能语音机器人能够满足用户高效化的知识获取需求。VR和AR技术能够为用户提供多场景、跨终端的知识体验服务，使用户沉浸于虚拟仿真的学习场景中。同时，区块链技术也为推动数字知识产权保护提供了技术保障，能够不断激发知识生产者进行知

① 姚伟，康世伟，柯平，等. 虚拟网络社区中知识共创的多元衍生研究［J］. 情报理论与实践，2021，44（7）：58－64. DOI：10.16353/j.cnki.1000－7490.2021.07.009.

识创造与创新的活力。在这个以互联网为核心的传播环境中，知识传播呈现出媒介化和社会化的态势。

第二节　在线知识传播的媒介化

从印刷媒介到电子媒介，再到网络媒介和智能媒介，知识传播的身份和边界不断被打破，知识传播发生了媒介化转向。媒介不仅仅改变了知识生产传播的形态，并且媒介技术的变革驱动知识形态的变迁，从而促使更加广泛的主体交互结构、认知基模及社会行动逻辑的调整。① 以互联网为核心的数字媒介技术使人类的知识传播活动达到了前所未有的广度和深度，开启了在线知识传播的新时代，那么基于媒介化社会的语境，我们如何理解在线知识传播的媒介化？

一、在线知识传播的媒介化转向

20 世纪 30 年代，德国的社会学家曼海姆最早将“媒介化”这一学术概念呈现在大众面前，提出了“人类关系的媒介化”②。随后，“媒介化”概念被广泛用于描述媒介对各种社会现象的影响和作用。在理解“媒介化”的时候，可以将其视为一种独特的视角，帮助我们思考媒介是如何“介入”文化和社会实践以及媒介所造成的复杂社会后果。在线知识传播的媒介化转向，其实是从媒介效果论的角度探讨网络媒介对于知识传播生态的打破与重构，过去传统的面对面的知识传播逐渐发展为线上的知识传播和线上、线下混合式的知识传播。在线知识传播呈现出传播环境泛在化、传播内容数字化和传播主体节点化的媒介化特征。

① 朱婧雯．建构主义视域下媒介化知识传播与社会认知［J］．中州学刊，2022（1）：166 - 172.

② COULDRY N．Media，society，world：social theory and digital media practice［M］．London：Polity Press，2012.

（一）传播环境泛在化

网络信息技术和数字媒介的发展为知识传播提供了一个更加高效、智能的泛在化环境。以5G移动互联、物联网、云计算、混合现实等为基础的智能技术，加速推动了智能校园、基于大数据智能的学习空间平台、智能虚拟助理、立体综合智能教学场等“人工智能+教育”应用形态和以“学习者为中心”的智能化教育环境的实现。① 一方面，传统的人机关系被重构，5G助力AI使数据与算法融入教育决策，达到人机协同运作，基于算法的个性化学习模型被广泛应用，知识传播的效能明显提升。另一方面，知识传播的场域发生了转变，云课堂、在线直播、虚拟学习社区等新型交互学习模式应运而生，在线知识传播打破了传统的面对面传播模式。媒介技术可以帮助人们实现跨时空对话，实现知识传播“无处不在，无时不有”的泛在化。

（二）传播内容数字化

全媒体时代，媒介融合和信息化、网络化的纵深发展进一步促进了知识传播介质的更新迭代，知识传播的内容也伴随着传播媒介的变化而呈现出融合式的数字化特征。传统的教材编写方式正被数字化、信息化的软件编辑工具取代②，例如文字、图像、音频、视频、动画等多种媒介形式的融合创新。加之大数据和移动智能技术的辅助，语音助手、一键剪辑等智能化编辑工具和嵌套式模板在教育领域的广泛应用，推动了知识生产者创造更加丰富多元的数字化、可视化的知识产品，也方便了大众进行知识的获取和再生产，“技术化阅读”和“无纸化阅读”趋势显现。③ 同时，社交媒体、短视频平台等微型媒介满足了网络用户在零散的时间节点获取和处理碎片化信息的学习需求，知识传播正在以一种“微传播”方式帮助用户实现自我表达、人际交往和社会认知的价值追求。④

---

① 兰国帅，郭倩，魏家财，等．5G+智能技术：构筑“智能+”时代的智能教育新生态系统［J］．远程教育杂志，2019，37（3）：3－16．DOI：10.15881/j.cnki.cn33－1304/g4.2019.03.001．

② 傅蕾．数字时代新闻理论创新研究［J］．新闻研究导刊，2022，13（2）：91－93．

③ 周宗辉．新媒体时代下校园阅读文化建设研究［J］．教学与管理，2013（36）：9－11．

④ 王萍．微信移动学习的支持功能与设计原则分析［J］．远程教育杂志，2013，31（6）：34－41．DOI：10.15881/j.cnki.cn33－1304/g4.2013.06.012．

（三）传播主体节点化

在当下的网络世界，节点化的用户是传播的基础单元，知识传播主体从现实世界的个体演化为遍布于数字网络中相互连接的数以亿计的节点，这样一个传播网络的基本单元不仅是社会网络的基本单元，还是“内容—社交—服务”的融合单元以及资源的贡献单元。[①] 在知识传播的过程中，节点化的传播主体逐渐取代了中心化的传播主体，每个节点都处于相对平等的地位，受众参与传播和接受知识的积极性被激发，单向度的知识传递模式被打破，多向度的知识流动结构被建立，实现了一种“节点化、网络化”的知识共享模式，并且这种节点共享可以不断扩展和延伸[②]，每一个网络用户都能够自由地参与到知识传播的过程中，共同书写网络时代知识传播的话语体系。

二、在线知识传播的媒介化优势

（一）沉浸式传播改善知识内化体验

随着虚拟现实、增强现实等相关技术的成熟，新的知识吸收方式不断出现，基于沉浸式体验的知识传播将进一步改善用户知识内化的体验和效果。[③] 一方面，手机、电脑、电子阅读器等电子设备的跨屏互联，音频、视频、直播及AR、VR、MR等沉浸式的跨场景交互，使知识传播不断突破场景限制，推动数字阅读从“可看”向“可视”迈进。[④] 另一方面，图书馆、书店等传统阅读空间接入虚拟现实技术以后，将知识传播从纯阅读模式发展为交互式全场景沉浸式体验模式，各类设备通过物联网和基于云的管理平台，将线下和线上空间连

---

① 苏涛，彭兰. 多元化、精细化与范式创新：2016 年新媒体研究的特点与进路［J］. 国际新闻界，2017，39（1）：41－62. DOI：10.13495/j.cnki.cjjc.2017.01.003.

② 丁凯，宋林泽. 自媒体视域下的高校宣传教育网络建设［J］. 教育研究，2015，36（4）：49－56.

③ 丛挺. 基于知识链的全球学术出版服务模式创新研究［J］. 出版科学，2018，26（1）：27－32. DOI：10.13363/j.publishingjournal.2018.01.006.

④ 管卫东. 图书馆线上阅读空间发展研究［J］. 图书馆工作与研究，2021（2）：15－20，27. DOI：10.16384/j.cnki.lwas.2021.02.002.

接起来，为用户创造了更加智能的服务环境。[1] 知识传播正朝着全息传播的方向发展，成为探索知识内化、渗透化的重要途径。

（二）网络互动平台激发潜在学习动力

相较于以往灌输式、注入式的知识传播模式，网络知识传播更加注重知识传播者与接受者的互动过程，强调参与式、交互式学习，尤其是网络知识社区与问答平台的出现，吸引了更多的网络用户参与到知识传播的互动过程中来。在这个过程中，知识接受者的主体性和能动性通过在线传播的交互式体验被激发，加深了知识接受者对知识深入探究与合作学习的兴趣[2]，从而激发了其潜在的学习动力，不再被动、滞后地接受知识，而是自发、主动地获取知识。依托于网络互动平台，简单、单向的知识传播逐渐过渡到复杂、多元的知识交流以及在此基础上形成对新知识的探索与创造[3]，广大的网络用户将成为知识创新与扩散的重要力量。

（三）移动传播技术建构全球化学习系统

在某种意义上，伴随着移动传播技术的发展，麦克卢汉口中的“地球村”已然实现[4]，知识传播的全球化趋势不可阻挡，全人类共享知识成果成为每个国家和人民的共同愿望。如果不是由于世界各国政治意识形态壁垒和文化屏障的阻碍，人类的数字化全球学习基础结构会更快建立起来。所谓数字化全球学习基础结构，是指建立在全球共同合作基础上的实时性、互动式因特网教育服务系统。借此系统，学习者在任何时间和任何地点，都能按自己的需要享受世界上最优秀的多媒体交互式网络教学课程，学习最先进的知识技术。[5] 虽然数

---

① 肖铮，黄国凡．ACRL 2020 年学术图书馆趋势报告解读及其对我国高校图书馆“十四五”规划的启示［J］．图书馆学研究，2020（24）：2－7，21．DOI：10.15941/j.cnki.issn 1001－0424.2020.24.001.

② 付若岚．互动视频的知识众包：基于 bilibili 弹幕网站知识区社群的研究［J］．西南大学学报（社会科学版），2021，47（6）：190－199，260．DOI：10.13718/j.cnki.xdsk.2021.06.020.

③ 张晓林．研究图书馆 2020：嵌入式协作化知识实验室？［J］．中国图书馆学报，2012，38（1）：11－20．DOI：10.13530/j.cnki.jlis.2012.01.004.

④ 龙迪勇．空间叙事学［D］．上海：上海师范大学，2008.

⑤ 陈英，李俊华．论知识的三种主流传播方式［J］．济南大学学报（社会科学版），2001（5）：82－86，93.

字化全球学习系统的建构、完善，还要克服种种困难，但伴随着经济全球化的深入发展，这一目标终将实现。

三、在线知识传播的媒介化风险

作为21世纪知识的主流传播方式，虽然媒介化知识传播的优越性无与伦比，但是其缺陷也不容忽视。技术进步在为人类带来福音的同时，往往也会带来负面影响。适应信息技术的发展，应运而生的网络传播，在极大促进知识传播与经济增长的同时，对传统价值观和道德文化也提出了重大挑战①，在线知识传播的媒介化风险成为学界和业界的一个重要议题。

（一）算法偏见加剧知识传播不平等性

以互联网和智能算法为代表的数字媒介作为一种新的结构社会的力量，推动了社会进入深度媒介化时代。② 算法强化了一种越来越精确并且无处不在的知识传播机制，它不断挖掘对用户有意义的数据，预测和控制他们的行为，在提升知识传播精准性和高效性的同时，也存在着破坏社会公平性的风险。算法传播中的知识来源于用户个人的日常生活习惯、行为偏好和社会关系等形成的复杂网络。其中不可避免夹杂了大量个性化观点，带有偏见的数据也成为算法的源代码。因此，建立在用户行为数据上的算法选择和解决问题的模型极有可能增加实际传播中的不平等。算法传播携带的知识权力，会对智能媒体中个人和群体的选择和行动产生重大干扰，这使算法传播成为知识规训的新手段③，这种不透明性和强制性在一定程度上剥夺了我们对信息获取的自主权。

（二）娱乐化传播消解知识内容严肃性

知识的娱乐化是互联网知识盈余时代的新兴消遣方式。媒体融合背景下催

---

① 陈英，李俊华. 论知识的三种主流传播方式［J］. 济南大学学报（社会科学版），2001（5）：82－86，93.

② 喻国明，耿晓梦. 元宇宙：媒介化社会的未来生态图景［J］. 新疆师范大学学报（哲学社会科学版），2022，43（3）：110－118，2. DOI：10.14100/j.cnki.65－1039/g4.2022.03.002.

③ 全燕. 智媒时代算法传播的形态建构与风险控制［J］. 南京社会科学，2020（11）：99－107. DOI：10.15937/j.cnki.issn1001－8263.2020.11.014.

生了新的传播形态，网络交互技术和社交媒体赋予知识传播娱乐消遣的新特征。[①] 一方面，娱乐化的叙事风格在知识传播领域不断蔓延，知识趣味游戏、知识动画视频等形式层出不穷。这使得学习内容在表达方式上的观赏性增强，最终显现为碎片化学习内容在大数据时代逐渐趣味化。[②] 这一转变赋予了知识传播活动强烈的世俗化、生活化、娱乐化色彩。另一方面，部分媒体为了提高账号的关注度，满足网民的猎奇心理，在传播议题和内容上呈现出过度娱乐化的现象。例如，信息发布者采取过分滑稽、低俗的表演形式来吸引大众、博取关注。这不仅降低了专业化知识的传播力度，还消解了传播内容的严肃性和权威性。[③]

（三）自媒体环境导致伪科学现象盛行

自媒体的爆炸式增长导致“伪科学”和“伪科普”大量涌现。[④] 随着互联网和信息化的普及，网民逐渐依赖各种渠道获取信息，这为谣言的滋生与泛滥创造了条件。由于网络信息发布门槛的降低，“人人皆媒”导致信息把关缺失，传播内容鱼龙混杂、真假难辨，各种知识获取诉求的交织使得信源五花八门，特别是依托科学技术的谣言；加之网络世界的虚拟性和隐匿性也导致部分网络用户在受到情感和非理性因素的刺激之下，会被网络上纷繁复杂的信息内容所迷惑，对所谓的“专家言论”“科学知识”盲听、盲从。谣言在“科学”的包装下被公众视作不可推翻的存在，公众内心的不安全感和焦虑被触发，科学的理性与情感的非理性在一定程度上形成对立与互动。[⑤]

---

① 邓莉丽．消费文化视野下社会化问答社区的知识传播研究［D］．南京：南京师范大学，2017．

② 董彦良．大数据时代成人碎片化学习：趋势、痛点与提升路径［J］．中国成人教育，2020（16）：4－10．

③ 王会文．打造“知识网红式”思政教育新模式［J］．人民论坛，2020（17）：104－105．

④ 张迪，童桐，施真．新媒体环境下科学事件的解读特征与情绪表达：基于新浪微博“基因编辑婴儿”文本的框架研究［J］．国际新闻界，2021，43（3）：107－122．DOI：10.13495/j.cnki.cjjc.2021.03.006．

⑤ 李琪．科学谣言网络传播的情感驱动机制研究［D］．沈阳：辽宁大学，2021．DOI：10.27209/d.cnki.glniu.2021.001014．

第三节 在线知识传播的社会化

网络媒体的开放性、互动性、参与性和去中心化等特征改变了信息产生和扩散方式，打破了传统的信息传播格局。[①] 在线知识传播也伴随着信息交流方式的转变，逐渐呈现出社会化的发展趋势。

一、在线知识传播的社会化表征

从社会层面来看，移动互联网正在重塑生活场景，其与现实生活的紧密结合推动了知识传播的泛在化。在线知识传播的社会化进程不断加快，知识传播的时空范围被进一步拓展，不再囿于学校教育、企业培训等特定的环境系统，知识传播开始从组织内部走向社会公众，极大地丰富了知识的普及面和应用场景，在线知识传播呈现出扁平化传播、参与式传播和圈层化传播的社会化表征。

（一）基于社交媒体融合的扁平化传播

网络时代，由于各种社交媒体和知识分享平台的整合优化，进一步满足了社会公众快速化、碎片化和个性化的知识需求。过去孤立、冗杂的传播流程被更加集成、高效的传播模式所替代，自此进入了知识信息的扁平化传播时代。在线知识传播的扁平化主要表现在三个方面：一是存在于知识传播者与接受者之间的时空限制被扁平化了，人们可以随时将知识传递和分享到社会范围的各个角落；二是各种传播渠道相对独立的空间距离被压缩了，“多位一体”“集成一屏”的知识传播格局正在形成[②]；三是用户的互动机制与在线社交知识平台的扁平化结构，使得用户可以对多种在线资源进行整合应用，从而实现普遍深

---

① 传媒视点［J］. 青年记者，2016（27）：4－5.

② 王长潇. 网络时代大众媒介传播的新模式：“扁平”传播［J］. 新闻大学，2001（4）：68－69.

入的知识建构。[①] 在社会化知识平台上，用户自行扮演着不同的角色，进行充分交互和协同作用，使知识在传播过程中从无序向有序、从零碎向整合发展[②]，展现了在社会化媒介融合中知识传播的新发展。

（二）基于社会资源共享的参与式传播

在认知盈余时代，知识不再是一种稀缺资源。开放的网络和社交媒体为用户提供了知识交换与资源共享的社区平台，以往单向的知识呈现式传播转化为双向甚至多边的用户参与式传播，并形成了相应的激励机制。原本存在已久的知识型供需关系，在近两年里呈现井喷式发展，强社交的知识变现逐渐发展成为认知盈余时代下注意力经济的关键模式。[③] 这里的“知识”，其本质是通过交易手段使得更多的人愿意共享自己的知识积累和认知盈余，是通过市场规律和便利的互联网传播达到信息的优化配置。从传播特点看，知识付费平台作为一种开放型内容平台，实现了将信息发布的权力下沉，使每个个体充分参与到信息生产的过程中，那些原本散落在个体身上的闲置时间与知识（认知盈余）被重新激活，使其得以在内容平台中被聚合、被发掘、被检索[④]，逐渐形成一种全民共享的参与式知识传播生态。

（三）基于网络知识社群的圈层化传播

网络社群已经成为新媒体时代基本的社会组织单元，它以颠覆性的信息传播模式催生出新的知识传播范式——圈层化传播。[⑤] 这种圈层化传播的底层逻辑是专注于垂直领域，构建有辨识度的文化圈层，打造独特的网络知识社群，从而占领细分市场。网络知识社群是指有着相同特征和需求，基于某一细分知识领域而聚集于网络社交平台的趣缘群体。他们通常对某一个领域的知识、经

---

① 张伦，李永宁，吴晔. 绘制知识版图：在线知识分享系统的知识协同构建［J］. 新闻与传播研究，2021，28（1）：52－70，127.

② 韩志严. 社会化媒体中知识传播的自组织研究：以“知乎”为例［J］. 新闻研究导刊，2016，7（3）：32－33.

③ 喻国明，郭超凯. 线上知识付费：主要类型、形态架构与发展模式［J］. 编辑学刊，2017（5）：6－11.

④ 徐敬宏，程雪梅，胡世明. 知识付费发展现状、问题与趋势［J］. 编辑之友，2018（5）：13－16. DOI：10.13786/j.cnki.cn14－1066/g2.2018.5.002.

⑤ 蔡骐. 网络社群传播与社会化阅读的发展［J］. 新闻记者，2016（10）：55－60. DOI：10.16057/j.cnki.31－1171/g2.2016.10.042.

验或信息有着共同的需求。[①] 基于网络知识社群的圈层化传播，不仅通过大规模内容的聚合与长尾内容的多元分化构建了网络社群空间中的海量知识版图，还利用网络社交的群体信任和感染机制推动了同伴学习、合作学习等交互学习模式在线上领域的创新发展。知识在社交互动中得以丰富拓展，在圈群碰撞中实现裂变传播，在“共识”“共论”的基础上形成更具广泛意义的“知识共同体”[②]。

二、在线知识传播的社会化动因

（一）话语权下沉推动知识社会化生产

知识生产在过去是被精英阶层和特权阶层垄断的专业化生产，往往需要花费大量的时间和金钱去组织专家投入知识的生产，权威话语权被上层社会牢牢掌控。然而，互联网和信息技术的发展打破了这一局面，政治权力控制的知识生产格局开始瓦解，为更多普通民众成为思想的发源地提供了可能。[③] 大众媒介将社会各个阶层的群体进行勾连，并为其提供了发声的平台，多元的声音开始从沉默的边缘地带走向了中心，话语权下沉推动了知识的社会化、大众化生产，个体的知识传播话语权被重新激活，大众拥有了知识生产者和消费者的多重身份，从而扩大了知识的流动范围。

（二）商业资本运作捕捉大众消费心理

在数字技术赋能教育产业的背景下，商业资本注意到在线知识平台和相关产业链所蕴藏的巨大利润空间，开始不断加大线上教育的数字营销力度，随着资本深度介入知识的生产与传播，知识付费成为一种普遍的商业现象。[④] 多元化的知识付费模式也给知识传播环境带来了重大影响，包括推动知识付费群体的形成、出版社向全方位知识服务转型、降低传播噪音扩张、“长尾”孕育细

---

① 鲍静，裘杰. 内容、平台、社交、服务：在线知识付费持续发展的四大面向［J］. 出版科学，2019，27（2）：65－70. DOI：10.13363/j.publishingjournal.2019.02.012.

② 付若岚. 互动视频的知识众包：基于 bilibili 弹幕网站知识区社群的研究［J］. 西南大学学报（社会科学版），2021，47（6）：190－199，260. DOI：10.13718/j.cnki.xdsk.2021.06.020.

③ 邱贻馨. 从共享到付费［D］. 武汉：武汉大学，2019.

④ 丁晓蔚，王雪莹，高淑萍. 知识付费：概念涵义、兴盛原因和现实危机［J］. 当代传播，2018（2）：29－32.

分的利基市场等方面。[①] 由此加速了知识传播的商业化进程，知识传播机构成为营利或半营利组织，知识接受者付费享受知识，以期实现个人价值。[②] 特别是当下社会内卷化趋势明显，传统的教育模式已不能消弭社会发展带给人们的知识焦虑[③]，人们愈发需要更加高效、便捷的知识获取通道，大众差异化的知识诉求被商业资本捕捉并放大。

（三）知识产权法律完善促进知识创新

知识产权法是通过保护知识财产所有人合法权益、鼓励知识创新来实现维护社会公平、促进社会进步的目标。[④] 随着知识产权立法越来越完善，强有力的知识产权保护促进了知识创新，知识创新成为实现个人价值的重要途径，这也有力地促进了知识传播。[⑤] 在我国，商标法、专利法、著作权法等法律相继颁布、实施，知识产权法律体系初步形成，知识产权立法秉持着"保护专有权利"与"促进知识传播"的二元宗旨，既尊重和保护权利，但又合理限制权利，防止权利滥用，从而达到各方主体之间的利益平衡。[⑥] 在网络和知识产权结合越来越紧密的今天，加强互联网成果的知识产权保护，推动知识产权法律的本土化构造，对于实现社会公平正义、提升知识传播效能具有重要的现实意义。

三、在线知识传播的社会化效应

（一）科技推动社会教育公平实现

在线知识传播作为社会知识传播系统的一部分，在促进社会成员知识水平提升上起着重要的作用。尽管人们在使用数字技术的过程中存在一定的信息误差，但随着社会的不断进步，发展不平衡的矛盾有所缓和，尤其是新一代信息

---

① 张利洁，张艳彬．从免费惯性到付费变现：数字环境下知识传播模式的变化研究［J］．编辑之友，2017（12）：50－53．DOI：10．13786/j．cnki．cn14－1066/g2．2017．12．009．

② 陈英，李俊华．论知识的三种主流传播方式［J］．济南大学学报（社会科学版），2001（5）：82－86，93．

③ 詹秦川，杜俊璇．知识付费平台运营策略探析：以樊登读书为例［J］．出版广角，2020（3）：67－69．DOI：10．16491/j．cnki．cn45－1216/g2．2020．03．020．

④ 吴汉东．论反不正当竞争中的知识产权问题［J］．现代法学，2013，35（1）：37－43．

⑤ 陈英，李俊华．论知识的三种主流传播方式［J］．济南大学学报（社会科学版），2001（5）：82－86，93．

⑥ 吴汉东．中国知识产权法律变迁的基本面向［J］．中国社会科学，2018（8）：108－125，206－207．

技术的普遍应用和基础数字设施的建设，拓宽了知识传播的范围和渠道，加速了知识溢出流动[①]，在一定程度上改变了乡村、山区等地区教育相对落后的境况。在线知识传播的社会化，为社会成员提供了更为广泛的受教育的机会，人们可以普遍享受到科技进步带来的知识成果，共同践行教育公平的理念，不断缩小城乡之间乃至整个社会的知识差距。

（二）数字引领知识产业经济发展

当下，知识经济的发展发生了重要转向，网络经济异军突起，成为知识经济时代一种最具活力的经济形态。[②] 尤其是在数字中国的背景下，在线教育作为知识经济时代一种以互联网和移动终端为技术支撑的新兴产业，正在焕发出勃勃生机，引领新一轮数字消费新趋势。后疫情时代也为数字产业发展提供了契机，远程教育、直播授课等在线知识传播模式被大力推广，2020 年中国在线教育用户达到 4.23 亿人，在线教育产业规模超过 4800 亿元[③]，随着资本入场和产业革新，在线知识传播的产业格局逐渐成形。在线知识传播的社会化，成为加速知识利用转化和知识经济发展的“助燃器”。

（三）智慧赋能国家文化软实力提升

在线知识传播是人类社会发展的必然结果，是社会生产力和科学技术高度发展的产物，同时也是一种符合知识社会要求的知识传播方式。当今时代，国与国之间竞争的核心，是知识生产能力的竞争，哪个国家能够保持更高的知识存量水平和知识增量水平，哪个国家就能保持竞争优势。[④] 近年来，国家多次出台相关政策，鼓励社会层面的科技创新和知识创新，高度重视文化教育行业的推陈出新、提质增效。通过在线知识传播的社会化发展，讲好中国故事，传播中国声音，对于推动我国文化软实力的提升和国际话语权的掌握具有重要的现实意义。

---

① 李海超，肖瑶．ICT 提升区域创新效率的作用机理研究［J］．软科学，2021，35（5）：20－26．DOI：10.13956/j. ss.1001－8409.2021.05.04.

② 王法硕．公民网络参与公共政策过程研究［D］．上海：复旦大学，2012.

③ 张伟，吴晶琦．数字文化产业新业态及发展趋势［J］．深圳大学学报（人文社会科学版），2022，39（1）：60－68.

④ 陈英，李俊华．论知识的三种主流传播方式［J］．济南大学学报（社会科学版），2001（5）：82－86，93.

第二章

知识分享社区的知识传播：泛在化的传播模式

…… ……

信息技术的发展使知识传播方式发生了深刻变化。以移动媒体为主体构成的泛在传播生态成为信息传播的主要场域，也带动了泛在化的知识传播模式转变。依托于移动互联网的知识分享社区作为主要的泛在知识传播平台，表现出面向泛在情境的个性化需求、面向长尾效应的多样化需求、面向问题解决的专业化需求、面向互动探究的最优化需求的新特征。2011 年上线的知乎，作为我国最具影响力的知识分享社区，通过引入社交关系来促进问与答，致力于持续打造以知识分享为核心的社区生态。在这个知识分享社区中，泛在知识传播是如何发生的？知识分享社区中泛在知识传播要素存在哪些特点？

第一节　知识分享社区与其传播生态

一、知识分享社区

互联网时代知识生产和分享的社会化浪潮已经到来。① 在线知识分享是指人们以互联网为中介，将专业知识、技能、价值观念、见解、经验等传递给他人的过程。② 知识分享社区正是基于在线知识分享所形成的虚拟社区，根据不同的社区定位，建构以共同兴趣和利益为纽带的知识社群③，通过互动问答、视频直播等形式生产、分享和传播相关知识。知识分享社区集知识信息加载、查阅、检索、系统管理、即时通信等功能于一体，已成为知识传播、分享和交流的重要平台。伴随着知识分享形态的变革，知识分享社区也发展出了从免费到付费、从内容的微量生产到批量生产的运作模式，诸如国外的 Quora、TED，国内的知乎、百度知道、果壳网、得到等知识分享社区均在知识服务领域取得

① 杨帆. 国际知识分享社区中孔子知识的生产和传播：以 Quora 为考察对象 [J]. 东岳论丛，2021，42 (7)：85 – 95.

② 黄顺铭. 虚拟社区里的知识分享：基于两个竞争性计划行为理论模型的分析 [J]. 新闻与传播研究，2018，25 (6)：52 – 76，127.

③ 孙丽萍. 虚拟社区中的知识分享行为分析 [J]. 合作经济与科技，2007 (21)：54 – 55.

了巨大成功。①

二、知识分享社区的传播生态

随着5G、大数据、云计算、物联网、人工智能等技术不断发展，移动媒体进入了加速发展的新阶段，以移动媒体为主体构成的泛在传播生态成为信息传播的主要场域。在全程媒体、全息媒体、全员媒体与全效媒体形成的全媒体传播体系中，信息无处不在、无所不及、无人不用，知识传播方式也发生了深刻的变化，形成了泛在化的传播生态。知识分享社区作为当下主流的在线知识传播平台已然融入了网络时代的泛在传播生态，用户可以在平台上即时获取和分享各种类型的知识，并且被赋予了内容生产和制作的权利，营造了主体多元、内容开放、资源共享的泛在化传播环境。

第二节　泛在知识传播的内涵及特征

一、泛在知识传播的内涵

知识传播是指在一定的社会环境下，知识拥有者通过合适的传播渠道和方式，向其他社会成员传递自己的知识信息，并期望获得某种传播效果的社会活动过程。② 泛在网络则指“人（与/或）设备能够在遇到最少技术限制的情况下，在任何时间、任何地点、以任何方式接入服务和通信的能力”③。日本政府曾制订U-Japan计划，其中“U”代表了四层含义：泛在（Ubiquitous，指联结所有的人和物）、普适（Universal，指人和人之间的心灵接触）、面向用户（User-oriented，

① 夏苏迪，邓胜利，李雅静. 用户契合视角下知识分享社区专家贡献度评价研究［J］. 情报资料工作，2021，42（6）：74－81.

② 郭海威，李闰润. 社会化媒体中知识传播的特征与模式研究［J］. 新闻世界，2017（5）：92－96.

③ ITU-T Study Group 13. Oveview of ubiquitous networking and of its support in NGN［S］. ITU，2009.

指融合用户观点）、独创（Unique，指激发个性和活力）。[①]

泛在知识传播是在知识传播和泛在网络含义基础上衍生出的概念，主要具有两层含义：一是指知识的自由广泛传播，它突破了具有严格限制的基于商业模式上的知识传播，使人类知识发挥了更大的效用，促进了人类知识的共享和交流；二是指知识的多通道传播，使用新的信息技术，为人们提供多样化的知识传播通道与手段，为用户构建一个立体空间的知识获取与交流的环境，使知识传播嵌入人们的工作与生活中，为人们构筑一个泛在的知识环境。[②] 因此，泛在知识传播是指个体在任何时间、任何地点、以任何方式，向在线知识社区其他成员传递自己的知识信息，并期望获得某种传播效果的社会活动过程。目前对泛在知识传播的研究主要涉及模式、平台、用户等方面。

（一）对泛在知识传播模式的研究

对泛在知识传播模式的研究有类型化的模式，如欧阳剑基于传播方式和媒介类型将泛在知识传播划分为基于搜索引擎、基于开放存取（OA，又称开放获取）、基于 Web2.0 和基于云技术的四种模式。他认为搜索引擎依靠爬虫技术集中整合了互联网上众多的信息资料，使其成为一个庞大的、开放共享的多元资源库和知识库，成为泛在知识传播的重要途径；开放获取通过赋权打破了知识垄断，进一步保障了公众在网络环境获取科学研究信息的自主权；Web2.0 理念的开拓性发展提供了一种基于人际关系的互联网知识传播模式，这种模式能够利用社交网络促进知识的广泛传播，加速知识的转化与共享，塑造一种更加平等、自由、开放的传播环境；而云技术则是进一步使知识传播突破了时空限制，可以让用户充分利用碎片时间进行资源分享和学术互动，满足了用户随时随地获取知识的需要。[③] 郭海威等在此基础上，研究了社会化媒体的泛在知识传播，结合具体案例梳理了这一环境下的知识传播模式，主要包括搜索引擎类、众包模式类、知识问答类、资源共享类、在线教育及游戏类等，他认为搜索引擎类、在线教育及游戏类知识传播模式能够提供及时便捷的知识信息，用户可以实现

---

① 张海，李馨．日本移动学习实践研究前沿：对话东京大学教育技术首席专家山内祐平副教授［J］．中国电化教育，2009（9）：1－6.

② 欧阳剑．从知识传播通路整合到泛在知识传播：网络知识传播新趋势［J］．情报探索，2013（6）：20－23.

③ 欧阳剑．从知识传播通路整合到泛在知识传播：网络知识传播新趋势［J］．情报探索，2013（6）：20－23.

随时学习的行为；众包模式下的知识传播由于其用户生产内容的外包模式而以系统性为主；资源共享类、知识问答类模式下的知识传播，门槛较低，知识信息的质量也参差不齐，加之其信息需要用户的提供与完善，因此及时性与系统性都不明显。① 也有学者基于知识传播流程的模式，提出泛在化传播环境下的知识传播路径包括知识诉求阶段、知识交换阶段、知识再生阶段三个阶段。② 这些研究对泛在知识传播的机理机制进行了分析。

（二）对泛在知识传播平台的研究

对泛在知识传播平台的研究，主要从泛在知识传播平台促进知识传播的广度和深度展开。王雪基于广西师范大学出版社知更社区，研究了在新媒介环境下出版社如何利用自身优势构建知识传播、开展知识服务，深入分析知更课程、知更读书、知更讲座构成的知更社区知识服务体系，发现知更社区通过线上、线下的知识流动，呈现出不同于纯网生知识服务平台的旺盛的生命力。③ 张学颖等研究了利用微信公众平台进行科技类知识传播，认为微信公众平台不但提升了科技类知识的传播速度，还降低了网民获取知识的难度，通过泛在知识传播凸显了强化知识传播目标和扩大传播面的作用，同时由于平台传播的开放性，使得知识产权被侵犯等事情经常发生，需要加强对知识产权的监管和保护，提高传播平台的权威性。④ 此外还有学者关注到泛在知识传播如何推动知识付费平台的崛起与发展，张艳彬基于京答、得到、喜马拉雅 FM 三大平台的知识传播，研究了从免费共享到付费传播中知识变现产生的社会效应，包括培养公众付费意识、推动出版企业向知识服务转型、催生实践社区的经济逻辑以及发展利基市场等方面。⑤ 这些研究分析了泛在知识传播平台的传播属性和效应。

---

① 郭海威，李闰润．社会化媒体中知识传播的特征与模式研究［J］．新闻世界，2017（5）：92－96.

② 林秀瑜，杨琳．泛在学习环境下知识分享社区的知识传播研究：路径与要素［J］．中国电化教育，2018（4）：35－40，81.

③ 王雪．出版业转型背景下“知更社区”的知识服务研究［D］．济南：山东大学，2018：58.

④ 张学颖，罗萍．科技类微信公众平台在知识传播中的作用［J］．传播与版权，2019（4）：113－114.

⑤ 张艳彬．从免费共享到付费传播［D］．兰州：兰州大学，2018：46.

（三）对泛在知识传播用户的研究

对泛在知识传播用户的研究主要集中在探究用户关于知识传播的意愿和动机，如宁菁菁使用“弱关系理论”分析了知乎的传播机制，发现知乎用户在内部动机方面，自我效能与知识贡献的程度呈现显著相关关系；在外部动机方面，利他心理与知识贡献的程度呈现显著相关关系；在环境方面，虚拟社区成员感知的乐趣与知识贡献的程度呈现显著的相关关系；在个人特征方面，工作时间与知识贡献的程度呈现显著相关关系。[①] Lou 等研究了在线问答社区中用户对知识传播贡献的影响因素，研究结果表明声誉奖励、学习、知识自我效能感和享受帮助是用户进行知识传播贡献的重要动机因素，声誉奖励作为外部监管的一种体现，对知识贡献数量的促进作用要大于质量，而知识自我效能感作为内在动机的一种表现，与知识贡献质量的相关性更强。[②] 此外，也有不少研究关注到用户意见领袖在知识传播中的作用，如童莉莉等基于发帖类型、发帖量、浏览量、发帖内容等行为或内容数据，提出了在线知识社群意见领袖识别模型。[③] 这些研究分析了泛在知识传播中用户的行为和心理特征。

二、泛在知识传播的特征

从目前对泛在知识传播模式、平台和用户的相关研究可以看出，相对于传统的知识传播，依托于信息技术和网络平台的泛在知识传播在传递与普及知识等方面正在发挥越来越重要的作用。主要形成了以下特点：

（一）面向泛在情境的个性化需求

泛在知识传播面向泛在情境的个性化需求，关注个体的认知需求，通过泛

① 宁菁菁. 基于“弱关系理论”的知识问答社区知识传播研究：以知乎网为例［J］. 新闻知识，2014（2）：98－99，50.

② LOU J，FANG Y，LIM K H. Contributing high quantity and quality knowledge to online Q&A communities［J］. Journal of the American society for information science and technology，2013（2）：356－371.

③ 童莉莉，李荣禄，闫强. 在线知识社群中的意见领袖识别模型研究［J］. 中国电化教育，2019（3）：97－103.

在网络为其创设不同的学习情境，通过清晰的用户画像提供不同的知识产品内容和定制化知识服务，满足用户个性化的认知需求。个体在泛在知识传播中，基于心理认知需求的满足，往往会沉浸于创设的情境，被赋予更多的自主选择权和更丰富的学习体验，不仅可以参与知识的传播，还能参与内容的生产，是一种互助式的去中心化传播。

（二）面向长尾效应的多样化需求

泛在知识传播面向长尾效应的多样化需求，关注问题解决的广度。泛在知识传播依托于网络平台扩大了知识传播的范围，不仅能够满足头部用户的知识需求，还能关注到大量用户的长尾需求，使知识传播更加大众化和多元化。在社交性的参与传播中，知识分享社区会将大量个人隐性知识转化为多样化的显性知识，知识传播的内容不再局限于传统的教学教材，而是覆盖到了更加广泛的知识领域，通过对不同类型知识的传播、利用和共享，将用户感兴趣的尾部内容呈现在用户面前，满足了他们多样化的认知和学习需求。

（三）面向问题解决的专业化需求

泛在知识传播面向问题解决的专业化需求，关注问题解决的深度。泛在知识传播进一步打破了知识传播的壁垒，人们在追求知识丰富性的过程中，越来越注重对细分领域专业知识的深度挖掘，在知识共享内在动能的刺激下基于互联网的垂直性内容深受用户的青睐，输出的垂直内容越专业越能占领知识传播的先机。自媒体式的垂直领域传播聚集了领域中的专家，担任着重要的意见领袖角色，基于垂直领域的专业内容生产与基于内容编辑的互动，能帮助用户找到可靠的、高质量的问题解决方案。

（四）面向互动探究的最优化需求

泛在知识传播面向互动探究的最优化需求，关注问题解决的互动。泛在知识传播充分利用了具有高度交互性的网络环境优势，以信息技术为核心，以协作、共享为基础，为用户构建了一个网状的立体知识传播空间，打破了传统的单线传播模式，加强了知识生产者与接受者之间的互动交流，为知识传播与知识再生提供了有效的协商机制，知识分享社区在这种共同书写的机制下，满足了用户获取问题解决最优方案的需求。

从泛在知识传播特征出发，可以看到泛在知识传播的各个要素都表现出了不同于以往知识传播的新特征。在此基础上，本研究将以知识传播中传播者、接受者、传播渠道、传播内容、互动反馈和传播效果为模型要素，进一步探讨知识分享社区的泛在知识传播模式。

第三节　知识分享社区的泛在知识传播模式

知乎是一个典型的知识分享社区，它为用户提供核心功能“问答”社区，此外还提供短内容分享功能“想法”，付费咨询功能“值乎”，在线课程分享“Live 小讲”“私家课”，知乎书店“读书会”“有声书”“电子书”等一系列知识产品和服务。知乎拥有活跃的庞大用户群，根据知乎 2022 年第二季度未经审计的财务报告，截至 2022 年 6 月 30 日，知乎内容累计达 5. 51 亿条，同比增长 31%。第二季度平均月活跃用户（MAU）达到 1. 059 亿，同比增长 12. 3%；月均付费会员数达到 846 万，同比增长 78. 3%。2022 年 7 月，月付费会员数更是突破 1000 万。因此，本研究以知乎为个案，分析知识分享社区的泛在传播模式，发现其用户社群“去中心化”与“新中心化”并存，形成泛在式的“沉浸传播”与“参与传播”，“用户内容生产”与“专业内容生产”构成其内容生产方式，互动具有“个性化”与“集体性”的属性，主要达成了用户的“认知满足”与“娱乐化满足”，传播模式如图 2－1 所示。

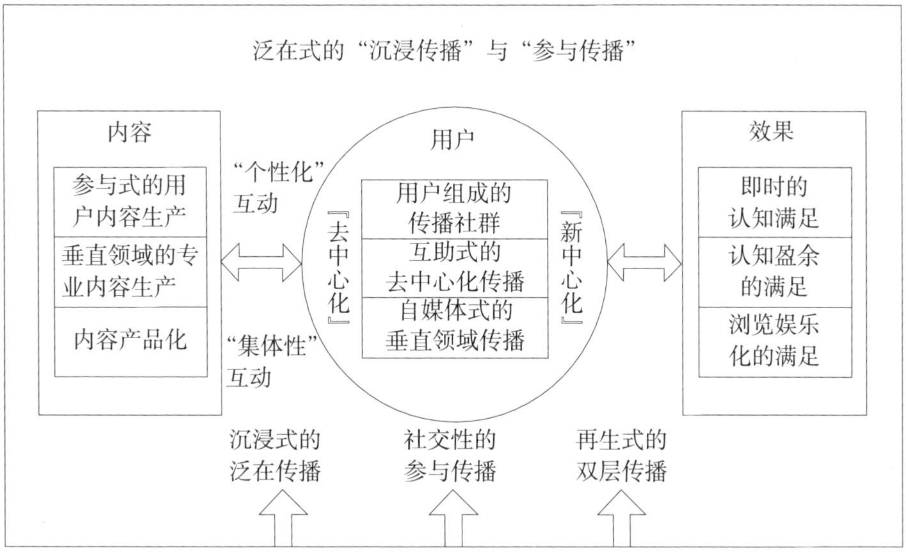

图2－1　知识分享社区的泛在传播模式

一、传播主体：用户的“去中心化”与“新中心化”

美国学者安东尼·梅菲尔德指出社会化媒体“给予用户极大参与空间”，呈现出参与、公开、交流、对话、社区化和连通性六大特征。马克·波斯特指出互联网以其“去中心化”和“分裂”的特征，使得传播主体“被多重化和去中心化导致在时间和空间上脱离了原位”①。社会化媒体用户同时是信息的生产者和消费者。② 但知识分享社区的知识传播具有个性化需求、多样化需求、专业化需求和最优化需求，用户群体呈现“去中心化”与“新中心化”并存的特点。在用户组成的传播社群中，用户既是传播者也是受众，但传播者和受众并不完全对等，出现了互助式的去中心化传播与自媒体式的垂直领域传播。在知识分享社区中，出现了去中心化的传播方式，但能产生持续影响力的知识传播往往存在于专业内容生产者（PGC）中，他们以自媒体式的垂直领域传播方式产生影响。因此，知识分享社区的用户具有以下特点：

① 马克·波斯特. 第二媒介时代［M］. 范静哗，译. 南京：南京大学出版社，2000：23.

② 高丽华. 参与、互动、共享：社会化媒体环境下传播模式的重构［J］. 新闻界，2013（16）：67－70.

（一）用户组成的传播社群

社群是基于一定的传播媒介聚合到一起，进行信息传播、情感交流、文化和价值共享的群体。[①] 知识分享社区知乎的知识传播是一种基于社交网络形成的社群传播。知乎以问答等交流方式，以用户为节点成规模地生产和分享知识。知乎用户在知识传播的过程中建立信任和连接，打造和提升个人在传播社群中的影响力，并发现、获得新的知识传播的机会。在知乎大社群中，基于用户"关注"功能，以及用户不断参与的社群活动，了解用户的偏好，对其进行画像。基于用户特征的画像，能够更好地帮助用户完成社群搭建，知乎社群中聚合了大量的子社群，通过社交关系的维系，子社群内部有相对稳定的兴趣、情感、文化和价值体系。子社群内用户的互动聚合愈频繁，用户的参与性愈深入，用户的价值和情感认同感就愈高，这种循环保证了社群内良性的发展。

（二）互助式的去中心化传播

社会化媒体是一种集体参与式媒介，具有强大的连通性，彰显并运用具有新媒体交互特性的手段，激发受众主动性和参与感。[②] 知识分享社区知乎具有社会化媒体的特征，其用户可以通过多种终端随时随地参与到知识传播中。从用户参与这个角度看，这种泛在知识传播是一种去中心化的传播，在传播过程中用户既可以是提问者也可以是回答者。在大量的用户参与下，通过互助式的知识分享，实现去中心化的知识传播，这种传播机制更加体现了对用户个性化需求的满足，满足了需求曲线中的"长尾"。这种去中心化的传播不仅反映在问答中，也体现在知乎用户的自治自理中，如"知乎众裁"是用户参与社区内部争议解决的机制。在此机制下，知乎对符合条件的争议内容会启动众裁机制，由多位仲裁官投票决定内容是否违规，实现用户对有争议的问题开展良性的辩论。

---

① 金韶，倪宁．"社群经济"的传播特征和商业模式［J］．现代传播（中国传媒大学学报），2016（4）：113－117.

② 寇紫遐，张金海．互联网交互式信息平台营销传播探析［J］．新闻界，2010（6）：6－7.

（三）自媒体式的垂直领域传播

知识类自媒体在完成对过去传统媒体中心化的消解之后，又重新建构起新的中心化。[①] 网络趣缘群体的再度中心化，说明网络管理者和精英在话题专业性、管理权限、粉丝流量方面资源更丰富，因此其生产和传播的知识内容更容易对用户产生影响，更能把握关键的话语权。[②] 可见，知识分享社区在去中心化的同时，因为其专业化信息的不对称现象，逐步呈现了新型的中心化，在这种新型中心化中产生了自媒体式的垂直领域传播。知识分享社区知乎正在逐步开放“创作者中心”申请入口，用户通过该入口进行创作者入驻申请。入驻的用户在达到对应等级后，可以开设 Live 讲座等，进行自媒体式的垂直领域传播。知乎通过官方认证用户自媒体的方式，吸引、聚集了各行各业中大量的亲历者、内行人、领域专家、领域爱好者，将高质量的内容通过人的节点来成规模地生产和分享。自媒体式的垂直领域传播，通过塑造意见领袖，保证了知识传播中内容的科学性与可信度。

二、传播方式：泛在式的“沉浸传播”与“参与传播”

在泛在网络的支持下，基于媒介的知识传播可以在任何时间、任何地点、以任何方式开展，以更加智能、灵活的方式将知识传递到社会的每一个角落。知识分享社区的知识传播呈现沉浸式的泛在传播、社交性的参与传播、再生式的双层传播，这些传播方式构成了知识分享社区立体式的传播渠道。

（一）沉浸式的泛在传播

媒介弥漫在我们的感官中，我们对世界的感觉里充盈着媒介。[③] 这是泛在传播的媒介条件，也是泛在传播的社会条件。由此产生人、媒介与社会关系重构式的沉浸传播。有学者提出，沉浸传播是以人为中心、以连接了所有媒介形

---

① 王传领. 知识类自媒体传播模式独特性探析［J］. 青年记者，2017（32）：101－102.

② 罗自文. 网络趣缘群体的基本特征与传播模式研究：基于6个典型网络趣缘群体的实证分析［J］. 新闻与传播研究，2013（4）：101－111，128.

③ 尼克·库尔德利. 媒介、数字与社会：社会理论与数字媒介实践［M］. 何道宽，译. 上海：复旦大学出版社，2014：56.

态的人类大环境为媒介而实现的无时不在、无处不在、无所不能的传播。它是使一个人完全专注的、也完全专注于个人动态定制的传播过程。[①] 因此，沉浸传播是一种在泛在传播场景中“融合时空”的信息传播方式。知识分享社区知乎用户在沉浸式的泛在传播过程中，传播的渠道为虚拟与现实融为一体的媒介。用户在现实世界遇到问题，在虚拟的社区中提问，再回到现实世界中解决问题。这种往复的互动，将虚拟与现实无限延伸，紧密联结在媒介组成的沉浸式传播情境中。

（二）社交性的参与传播

参与式传播是一种基于发展的传播，即把媒介和人际传播相结合，关注公众参与的过程，以促进不同利益群体之间的对话，并通过实施一系列行动来促进问题的解决，从而实现发展目标的一种传播范式。[②] 在参与式传播中，社交媒体的移动化和信息即时分享机制使用户更容易因为情感共鸣的激发而亲身参与评论、转发和内容生产。[③] 正是这种情感体验，激发了知识分享社区的用户不断参与内容创作和生产的行为意愿，构成泛在知识传播的内在动力。知乎通过基础信用、内容创作、友善互动、遵守公约和社区建设五个指标计算用户的“盐值”，推动用户在基于互动式社交的基础上，自发参与知识传播过程，营造了一种自由、平等、包容、开放和共享的社区氛围。

（三）再生式的双层传播

基于知识分享社区的知识传播过程不仅包括社区内部的信息交流，还包括面向社区外部网络受众的互动交流。社区内部的传播属于社区内自组织的内容生产和交流，充分发挥组织内部成员的积极性和创造性，使信息和知识以最快的速度在组织内传播、扩散，完成社区内部社群的搭建维系和平台建设优化。而社区外部的传播主要是依托其他社交平台和人际传播网络，通过将知乎标签化以后，集体地对社区外部网络受众进行知识传播，这种扩散式传播模式进一

---

① 李沁. 沉浸传播：第三媒介时代的传播范式［M］. 北京：清华大学出版社，2013：135.

② BESSETTE G. Involving the community：a guide to participatory development communication［M］. Ottawa，CA：IDRC Books/Les Éditions Du CRDI，2004：9.

③ 张志安，黄剑超. 融合环境下的党媒情感传播模式：策略、动因和影响［J］. 新闻与写作，2019（3）：78－83.

步扩大了知识传播的覆盖面，也有利于多元化观点的碰撞和吸收。知乎通过在微信、微博等社交媒体的分享，在社区内部和外部进行知识双向流动的传播过程中，对同一问题作内涵和外延的充分扩展，推动了知识的传播、积累和再生。

三、内容生产：内容的“用户生产”与“专业生产”

知识分享社区中的用户群体共同书写集体知识，并在泛在媒介中进行知识传播。知识的生产由用户内容生产与专业内容生产两部分组成。用户内容生产是基于参与式文化进行的知识传播和再生，而专业内容生产是基于供给侧改革的知识创造和传播。知识分享社区中的内容主要依托于参与式用户内容生产和垂直领域的专业内容生产，通过知识付费实现内容产品化，通过社区品牌塑造，使内容产品和文化理念被用户认可，从而进一步提升核心竞争力。

（一）参与式的用户内容生产

参与式的用户内容生产反映出在泛在知识传播中用户的参与文化。詹金斯等人指出，参与式文化是一种基于共享目的而鼓励创造的文化，它本身源于较低的公民参与门槛和较容易接近的艺术表现形式。① 在知识分享社区知乎中的知识作为一种文化产品，用户在共同的媒介平台中进行参与式的生产。知乎可以通过提问、回答等方式参与知识的生产，还可以通过“公共编辑”功能对社区里存在的知识进行加工、再生产。参与式的用户内容生产是一种增强用户黏着度的方式，能够持续稳定地开发消费者的终生价值，展现“思维风暴”的公众化，并且降低文化产品供需链条成本。② 作为公共知识书写的在线知识分享社区知乎，通过集体创作的方式，将个人的隐性知识外化为集体的显性知识。因此，只有在增强用户黏着度、激发用户积极参与的前提下，社区的知识才能实现可持续的积累和再生。

（二）垂直领域的专业内容生产

虽然参与式生产能够调动消费者的积极性和能动性，但由于准入门槛的降

---

① JENKINS H. Confronting the challenges of participatory culture：media education for the 21st century［M］. Cambridge，MA：The MIT Press，2009：121.

② 张宏伟. 参与式生产：文化产品生产的转向与变革［J］. 新闻与传播研究，2015（11）：109－117.

低和把关的缺位，往往会制造出大量同质、低质和劣质的文化产品，甚至是文化垃圾，产生了文化产品的无效供给和非法供给①，扰乱了文化传播的市场秩序，也不利于营造积极向上的文化环境。从优化内容供给侧的角度出发，知识分享社区应培养社区内行人、领域内的专家型用户成为意见领袖，进行垂直领域的专业内容生产，提升内容质量和价值，满足用户对高品质知识内容的学习需求。知识分享社区知乎中有“创作者中心”，吸引内行人、领域专家形成自媒体生态，凭借自身的专业知识和经验，参与特定领域内的内容生产，为其他用户提供优质、可靠的知识分享服务。这种垂直领域的专业内容生产是对参与式的用户内容生产的有益补充，对提高知识分享社区内容质量和改善社区文化氛围具有重要的意义。

（三）内容产品化

从“内容为王”到“产品为王”是互联网知识经济运作的关键一环，如何有效实现海量知识内容的产品化运营，是实现品牌价值最大化的重要途径。知识分享平台不仅需要具备强大的信息整合能力，还需要充分利用平台的资源优势，针对用户的差异化需求打造具有核心竞争力的知识产品，通过供需匹配实现知识变现。知识分享社区秉持“以用户为中心”的运营思维，将信息流、关系流和服务流融入到知识产品中，打造知识生产、知识传播、知识消费链条的闭环，从物质和精神层面满足社群的多样化需求，通过社区生态的优化驱动用户黏性和付费意愿的提升。知识分享社区知乎在知识付费的模式下，建构了由“课程体系”“书的体系”和“训练营”共同组成的知识服务矩阵，打造了付费咨询功能“值乎”，在线课程分享“Live 小讲”“私家课”，知乎书店“读书会”“有声书”“电子书”等一系列知识产品和服务，至今已提供超 15000 种知识服务产品，截至 2022 年第二季度，付费会员收入创下 2.71 亿元新高，同比增长 75.1%，以付费会员、职业教育为代表的 C 端收入已成为知乎收入结构的主要盈利点，实现了对知识分享社区盈利模式与知识产品生态的创新发展。

---

① 张宏伟．参与式生产：文化产品生产的转向与变革［J］．新闻与传播研究，2015（11）：109－117．

四、传播交互：互动的“个性化”与“集体性”

在泛在网络技术的支持下，信息不对称程度越来越低，信息传播也逐渐从单点连接变成多点连接①，以个体为单位的知识传播逐渐转变为互助共享的泛在知识传播。这种传播方式满足了用户个性化的泛在式互动，也是一种集体性书写的互动，这种互动体现在基于社交网络的互动、基于内容编辑的互动和基于个人中心的互动上。在互动交流的过程中，个体间思想和观点的碰撞进一步推动了知识再生，共同书写了网络时代的知识话语体系。

（一）基于社交网络的互动，维持用户的黏性

知识分享社区的用户群体构成，决定了用户之间是由一种社交网络编织起来的互动关系。知识分享社区知乎带有网络社交媒体的属性，把有学习需求和乐于分享的人群连接在了一起，形成的传播社群或者子社群在内部建立起一定的互动机制、传播流程及互动规则，最终形成了一个又一个具有共同认知和凝聚力的趣缘共同体。② 社区的用户之间可以通过泛在网络，突破时空和场景的限制，彼此相连为一个高度连接的在线社群。知乎用户通过在网络空间的互动，把社群内部的虚拟个体和社群外部的现实个体一同带入其应用场景，并自发参与到知识生产、分享和消费的过程中。通过这种互动，知识得以在泛在的社交网络中传播与再生。同时，社交网络中的互动，是针对个体的精准性知识传播，既维持了用户之间的黏性，也增加了用户对知识分享社区的黏性。

（二）基于内容编辑的互动，提高内容的质量

知识分享社区的知识传播，对传播的内容有面向互动探究的最优化需求。因此，用户需要对同一个议题进行多次的提问与递进式的回答，这种提问与回答并非由第一个提出问题的用户与第一个回答问题的用户完成，而是由关注和了解这一问题的社群群体共同书写完成，通过往复迭代和层层深入将知识“抽

① 张新民，陈德球．移动互联网时代企业商业模式、价值共创与治理风险：基于瑞幸咖啡财务造假的案例分析［J］．管理世界，2020，36（5）：74－86，11．

② 王颢臻．知乎平台网文创作的机制研究：基于类社会互动理论的分析［J］．新媒体研究，2021，7（22）：111－114．DOI：10.16604/j.cnki.issn2096－0360.2021.22.029．

丝剥茧”，这样才能形成对该议题的系统性传播和语义网络建构[①]，这是一种有别于消息低维度互动的知识传播形式。知识分享社区知乎中基于内容编辑的互动，是用户群体集体性互动的表现，既强调了个体的主体性建构，也体现了集体智慧的结晶。通过对同一个议题的多次讨论、修正，达到最优化的知识传播。

（三）基于个人中心的互动，实现私密性和贴身式的传播

基于移动智能终端的泛在知识传播，用户在任何时间、任何地点、任何场景、以任何方式加入知识传播的过程中，用户的大数据都会被一一侦察。这是一种锁定个体、极具私密性和贴身性的传播通道，有助于进行一对一的沟通、建立一对一的互动关系。[②] 在这种泛在式、即时性、私密性和贴身式的传播中，切合了“社交媒体的移动化和信息即时分享机制使用户更容易因为情感共鸣的激发而亲身参与评论、转发和内容生产”[③]。知识分享社区知乎的泛在传播方式，使用户可以在任何时间、任何地点、任何场景参与到知识传播的过程中，使传播更加关注用户的个体特征和个性化需求，实现知识产品的私人定制和精准推送。用户在私密的传播空间里发送与接收信息，这样更加贴合用户当下的应用场景，获得沉浸式的交互体验，更能调动个体的情感浸入，更具人性化。

五、传播效果：用户的“认知满足”与“娱乐化满足”

关于用户使用知识分享社区知乎的动机，有研究从工具指向性需求和情感指向性需求两个方面来分析知乎用户的知识分享行为，工具指向性需求是指用户的知识分享行为动机与现实利益相关，具有直接目的性，如自我提升需求、自我推广需求，用户在知乎平台进行知识分享不仅能对知识掌握能力进行检验，还能通过流量变现获取名利；而情感指向性需求更多地体现在用户希望通过知识分享行为达到情感、心理和精神需求上的隐性满足，如助人为乐的心理需求、渴望社会认同和圈层社交的精神需求，知乎作为知识问答型社交网站，能够通

---

① 周毅，刘峥，粟小青，等．融合多层次数据的问答知识图谱本体模型构建［J］．图书情报工作，2022，66（5）：125－132．DOI：10.13266/j.issn.0252－3116.2022.05.013．

② 唐乐．论移动互联背景下营销传播模式的升级［J］．现代传播（中国传媒大学学报），2015（7）：126－130．

③ 张志安，黄剑超．融合环境下的党媒情感传播模式：策略、动因和影响［J］．新闻与写作，2019（3）：78－83．

过互助传播和社群互动契合用户的情感、心理和精神需求。[①] 具体而言，用户使用知乎的动机可以概括为认知需求、休闲娱乐需求、情感需求、社会关系需求等。[②] 针对上述动机，有研究表明知乎用户的认知需求最强烈，主要是为了搜索某类或某个问题的答案，寻找自己感兴趣的知识或信息，拓宽知识面、开拓视野，以及了解最新信息，如热点新闻、重大事件等；此外是情感需求的满足，浏览、分享有意思、有价值的内容会给用户带来愉悦感，使自身感到高兴快乐。[③] 因此可以看出，知识分享社区满足了用户随时获取知识的认知需求，满足了用户分享知识自我实现的需求，满足了用户浏览娱乐化的需求。

（一）即时的认知满足

知识分享社区满足了用户随时获取知识的需求，这是社区中最底层的需求，是社区中知识得以传播的原动力。用户的信息行为往往会受到认知思维的支配，知识分享社区用户的知识浏览、检索、采纳、评价等行为都在一定程度上反映了他们渴望得到认知需求的满足。[④] 同时，知识分享社区会关注到用户的个体差异，根据他们的认知需求，进行用户画像和标签化处理，为其定制、推送高匹配度的、个性化的且有价值的知识内容，避免笼统、千篇一律的“套路”和“方法论”。[⑤] 知识的泛在传播面向泛在情境的个性化需求，这种需求的满足体现在用户在真实问题情境中发现问题，随时可以通过移动终端接入知识分享社区，即时满足认知的需要，从而推动现实问题的解决，同时积累、沉淀新的经验和方法，完成知识的转化再生。用户可以通过在虚拟空间的持续性互动讨论，深化对知识的认知和理解，并在实际应用场景中得到优化。

（二）认知盈余的满足

知识分享社区满足了用户通过分享知识来自我实现的需求，这是社区知识

---

① 张静．“知乎”用户知识分享行为的“使用与满足”［J］．青年记者，2018（8）：94－95．

② 吴晓静．高校学生对知乎的使用状况调查［J］．青年记者，2017（23）：48－49．

③ 肖明，侯燕芹．大学生使用社会化问答社区的动机、行为和满足：以知乎为例的实证研究［J］．现代传播（中国传媒大学学报），2019（2）：59－62．

④ 阳玉堃，黄椰曼．基于 SWOT 定量分析方法的微信小程序在图书馆应用的战略分析：以用户信息行为为视角［J］．新世纪图书馆，2018（7）：54－60．

⑤ 文燕平，季馨雨．用户在线知识付费意愿影响因素研究：基于问卷调查的分析［J］．电子商务，2020（9）：60－63，87．

得以再生的基础。知识分享社区的内容生产依托于用户的广泛和深度参与，他们将个人的隐性知识外化为集体的显性知识，将无形的知识经验转化为有形的知识产品，通过文字、图片和影像进行传递和分享，这种认知盈余的分享行为反映了个体渴望社会认同、实现自我价值的精神需求，也体现了知识社会寻求共同进步的价值追求。只有越来越多的用户通过分享认知盈余，获得心理和精神层面的满足，社区中才会有越来越多的问题得到解决，才能契合泛在知识传播中面向长尾效应的多样化需求，从而刺激知识内容的生产、传播与消费。

（三）浏览娱乐化的满足

知识分享社区满足了用户浏览娱乐化的需求，这种看似和问答无关的需求，恰恰是知识分享社区知识传播中最活跃的因素。由于互联网的围观产生的娱乐化满足，让用户得到了身心的愉悦和精神的放松。用户在这种娱乐化行为中，更容易获得沉浸式体验，引发思考，从而加深对知识内容的印象和理解，并对自我观念和行为习惯产生潜移默化的影响。同时，这种碎片化、娱乐化的传播行为也是知识分享社区品牌塑造、形象传播的重要途径，迎合了用户群体空余时间的精神需求，用户获得了不同层次的情感体验，并在此基础上产生了“情感消费”和一定程度的“精神依赖”，使用户和社区之间建立了更加紧密的情感连接。

第四节　结论与探讨

本研究以我国大型知识分享社区知乎为研究对象，研究了以知识分享社区为平台的泛在知识传播模式，并对泛在知识传播的传播特征和传播要素进行了讨论，其要素包括用户、传播方式、内容生产、互动与效果等。

一、结论

信息技术和移动媒体的快速发展，使知识传播在泛在网络中出现了新的偏向，主要体现在以下几个方面：

一是用户从媒介化的“去中心化”重新出现了“新中心化”。虽然泛在知识传播打破了被精英阶层垄断的知识传播格局，降低了知识获取和生产的门槛，但随着教育的普及和学习观念的转变，用户依据知识的粒度，重新聚合，形成了垂直领域的用户社群，以专家、内行人为代表的网络意见领袖成为泛在知识传播的“新中心”，承担着引领者和把关者的角色，为用户提供更加细分和优质的知识产品和服务。

二是泛在知识传播中出现“沉浸传播”与“参与传播”的现象。用户从个体的应用场景和问题情境，即时进入知识传播的环路，通过虚拟空间与现实情境的往复互动，获得沉浸式学习体验。同时，知识分享社区的社交属性加深了用户社群之间的情感连接，形成了具有共同认知和凝聚力的趣缘共同体。在这种即兴参与和情感共振的影响下，知识传播出现快速的消费现象，知识付费成为当下知识分享社区主要的盈利模式。

三是泛在知识传播内容生产为“用户内容生产”与“专业内容生产”相结合。在用户参与文化的背景下，“用户内容生产”赋予了个体参与知识内容创作的自主权，使知识分享社区具有源源不断的活力；而在内容策展的思维下，“专业内容生产”充分利用了专家型意见领袖的资源优势，保证了知识分享社区内容创作的高质量发展，增加了知识产品的有效供给。二者的相互补充，推动了知识分享社区内容生产的可持续发展。

四是互联网思维强调用户中心的互动，在泛在知识传播中需要满足互动的“个性化”与“集体性”。知识分享社区的泛在知识传播基于大数据和算法推送机制凸显了个体的个性化交互，同时，集体书写式的互动更是知识创造与再生的互联网表达，在思想和观点的碰撞中拓展了知识的视阈。

五是用户在泛在知识传播中的获得感，既有认知的需求满足，也有认知盈余分享后的满足，前者是基于自我提升的内在动机，后者是寻求社会认同的外在表现。同时，在网络时代“泛娱乐化”的背景下，知识分享社区内存在大量基于娱乐性满足的用户需求，这既是用户精神世界的即时满足，也是用户社群维持活跃度的重要因素，用户在沉浸式的浏览中改变了自我的认知行为、认知方式和认知观念。

二、探讨

在上述需求的驱使下，发生于知识分享社区的泛在知识传播，使用户以互联网的思维思考并解决遇到的问题。在这种知识传播过程中，知识分享社区或者用户需要积极地思考，如何优化传播过程、提升传播效果。首先，基于用户大数据，面向用户的精准信息推送，除及时地帮助用户找到兴趣点以外，也将用户束缚于信息茧房中。其次，在用户的充分参与下，也产生了很多不恰当、不准确、不高效的答案，尽管应用内容策展的思路对其进行了有必要的修正，但智能技术还达不到将信息进行优质化筛选的程度。最后，知识分享社区完成将隐性知识显性化，但它如何加速知识的创造，使知识在不断的重复积累中能再生出创造性的知识？这些问题将进一步推动知识分享社区中泛在知识传播的不断优化，提升社区在泛在知识传播中的传播力、引导力、影响力和公信力。

第三章

知识分享社区的知识传播：用户的信任度及其影响因素

…… ……

知识分享社区是一个公共知识平台，通过问答等行为来解答用户疑惑，从而实现知识共享，并且通过引入社交属性，重建人与信息的关系，催生内容生产者与用户的互动，使内容更具有传播价值。研究用户对知识分享社区的信任度，对提升知识分享社区的可信性、提升用户的使用体验、优化知识的交换与传播具有重要意义。

第一节　问题提出

近年来，越来越多的大学生倾向于使用社会化网络问答社区来获取知识、解答疑惑。而知乎网络问答社区则是目前国内用户人数最多、最为热门的社会化网络问答社区，以兴趣话题集聚用户，连接了拥有专业背景的知识精英，提供着多元化、高质量的回答。但随着用户注册的开放、灌水信息的增加，部分人认为知乎网络问答社区将从精英化沦为大众化，回答质量也会因此下降，公众对于社会化网络问答社区的信任度也会出现动摇。

社会化网络问答社区仍在不断完善发展中，如何深挖用户需求、完善使用体验、修正网站缺陷、提高内容质量等问题值得思考。而在社会化网络问答社区中，内容繁多且质量不一，答案质量、网站制度、使用规则、第三方评价、使用满意度等因素都与用户的信任程度、采纳程度紧密相关。本研究将致力于探讨大学生用户对社会化网络问答社区的信任度及分析影响信任度的相关因素，研究各信任度影响因素与信任度之间是否存在相关关系，分析信任度与用户使用行为等是否存在一定联系。

第二节　研究假设

一、信任度的相关概念界定

信任和信任度均是多维度、跨学科的概念，不同领域会有不同的研究视角。本研究知识分享社区的信任指在知识分享社区中，人们在与社会事物（组织、他人等）的交往互动过程中形成的一种预期心理状态和行为倾向。而信任度，则用以衡量这种预期心理状态和行为倾向的水平，会受多种因素影响而变化发展，它包含了信任与不信任。按时间的推演，信任分为初始信任和随后信任。初始信任，是信任关系处于初始阶段时的概念，即托信者与受托者尚未发生任何直接联系时的信任状态，处于信任关系中的双方或多方，会根据他所能得到的所有关于对方的信息去进行判断，并建立起初始信任。信任是动态变化的，在互动过程中，信任程度也会发生变化。信任关系中，参与者会通过接触互动获取对方信息，彼此间的信任程度也随着信息变化而发生改变。在信任行为过程中，处于信任关系中的双方或多方，根据互动历史、直接经验而发展变化的信任倾向水平为随后信任。

二、知识分享社区的信任度影响因素研究假设

Katz 等提出个人使用媒介的五大需求为认知需求、情感需求、自我实现需求、社会交往需求和舒解压力需求。[①] 知识分享社区是一个问答类社会性网络社区，通过重建人与信息的关系，实现知识的共享，因此个人认知、情感、自我实现、社会交往和舒解压力同样是知识分享社区中用户使用与满足的主要维度，而这些维度则影响着用户的使用满意度，从而影响着用户对社区的信任度。

---

① KATZ E，HAAS H，GUREVITCH M. On the use of the mass media for important things. American sociological review，1973，38（2）：164－181.

综上所述，结合初始信任和随后信任，提出研究假设。本研究将初始信任度的影响因素假设为社区声誉、信任倾向和制度；将随后信任度的影响因素假设为规则、认知需求、情感需求、自我实现需求、社会交往需求和舒解压力需求；假设随后信任度会影响心理意向和行为倾向；同时检验初始信任度与随后信任度的关系。根据假设建立的关系如图 3-1 所示。

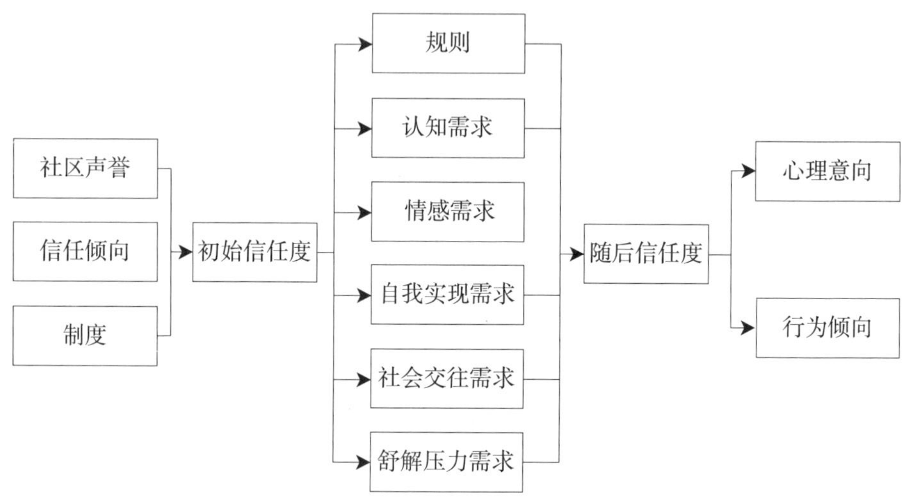

图 3-1　知识分享社区的信任度影响因素

综上，本研究建立知识分享社区的信任度影响因素模型，并据此提出以下假设：

问题一：各信任要素与初始信任度的关系

H1a：大学生用户对知乎社区声誉的感知与初始信任度正向相关。

H1b：大学生用户对知乎的信任倾向与初始信任度正向相关。

H1c：大学生用户对互联网制度的感知与初始信任度正向相关。

问题二：各信任要素与随后信任度的关系

H2a：大学生用户对知乎的规则感知与随后信任度正向相关。

H2b：大学生用户对知乎的认知需求与随后信任度正向相关。

H2c：大学生用户对知乎的情感需求与随后信任度正向相关。

H2d：大学生用户对知乎的自我实现需求与随后信任度正向相关。

H2e：大学生用户对知乎的社会交往需求与随后信任度正向相关。

H2f：大学生用户对知乎的舒解压力需求与随后信任度正向相关。

问题三：随后信任度与心理意向、行为倾向的关系

H3a：大学生用户对知乎的随后信任度与心理意向正向相关。

H3b：大学生用户对知乎的随后信任度与行为倾向正向相关。

第三节　调查设计

一、研究个案选取

知乎的国内定位是高端知识分享社区，旨在连接各行各业的精英，以“共同编辑”为手段，让优质的知识自由传播。作为一个相对专业化的知识分享社区，知乎汇集了许多具有高学历或拥有专业领域知识的精英。大学生群体也是知识分享社区中的活跃用户，他们对于知乎的信任度具有一定的典型性和代表性。

因此本研究选择知乎为个案，分析知识分享社区的信任度影响因素。将信任度的研究分为两个阶段进行：初始信任阶段和随后信任阶段。用户在直接使用知乎前，会对知乎有一定的认知，并根据已有认知情况形成对知乎社区的初始信任水平，这个阶段为初始信任阶段。尚未加入社会化网络问答社区时用户的信任度为初始信任度。在使用知乎后，用户与社区的互动历史和获取的信息影响着信任度的变化，使用后最新的时间阶段即为随后信任阶段。本研究将进行调查时的时间点定义为当前时间，用户当前对知乎社区的信任度为随后信任度；将社区声誉、信任倾向、制度、规则、认知需求、情感需求、自我实现需求、社会交往需求、舒解压力需求作为影响信任度的九大因素，具体如表 3－1 所示：

表3-1 知乎社区信任度影响因素及说明

信任度影响因素	相关说明
社区声誉	社会学家 Steven L. Nock 将声誉定义为“对一个人的共同或集体看法”。声誉与信任有着密切的联系，声誉是交易和决定信任的关键要素，是信任系统极为重要的组成部分。社区声誉是指社区用户对于社区的共同的看法。社区声誉在一定程度上能反映用户对于社区的使用满意度，并促进新用户的使用 本研究中的社区声誉主要是调查用户在使用知乎前，感知到第三方对知乎的评价
信任倾向	不同的个体会有不同的信任倾向，信任倾向性与成长背景、文化素质、性格特点等息息相关，Rotter 认为，每个人的信任倾向会受以往的信任经验的影响，人们会根据以往信任经验去建立对外界对象的大致信念 知识分享社区是动态发展着的，随着所获信息和环境的变化，大学生对社区的信任倾向也会发生变化
制度	Zuker 认为，影响托信者信任倾向和预期行为的因素还包括现行制度的完整性、强制性，较为完善的现行制度有助于形成良好的信任倾向 对于大学生用户而言，影响其信任水平的制度环境方面的内容主要涵盖相关制度的效力、互联网环境的安全性等
规则	包括 Kramer 在内的多位组织学学者认为，交易规范、互动常规等规则对组织成员的信任倾向有着重要影响① 对于知乎而言，社区内的规则包括了用户隐私协议、社区的服务条款等内容

① KRAMER R M. Trust and distrust in organizations：emerging perspectives，enduring questions［J］. Annual review of psychology，1999，50（1）：569-598.

（续上表）

信任度影响因素	相关说明
认知需求	Katz、Haas 和 Gurevitch 将大众媒介视为个人用以联系（或隔离）他人的工具，他们选出 35 种需求，并将其分为 5 类：认知需求、情感需求、自我实现需求、社会交往需求、舒解压力需求① 认知需求，指获取信息、知识和理解。针对本次研究而言，主要是指大学生通过知乎获取资讯、知识和专业内容的需求
情感需求	根据 Katz 等人的分类，情感需求指情绪的、愉悦的或美感的体验 大学生使用知识分享社区的情感需求主要是指在社区中获得归属感，以及帮助他人的成就感和受他人帮助所获得的感谢
自我实现需求	根据 Katz 等人的分类，自我实现需求主要是指加强可信度、信息、稳固性和地位 对于知识分享社区而言，主要是指用户通过发表评论来实现自身形象的塑造和自我价值的实现
社会交往需求	根据 Katz 等人的分类，社会交往需求主要是指加强与家人、朋友等的接触 知识分享社区中的社会交往需求主要是指与好友进行互动，向好友分享内容以及邀请别人回答问题，来满足自己的社交需求
舒解压力需求	根据 Katz 等人的分类，舒解压力需求主要指逃避和转移注意力 在知识分享社区中主要体现为，社区的功能或者内容，能帮助用户消遣时间，暂时逃避压力，同时社区本身的内容不会为用户带来压力，从而达到放松的目的

二、量表设计

根据建立的研究模型，研究变量分别为初始信任、随后信任、社区声誉、

① KATZ E，HAAS H，GUREVITCH M. On the use of the mass media for important things. American sociological review，1973，38（2）：164－181.

信任倾向、制度、规则、认知需求、情感需求、自我实现需求、社会交往需求和舒解压力需求、心理意向和行为倾向。针对以上变量设计相应的量表，见附录1。向知乎用户发放问卷50份进行预测，利用Cronbach's Alpha系数法检验量表的信度。

项目分析即对测验或量表的项目质量进行分析研究，本研究将通过计算量表的决断值和内部一致性指数来评估题项的质量。内部一致性是指构成测验的所有题项之间的同质性，题项之间分数间相关性高且数值较大时，测验的内部一致性程度较高，即相关系数越高就越一致。决断值是项目分析中用来检验各题项是否能够鉴别不同被调查者的反应程度的指标，可被运用于李克特量表（Likert scale）。在计算时，将量表的得分总和按高低顺序排列，分为高分组和低分组，再求高、低分组在每个条目的平均值差异，从而分析差异显著性水平。在本研究中，将得分划分为高、低两组，总得分前50%为高分组，后50%为低分组，随后采用独立样本 t 检验，检验高、低分组的平均值差异，t 值即可作为决断值，决断值越高则题目鉴别度越好。

信度分析主要用来检测分析结果的稳定性或者说一致性，即通过多次对问卷数据分析，来观察分析结果是否一致，以确定实证研究结果的真实程度或可靠性。通常而言，在不同时间段内、不同的被调查者间以及在不同打分者间进行信度检验，最终得到的结果一致性越高，说明问卷信度越高。本研究采用认可度较高的Cronbach's Alpha信度测量方法，进行本研究的问卷信度分析。克隆巴赫系数（Cronbach's Alpha系数），又称内部一致性系数，是社会科学领域有关李克特量表最为常用的信度估计。De Veils（1991）认为克隆巴赫系数在0.65~0.70之间为最小可接受值，0.70~0.80之间信度比较好，0.80以上表示信度非常好，Alpha系数值越高，表示其信度愈高，测量误差值愈小。①

效度分析用于检验问卷是否具备有效性，主要是考察测量题量是否合理。效度分析分为效标效度、内容效度、结构效度。本研究采用结构效度分析，以探索性因子分析法进行检验。在采用探索性因子分析法前，先对量表采取取样适切性量数（KMO）和巴特利特（Bartlett）球形检验，用于检验各变量之间的相关性。KMO的指标值范围为0~1，Kaiser（1974）认为若KMO值小于0.5，

① EISINGA R，TEGROTENHUIS M，PELZER B. The reliability of a two-item scale：Pearson，Cronbach，or Spearman－Brown？［J］. International journal of public health，2013，58（4）：637－642.

则认为题项变量间的关系较差，不能满足因素分析的需要；若 KMO 值大于 0.8，则认为题项变量间的关系较为良好；若 KMO 值大于 0.9，那么关系就是非常好。一般而言，只有当 KMO 值在 0.5 以上、Bartlett 值概率小于 0.05 时，问卷所收集的数据才适合进行探索性因子分析。

（一）初始信任

根据 Chen & Barnes[①]、Lo & Riemenschneider[②]、Wakefield，Stocks & Wilder[③]、姒琪莹[④]等的量表，初始信任设置 8 个题项，调查用户在使用知乎前对知乎的态度。设置的题项包括对遵守承诺并履行职责、保护用户个人隐私信息、关心用户的最佳利益、满足认知需求、满足情感需求、满足自我实现需求、满足社会交往需求和满足舒解压力需求的态度。选项设置非常不同意、不同意、一般、同意和非常同意，赋值 1～5 分。如表 3－2 所示。

表 3－2 初始信任题项内容

题号	题项内容
1	我当时认为，知乎是遵守承诺并履行职责的
2	我当时认为，知乎会根据用户的隐私设置保护用户个人隐私信息
3	我当时认为，知乎是关心用户的最佳利益的
4	我当时认为，知乎提供的功能可以有效满足用户的认知需求
5	我当时认为，知乎提供的功能可以有效满足用户的情感需求
6	我当时认为，在知乎上是能实现自我价值的
7	我当时认为，在知乎上我能交到志同道合的朋友
8	我当时认为，知乎提供的功能可以有效地缓解压力

① CHEN Y H，BARNES S. Initial trust and online buyer behaviour ［J］. Industrial management & data，2007，107（1）：21－36.

② LO J，RIEMENSCHNEIDER C. An examination of privacy concerns and trust entities in determining willingness to disclose personal information on a social networking site ［C］. Americas Conference on Information Systems 2010，2011.

③ WAKEFIELD R L，STOCKS M H，WILDER W M. The role of web site characteristics in initial trust formation ［J］. The journal of computer information systems，2004，45（1）：94－103.

④ 姒琪莹. 学生用户对 SNS 网站信任度的实证研究 ［D］. 上海：上海交通大学，2010.

使用 Cronbach's Alpha 系数法检验量表信度，该量表的 Alpha 系数为 0.926，高于 0.8，说明该量表信度高，具有良好的内部一致性。如表 3-3 所示。

表 3-3 初始信任 Cronbach's Alpha 系数

克隆巴赫 Alpha	基于标准化项的克隆巴赫 Alpha	项数
0.926	0.927	8

（二）随后信任

根据 Chen & Barnes①、Lo & Riemenschneider②、Wakefield，Stocks & Wilder③、姒琪莹④等的量表，随后信任设置 8 个题项，调查用户在使用知乎后对知乎的态度。设置的题项与初始信任设置的维度一致。选项设置非常不同意、不同意、一般、同意和非常同意，赋值 1~5 分。如表 3-4 所示。

表 3-4 随后信任题项内容

题号	题项内容
1	我现在认为，知乎是遵守承诺并履行职责的
2	我现在认为，知乎会根据用户的隐私设置保护用户个人隐私信息
3	我现在认为，知乎是关心用户的最佳利益的
4	我现在认为，知乎提供的功能可以有效满足用户的认知需求
5	我现在认为，知乎提供的功能可以有效满足用户的情感需求
6	我现在认为，在知乎上是能实现自我价值的
7	我现在认为，在知乎上我能交到志同道合的朋友
8	我现在认为，知乎提供的功能可以有效地缓解压力

① CHEN Y H，BARNES S. Initial trust and online buyer behaviour [J]. Industrial management & data，2007，107 (1)：21-36.

② LO J，RIEMENSCHNEIDER C. An examination of privacy concerns and trust entities in determining willingness to disclose personal information on a social networking site [C]. Americas Conference on Information Systems 2010，2011.

③ WAKEFIELD R L，STOCKS M H，WILDER W M. The role of web site characteristics in initial trust formation [J]. The journal of computer information systems，2004，45 (1)：94-103.

④ 姒琪莹. 学生用户对 SNS 网站信任度的实证研究 [D]. 上海：上海交通大学，2010.

使用Cronbach's Alpha系数法检验量表信度，该量表的Alpha系数为0.932，高于0.8，说明该量表信度高，具有良好的内部一致性。如表3-5所示。

表3-5　随后信任Cronbach's Alpha系数

克隆巴赫 Alpha	基于标准化项的克隆巴赫 Alpha	项数
0.932	0.933	8

（三）社区声誉

社区声誉设置6个题项，调查用户在使用知乎前，感知到第三方对知乎的评价。设置的题项包括对知乎的规则、满足认知需求、满足情感需求、满足自我实现需求、满足社会交往需求和满足舒解压力需求的评价。选项设置非常不同意、不同意、一般、同意和非常同意，赋值1~5分。如表3-6所示。

表3-6　社区声誉题项内容

题号	题项内容
1	据我所知，对知乎规则的正面评价多于负面评价
2	据我所知，知乎在满足用户认知需求方面的正面评价多于负面评价
3	据我所知，知乎在满足用户情感需求方面的正面评价多于负面评价
4	据我所知，对知乎在实现个人价值方面的正面评价多于负面评价
5	据我所知，对知乎满足社会交往需求的正面评价多于负面评价
6	据我所知，知乎在缓解压力方面的正面评价多于负面评价

使用Cronbach's Alpha系数法检验量表信度，该量表的Alpha系数为0.902，高于0.8，说明该量表信度高，具有良好的内部一致性。如表3-7所示。

表3-7　社区声誉Cronbach's Alpha系数

克隆巴赫 Alpha	基于标准化项的克隆巴赫 Alpha	项数
0.902	0.903	6

（四）信任倾向

信任倾向设置5个题项，题项包括是否容易信任他人、是否倾向于信任别人甚于自己、是否认为大多数人都是友善的、是否认为大多数人都会尽力遵守诺言、是否认为大多数人都会尽量使自己的言行保持一致。选项设置非常不同意、不同意、一般、同意和非常同意，赋值 1 ~5 分。如表 3 –8 所示。

表 3 –8　信任倾向题项内容

题号	题项内容
1	我很容易信任他人
2	我对他人的信任超过对自己的信任
3	我认为大多数人对他人都是友善的
4	我认为大多数人都会尽力遵守诺言
5	我认为大多数人都会尽量使自己的言行保持一致

使用 Cronbach's Alpha 系数法检验量表信度，该量表的 Alpha 系数为 0. 928，高于 0. 8，说明该量表信度高，具有良好的内部一致性。如表 3 –9 所示。

表 3 –9　信任倾向 Cronbach's Alpha 系数

克隆巴赫 Alpha	基于标准化项的克隆巴赫 Alpha	项数
0. 928	0. 929	5

（五）制度

制度设置 5 个题项，调查在使用知乎过程中其对中国有关互联网的法律和制度的感知，包括完善性、威慑力、有效约束性、有效保护网民合法权益及有效解决网络纠纷问题。选项设置非常不同意、不同意、一般、同意和非常同意，赋值 1 ~5 分。如表 3 –10 所示。

表 3 –10　制度题项内容

题号	题项内容
1	中国有关互联网的法律和制度是完善的
2	中国有关互联网的法律和制度是具有威慑力的

（续上表）

题号	题项内容
3	中国有关互联网的法律和制度可以有效地约束网站的行为
4	中国有关互联网的法律和制度可以有效保护网民的合法权益
5	中国有关互联网的法律和制度可以有效解决网络纠纷

使用 Cronbach's Alpha 系数法检验量表信度，该量表的 Alpha 系数为 0.905，高于 0.8，说明该量表信度高，具有良好的内部一致性。如表 3－11 所示。

表 3－11　制度 Cronbach's Alpha 系数

克隆巴赫 Alpha	基于标准化项的克隆巴赫 Alpha	项数
0.905	0.906	5

（六）规则

规则设置 5 个题项，调查在使用知乎过程中其对用户服务条款的感知。设置的题项包括规则的公平性、是否考虑用户利益、义务和责任是否详尽充分、与用户之间的权责是否明晰、服务条款和隐私承诺是否真诚合理。选项设置非常不同意、不同意、一般、同意和非常同意，赋值 1～5 分。如表 3－12 所示。

表 3－12　规则题项内容

题号	题项内容
1	知乎的用户服务条款对用户来说是公平的
2	知乎的用户服务条款充分考虑了用户利益
3	知乎的用户服务条款对网站的义务和责任的规定是详尽充分的
4	知乎的用户服务条款对网站和用户之间的权利和义务的界定是明晰的
5	知乎的用户服务条款和隐私承诺是真诚合理的

使用 Cronbach's Alpha 系数法检验量表信度，该量表的 Alpha 系数为 0.900，高于 0.8，说明该量表信度高，具有良好的内部一致性。如表 3－13 所示。

表 3 - 13 规则 Cronbach's Alpha 系数

克隆巴赫 Alpha	基于标准化项的克隆巴赫 Alpha	项数
0.900	0.901	5

(七) 认知需求

认知需求设置 5 个题项，调查在使用知乎过程中其认知需求是否得到满足。设置的题项包括我在知乎上发出的求助能获得有效的解答、我会阅读知乎上的电子书籍，其对我产生了很大的帮助、我会使用知乎中的付费咨询、我经常从知乎热榜中获得新的知识、我经常从知乎的推送中获得新的知识。选项设置非常不同意、不同意、一般、同意和非常同意，赋值 1 ~5 分。如表 3 - 14 所示。

表 3 - 14 认知需求题项内容

题号	题项内容
1	我在知乎上发出的求助能获得有效的解答
2	我会阅读知乎上的电子书籍，其对我产生了很大的帮助
3	我会使用知乎中的付费咨询
4	我经常从知乎热榜中获得新的知识
5	我经常从知乎的推送中获得新的知识

使用 Cronbach's Alpha 系数法检验量表信度，该量表的 Alpha 系数为 0.885，高于 0.8，说明该量表信度高，具有良好的内部一致性。如表 3 - 15 所示。

表 3 - 15 认知需求 Cronbach's Alpha 系数

克隆巴赫 Alpha	基于标准化项的克隆巴赫 Alpha	项数
0.885	0.886	5

(八) 情感需求

情感需求设置 5 个题项，调查在使用知乎过程中其情感需求是否得到满足。设置的题项包括在知乎中我可以了解到我的同龄人群中流行什么样的文化、我能在知乎大社群中找到归属感、知乎让我感觉到经常可以获得帮助、我觉得在知乎的交互中可以增加用户的情感、我经常在知乎中提问，并且希望获得他人帮助。选项设置非常不同意、不同意、一般、同意和非常同意，赋值 1～5 分。如表 3－16 所示。

表 3－16 情感需求题项内容

题号	题项内容
1	在知乎中我可以了解到我的同龄人群中流行什么样的文化
2	我能在知乎大社群中找到归属感
3	知乎让我感觉到经常可以获得帮助
4	我觉得在知乎的交互中可以增加用户的情感
5	我经常在知乎中提问，并且希望获得他人帮助

使用 Cronbach's Alpha 系数法检验量表信度，该量表的 Alpha 系数为 0.914，高于 0.8，说明该量表信度高，具有良好的内部一致性。如表 3－17 所示。

表 3－17 情感需求 Cronbach's Alpha 系数

克隆巴赫 Alpha	基于标准化项的克隆巴赫 Alpha	项数
0.914	0.915	5

（九）自我实现需求

自我实现需求设置 5 个题项，调查在使用知乎过程中其自我实现需求是否得到满足。设置的题项包括我经常在知乎中回答他人提出的问题、我经常在知乎中发表我创作的视频、我经常在知乎中的“想法”栏目上发表观点、我经常乐意回答别人的邀请提问、我的回答经常得到别人的点赞。选项设置非常不同意、不同意、一般、同意和非常同意，赋值 1～5 分。如表 3－18 所示。

表 3－18 自我实现需求题项内容

题号	题项内容
1	我经常在知乎中回答他人提出的问题
2	我经常在知乎中发表我创作的视频

（续上表）

题号	题项内容
3	我经常在知乎中的“想法”栏目上发表观点
4	我经常乐意回答别人的邀请提问
5	我的回答经常得到别人的点赞

使用 Cronbach's Alpha 系数法检验量表信度，该量表的 Alpha 系数为 0.923，高于 0.8，说明该量表信度高，具有良好的内部一致性。如表 3-19 所示。

表 3-19　自我实现需求 Cronbach's Alpha 系数

克隆巴赫 Alpha	基于标准化项的克隆巴赫 Alpha	项数
0.923	0.924	5

（十）社会交往需求

社会交往需求设置 5 个题项，调查在使用知乎过程中其社会交往需求是否得到满足。设置的题项包括我在知乎中经常与好友互动、我在知乎中经常可以获得别人的邀请回答、我经常分享知乎中的内容、我经常关注知乎中感兴趣的用户并与他互动、我在知乎的互动中不存在障碍。选项设置非常不同意、不同意、一般、同意和非常同意，赋值 1～5 分。如表 3-20 所示。

表 3-20　社会交往需求题项内容

题号	题项内容
1	我在知乎中经常与好友互动
2	我在知乎中经常可以获得别人的邀请回答
3	我经常分享知乎中的内容
4	我经常关注知乎中感兴趣的用户并与他互动
5	我在知乎的互动中不存在障碍

使用 Cronbach's Alpha 系数法检验量表信度，该量表的 Alpha 系数为 0.905，高于 0.8，说明该量表信度高，具有良好的内部一致性。如表 3-21 所示。

表 3-21　社会交往需求 Cronbach's Alpha 系数

克隆巴赫 Alpha	基于标准化项的克隆巴赫 Alpha	项数
0.905	0.906	5

（十一）舒解压力需求

舒解压力需求设置5个题项，调查在使用知乎过程中其舒解压力需求是否得到满足。设置的题项包括在知乎中可以打发无聊的时间、没有问题的时候我也会上知乎浏览信息、在知乎中可以看到很多有趣的信息、在知乎中看别人的问题和回答可以释放我的压力、在知乎中不用担心会受到别人的压力。选项设置非常不同意、不同意、一般、同意和非常同意，赋值1~5分。如表3-22所示。

表 3-22　舒解压力需求题项内容

题号	题项内容
1	在知乎中可以打发无聊的时间
2	没有问题的时候我也会上知乎浏览信息
3	在知乎中可以看到很多有趣的信息
4	在知乎中看别人的问题和回答可以释放我的压力
5	在知乎中不用担心会受到别人的压力

使用 Cronbach's Alpha 系数法检验量表信度，该量表的 Alpha 系数为0.911，高于0.8，说明该量表信度高，具有良好的内部一致性。如表3-23所示。

表 3-23　舒解压力需求 Cronbach's Alpha 系数

克隆巴赫 Alpha	基于标准化项的克隆巴赫 Alpha	项数
0.911	0.912	5

（十二）心理意向

心理意向设置5个题项，调查在使用知乎后其心理意向的变化。设置的题项包括未来我会持续浏览知乎、未来我会在知乎主动提问、未来我会在知乎主动回答、未来我会主动在知乎写文章和想法、未来我会主动参与知乎组织的社区活动。选项设置非常不同意、不同意、一般、同意和非常同意，赋值 1 ~ 5 分。如表 3 – 24 所示。

表 3 – 24　心理意向题项内容

题号	题项内容
1	未来我会持续浏览知乎
2	未来我会在知乎主动提问
3	未来我会在知乎主动回答
4	未来我会主动在知乎写文章和想法
5	未来我会主动参与知乎组织的社区活动

使用 Cronbach's Alpha 系数法检验量表信度，该量表的 Alpha 系数为 0.932，高于 0.8，说明该量表信度高，具有良好的内部一致性。如表 3 – 25 所示。

表 3 – 25　心理意向 Cronbach's Alpha 系数

克隆巴赫 Alpha	基于标准化项的克隆巴赫 Alpha	项数
0.932	0.933	5

（十三）行为倾向

行为倾向设置 5 个题项，调查在使用知乎后其行为倾向的持续性。设置的题项包括最近我经常浏览知乎、最近我经常在知乎主动提问、最近我经常在知乎主动回答、最近我经常主动在知乎写文章和想法、最近我经常主动参与知乎组织的社区活动。选项设置非常不同意、不同意、一般、同意和非常同意，赋值 1 ~ 5 分。如表 3 – 26 所示。

表 3 – 26　行为倾向题项内容

题号	题项内容
1	最近我经常浏览知乎
2	最近我经常在知乎主动提问

（续上表）

题号	题项内容
3	最近我经常在知乎主动回答
4	最近我经常主动在知乎写文章和想法
5	最近我经常主动参与知乎组织的社区活动

使用 Cronbach's Alpha 系数法检验量表信度，该量表的 Alpha 系数为 0.900，高于 0.8，说明该量表信度高，具有良好的内部一致性。如表 3－27 所示。

表 3－27　行为倾向 Cronbach's Alpha 系数

克隆巴赫 Alpha	基于标准化项的克隆巴赫 Alpha	项数
0.900	0.901	5

三、问卷发放

为了获取科学、有效的数据，本研究采用网络问卷和纸质问卷相结合的形式，将问卷发放给多个高校的大学生群体填写，最后回收的问卷数量为 420 份，回收问卷后，对问卷进行整理筛选，并对问卷进行质量控制，把问卷分为有效问卷和无效问卷。其中，有效问卷能更好地帮助得出有用的调查结果，而无效问卷得出的调查结果不具有真实准确的特征，会被淘汰。剔除 91 份无效问卷后，有效问卷数量为 329 份，有效回收率为 78.33%，达到了良好的有效问卷回收率水平。

本研究使用的数据分析软件为 SPSS 数据统计分析软件，并运用了相关分析的方法，对初始信任与各信任影响要素间的关系、随后信任与各信任影响要素间的关系、随后信任与心理意向和行为倾向间的关系进行分析研究。

第四节　调查结果

一、初始信任与各信任影响要素的相关性

对调查的数据进行相关性分析，初始信任与社区声誉、信任倾向、制度几个变量的相关分析结果如下：

大学生用户对知乎的社区声誉与初始信任度正向相关（$r=0.717$，$p=0<0.01$），两个变量间高度相关；大学生用户对知乎的信任倾向与初始信任度正向相关（$r=0.472$，$p=0<0.01$），两个变量间中低度相关；大学生用户对互联网制度的感知与初始信任度正向相关（$r=0.547$，$p=0<0.01$），两个变量间中度相关。如表3-28所示。

表3-28　初始信任与各信任影响要素的相关性分析

			初始信任	信任倾向	制度	社区声誉
Pearson 相关	初始信任	r	1.000	0.472**	0.547**	0.717**
		Sig.（双尾）		0.000	0.000	0.000
		N	329	329	329	329
	信任倾向	r	0.472**	1.000	0.281**	0.477**
		Sig.（双尾）	0.000		0.000	0.000
		N	329	329	329	329
	制度	r	0.547**	0.281**	1.000	0.457**
		Sig.（双尾）	0.000	0.000		0.000
		N	329	329	329	329

（续上表）

		初始信任	信任倾向	制度	社区声誉
社区声誉	r	0.717**	0.477**	0.457**	1.000
	Sig.（双尾）	0.000	0.000	0.000	
	N	329	329	329	329

**：在0.01级别（双尾），相关性显著。

二、随后信任与各信任影响要素的相关性

对调查的数据进行相关性分析，随后信任与规则、认知需求、情感需求、自我实现需求、社会交往需求、舒解压力需求几个变量的相关分析结果如下：

大学生用户对知乎的规则感知与随后信任度正向相关（$r=0.629$，$p=0<0.01$），两个变量间中度相关；大学生用户对知乎的认知需求与随后信任度正向相关（$r=0.472$，$p=0<0.01$），两个变量间中低度相关；大学生用户对知乎的情感需求与随后信任度正向相关（$r=0.717$，$p=0<0.01$），两个变量间中高度相关；大学生用户对知乎的自我实现需求与随后信任度正向相关（$r=0.548$，$p=0<0.01$），两个变量间中度相关；大学生用户对知乎的社会交往需求与随后信任度正向相关（$r=0.402$，$p=0<0.01$），两个变量间中低度相关；大学生用户对知乎的舒解压力需求与随后信任度正向相关（$r=0.472$，$p=0<0.01$），两个变量间中低度相关。如表3-29所示。

表3-29　随后信任与各信任影响要素的相关性分析

			随后信任	认知需求	社会交往需求	情感需求	自我实现需求	规则	舒解压力需求
Pearson相关	随后信任	r	1.000	0.472**	0.402**	0.717**	0.548**	0.629**	472**
		Sig.（双尾）		0.000	0.000	0.000	0.000	0.000	0.000
		N	329	329	329	329	329	329	329

（续上表）

			随后信任	认知需求	社会交往需求	情感需求	自我实现需求	规则	舒解压力需求
Pearson相关	认知需求	r	0.472**	1.000	0.281**	0.477**	0.514**	0.530**	0.862**
		Sig.（双尾）	0.000		0.000	0.000	0.000	0.000	0.000
		N	329	329	329	329	329	329	329
	社会交往需求	r	0.402**	0.281**	1.000	0.457**	0.216**	0.291**	0.281**
		Sig.（双尾）	0.000	0.000		0.000	0.000	0.000	0.000
		N	329	329	329	329	329	329	329
	情感需求	r	0.717**	0.477**	0.457**	1.000	0.602**	0.581**	0.477**
		Sig.（双尾）	0.000	0.000	0.000		0.000	0.000	0.000
		N	329	329	329	329	329	329	329
	自我实现需求	r	0.548**	0.514**	0.216**	0.602**	1.000	0.629**	0.514**
		Sig.（双尾）	0.000	0.000	0.000	0.000		0.000	0.000
		N	329	329	329	329	329	329	329
	规则	r	0.629**	0.530**	0.291**	0.581**	0.629**	1.000	0.530**
		Sig.（双尾）	0.000	0.000	0.000	0.000	0.000		0.000
		N	329	329	329	329	329	329	329
	舒解压力需求	r	0.472**	0.862**	0.281**	0.477**	0.514**	0.530**	1.000
		Sig.（双尾）	0.000	0.000	0.000	0.000	0.000	0.000	
		N	329	329	329	329	329	329	329

**：在 0.01 级别（双尾），相关性显著。

三、随后信任与心理意向和行为倾向的相关性

对调查的数据进行相关性分析，随后信任与心理意向和行为倾向变量的相关分析结果如下：

大学生用户对知乎的心理意向与随后信任度正向相关（$r=0.427$，$p=0<0.01$），两个变量间低度相关；大学生用户对知乎的行为倾向与随后信任度正向相关（$r=0.717$，$p=0<0.01$），两个变量间高度相关。如表 3－30 所示。

表 3－30　随后信任与心理意向和行为倾向的相关性分析

			随后信任	心理意向	行为倾向
Pearson 相关	随后信任	r	1.000	0.427**	0.717**
		Sig.（双尾）		0.000	0.000
		N	329	329	329
	心理意向	r	0.427**	1.000	0.477**
		Sig.（双尾）	0.000		0.000
		N	329	329	329
	行为倾向	r	0.717**	0.477**	1.000
		Sig.（双尾）	0.000	0.000	
		N	329	329	329

**：在 0.01 级别（双尾），相关性显著。

四、假设检验结果

本研究所有假设检验结果如表 3－31 所示。

表 3－31　假设检验结果

假设内容	检验结果	数据
大学生用户对知乎社区声誉的感知与初始信任度正向相关	成立	$r=0.717$，$p=0<0.01$
大学生用户对知乎的信任倾向与初始信任度正向相关	成立	$r=0.472$，$p=0<0.01$
大学生用户对互联网制度的感知与初始信任度正向相关	成立	$r=0.547$，$p=0<0.01$
大学生用户对知乎的规则感知与随后信任度正向相关	成立	$r=0.629$，$p=0<0.01$
大学生用户对知乎的认知需求与随后信任度正向相关	成立	$r=0.472$，$p=0<0.01$

（续上表）

假设内容	检验结果	数据
大学生用户对知乎的情感需求与随后信任度正向相关	成立	$r=0.717$，$p=0<0.01$
大学生用户对知乎的自我实现需求与随后信任度正向相关	成立	$r=0.548$，$p=0<0.01$
大学生用户对知乎的社会交往需求与随后信任度正向相关	成立	$r=0.402$，$p=0<0.01$
大学生用户对知乎的舒解压力需求与随后信任度正向相关	成立	$r=0.472$，$p=0<0.01$
大学生用户对知乎的随后信任度与心理意向正向相关	成立	$r=0.427$，$p=0<0.01$
大学生用户对知乎的随后信任度与行为倾向正向相关	成立	$r=0.717$，$p=0<0.01$

第五节　结论与探讨

一、结论

经过对各信任影响要素与初始信任、各信任影响要素与随后信任、随后信任与心理意向和行为倾向的关系研究，可以得出以下结论：

（1）验证了本研究提出的信任模型，结果显示，信任度是动态变化的，用户在尚未加入社区前会对知识分享社区建立起初始信任，在随后的社区互动中，信任度会受多种要素影响发生变化，发展为随后信任度，其中，规则、认知需求、情感需求、自我实现需求、社会交往需求和舒解压力需求影响着随后信任，而随后信任又会对用户的心理意向和行为倾向产生一定影响。

（2）各信任影响要素与初始信任度正向相关，并且可以推断出：大学生用户对知识分享社区的社区声誉感知越正面，则初始信任度越高；大学生用户对知识分享社区的信任倾向越高，则初始信任度越高；大学生用户对互联网的感知度越高，则初始信任度越高。

（3）各信任影响要素与随后信任度正向相关。大学生用户对知乎的情感需求与随后信任度的相关性最高，其次依次为大学生用户对知乎的规则感知、大学生用户对知乎的自我实现需求、大学生用户对知乎的认知需求、大学生用户对知乎的舒解压力需求、大学生用户对知乎的社会交往需求。由此可以推断出：大学生对知识分享社区的随后信任度主要来自情感需求，对情感需求越高的大学生，对知识分享的随后信任度也越高。

（4）随后信任度与心理意向和行为倾向正向相关。从数据可以看出，随后信任度对大学生使用知乎的心理意向和行为倾向均有影响，且对大学生使用知乎行为倾向的影响更高，由此可以推断出：大学生对于知识分享社区的随后信任度越高，越容易强化其使用行为。

（5）对比初始信任量表的总得分情况和随后信任量表的总得分情况，研究发现，大学生用户对知识分享社区的信任度出现了下降的情况，下降了约4%。因此可以推断，这与本研究中的信任影响要素有一定关联，知识分享社区的建设也应针对这些要素进行调整，以提高用户对其的信任度。

二、探讨

（一）社会化网络问答社区建设建议

1. 优化社会化网络问答社区建设，提高用户使用满意度

社会化网络问答社区知乎，将人际互动关系与问答服务相结合，构建出线上知识社区。虽然从当前来看，知乎已是中文互联网中社会化问答社区的翘首，但在社区建设、产品设计、技术运作、内容管理等方面仍需不断改进，因此本研究认为，知乎应不断深化构建高质量的社会化网络问答社区，提高用户使用满意度，从而强化用户对社区的信任度和忠诚度。

2. 继续完善社会化网络问答社区的相关规则

社会化网络问答社区应建立公平、完整、合理的用户服务条款，界定好社区和用户之间的权利与义务，同时，也应完善并履行好用户个人资料的隐私政策，避免以往串号、信息泄露等信息安全事故的重演。

知识经济的发展让越来越多内容生产者变得注重知识权益，同时，保护知识产权有助于鼓励知识创新，调动用户参与创作的积极性。因此知乎应继续完

善社区内的知识产权保护制度，保护好答主的智力成果和合法权利。

3. 适当宣传，提高第三方中转信息的正面性

严抓社区质量和内容质量，营造良好的社区氛围，并结合合理的宣传推广方案，在坚持真诚的原则下，适当增加舆论评价中的正面信息。通过优化服务等措施赢取更多同学、朋友、媒体的正面评价，从而让更多人获取到关于社会化网络问答社区的正面信息。

4. 加强自律，严格遵守互联网法律法规

社会化网络问答社区在开展经营和服务活动时，必须严格遵守互联网的法律法规，并自觉接受政府和社会的监督。同时，社会化网络问答社区要加强自律，不能为了利益降低平台质量和侵害用户利益，必须保护好用户的合法权益。

（二）大学生使用知识分享社区的建议

1. 提高自身批判性思维的能力

不同的个体有着不同的信任倾向，信任倾向性与成长背景、文化素质、性格特点、知识结构等息息相关。而信息是具有一定欺骗性的，并且在社会化网络问答社区中，存在许多虚假信息和有害信息。因此大学生必须提高自身批判性思维的能力，不盲目轻信，敢于质疑，架起自己与社区内信息间的过滤网。

2. 善用知乎，完善个人知识系统

根据调查可发现，大学生对知乎有一定的持续使用意愿，且使用频率较高，而知乎有着丰富的知识资源，因此，大学生应善用知乎，不断完善自己的知识系统，但不要过多关注娱乐性话题，应多参与学术讨论，提高思辨能力。更值得鼓励的是，大学生用户可主动为他人答疑解惑，这有助于大学生调动已有知识，实现自我价值，也有助于提升大学生独立思考、分析问题和表达观点的能力。

第四章

视频分享 App 的知识传播："双螺旋"互动知识传播模式

……

中国拥有全球视频内容生产最广泛的受众基数和最大的市场规模，截至2021年12月，我国网络视频（含短视频）用户规模达9.75亿，较2020年12月增长4794万，占网民整体的94.5%。①

随着5G时代的到来和移动终端的普及，视频分享App已经逐渐成为继问答社区、音频平台和知识服务平台后的又一知识传播平台。哔哩哔哩（又称B站）的知识区、爱奇艺教育等已经成为网络视频用户进行知识生产、分享和再创作的知识传播平台的代表。网络媒介打破了知识传播的物理空间和社会情境的传统关系，创造了新的知识传播情境。在这种新的情境中，知识传播已从之前的“单向传受”模式转变为“传受交互”模式，视频分享App的知识传播呈现出主体融合、实时互动、广泛参与等特点。

第一节　互动传播的内涵及特征

一、互动传播的内涵

互动传播就是指信息传递双方（个人或者主体）借助网络符号及其意义实现的相互联系、相互影响、相互作用的动态信息交流过程和方式。互动传播的实现，对于建立个人、组织之间的社会关系具有重要意义。互动传播促使参与互动的双方通过这样的信息传播活动构建一定的社会关系，并在不断变化的发展过程中促进社会主体间的相互了解。②

互动传播伴随着大众传播时代的到来而出现。国外学者对于互动传播的研究最早可追溯到20世纪60年代。1954年，美国著名传播学者施拉姆在其文章《传播是怎样运行的》中首次提出了大众传播的过程模式，在传播活动中加入了“反馈”环节，这是对传统单向线性模式的重大突破。1966年，美国著名社会学家德弗勒提出了互动过程模式，对“香农—韦弗”数字模式进行补充，突

① 中国互联网络信息中心. 第49次中国互联网络发展状况统计报告［R］. http://www.cnnic.net.cn/hlwfzyj/hlwxzbg/hlwtjbg/202202/P020220311493378715650.pdf.

② 孟威. 网络互动：意义诠释与规则探讨［M］. 北京：经济管理出版社，2004.

出了传播过程中的互动特征。总的看来，国外的互动传播理论更多是蕴含于大众传播过程和传播系统的互动模式中，使原来的单向传播变为双向动态传播。由此可以看出，互动传播主要是指传播者与接受者进行相互的信息互动过程，强调了双方的互动作用。①

国内学者对于互动传播的研究早期主要集中在概念和内涵上。王珂从传播主体的角度将互动传播定义为“能实现传者与受者相互作用的传播活动”②。苏振东从传播模式对策角度出发，认为互动传播颠覆传统线性模式，是受众在传播过程中地位由主动变为被动的过程，是精准的传播、有效的传播。③陈志强则聚焦在“互动”二字上，认为在大众传媒中互动指的是运用各种方法在传播过程中体现受众的利益，吸引受众参与到大众传播中。传者与受者之间互动在1978 年以前承担的是党群联系纽带的作用；在 1994 年以前扮演的角色是服务百姓的中介。此后大众传媒的互动借鉴了网络传播的互动理念让受众实质性地参与传播过程；而 2000 年以后注重互动的效果和质量，又体现了大众传播某些迷失了的特质回归。④ 可以看出，在大众传播时代，互动传播内涵的发展主要分为两个阶段：第一阶段强调培养互动意识，探索互动方式，更多是借鉴互联网经验，注重受众反馈；第二阶段则是更看重互动质量和效果，强调“理性”且“真实参与”的互动特色。

随着互联网时代的到来，传者和受者的界限进一步模糊，互动传播的内涵也不断发生改变。梁广成认为互动传播是人类历史上继语言传播、书写传播、印刷传播、电讯传播之后的第五次传播革命。⑤ 移动互联网的发展伴随着新媒体应用的迭代传播及新技术的不断扩张，互动传播的方式从大众媒体时代的点对面传播演变为面对面传播，层出不穷的新媒体和 App 彰显出个性化的互动方式，互动传播的内核从原来的参与变成了共创。传播者亦是受众，受众亦是传播者，两者在互动过程中不断进行内容的产出。

---

① 郑丽. 消费维权中电视媒体与受众的互动传播研究［D］. 重庆：西南政法大学，2015.

② 王珂. 媒介的互动传播方式与特征研究［D］. 杭州：浙江大学，2008.

③ 苏振东. 新媒体环境下的互动传播模式研究［D］. 北京：北京印刷学院，2011.

④ 陈志强. 大众传媒与互动传播［J］. 南昌大学学报（人文社会科学版），2005（2）：139－143.

⑤ 梁广成. 互动传播在新媒体时代的嬗变［J］. 出版广角，2022（3）：82－84. DOI：10. 16491 /j. cnki. cn 45－1216/g2. 2022. 03. 017.

综上可以看出，互动传播是指传者与受者进行信息交流、相互作用，从而实现共创的过程，具有平等性、互动性、持续性和共创性等特点。

二、互动传播的特征

（一）互动主体的主动性和参与性

在传统的大众媒体时代，传者和受者更多是单向的传受传播模式，受众处于被动接受地位，参与性不强。而当前的互动传播是双向传递、循环往复的信息运动过程，即在传播过程中，传播主体和传播对象都在不断地发生变化，每个受众都是传播的源头或是传播链上的一环。受众跃升为用户，主动地寻找自己想要了解的信息，并通过互动实现反馈或再创作，参与到内容制作的过程中，而传播者也主动通过互动寻求用户的意见和观点，从而不断优化自己的创作内容。每个人在互动传播中都是一个点，个体不再被动地接收信息，而是主动地接触并搜寻信息、追踪信息，参与到传播之中。

（二）互动内容的多元化和精准化

从当前的互动传播内容来看，呈现出类型多元化和服务精准化的特点。不同职业、性别、身份和爱好的用户对于信息的需求各不相同。新技术的发展使得视频的类型更具多样性，内容更加垂直化，实现了传者与用户的多元化组合。用户也可根据自己喜欢的内容进行选择性互动，从而满足用户多层面的需求。从另一个方面来看，内容服务的精准化，被特定的用户喜爱，形成圈层化传播。这种由广到窄的细分模式，在一定程度上提升了传播效率，与此同时更具专业性与针对性的内容可供受众挑选，这符合个人主义语境下的传播特性，这种传播更贴合目标受众的需求。

（三）互动方式的个性化与共创性

新媒体的发展带来了传播形态的更新，使得互动方式更加个性化，且具有共创性。随着网络技术的发展和手机功能的迭代，出现了诸如流媒体、客户端等新型传播形态。人们可以自由选择社交媒体、视频媒体、新闻媒体等 App。不同的 App 也会有其独特的互动方式，如 B 站的弹幕、微博的私信、直播平台的实时评论等。互动主体通过不同的互动方式满足个性化需求的同时，也实现了互动的共创性。对于视频分享 App 来说，当用户有互动需求时，便可在视频上发表弹幕或在留言区发表评论，而传者和其他用户会根据当前的评论内容补充新的知识。因此，视频分享 App 的互动不是单向的参与，不是一回合的互动，而是在循环往复中实现内容的共创、价值的共创。

（四）互动范围的全球化与圈层化

随着互联网的全球性发展，互动传播也呈现出全球化特点，用户可以通过移动互联网随时掌握国内外资讯。在 App 应用市场上，用户可以选择不同国家的语言，同时根据自己的需求下载全球各个地方开发的不同种类的应用程序，真正实现了全球互动化。而国内以李子柒为首的视频漂洋过海，受到了外国友人的点赞和评论。抖音平台也推出了海外版的 TikTok，实现了不同国家用户的连接。然而，在传播全球化的同时，由于文化传播的内容和特点不同，逐渐形成了圈层化传播。一方面由于国内国外文化背景和高低语境的差异，形成了不同国家、不同地域文化认同下的圈层传播。另一方面，以趣缘为纽带的亚文化伴随着视频分享 App 等新媒体，以独具特色的话题体系和互动方式打破国界和地域的隔阂，使传播不断再中心化，从而形成新的文化圈层。以趣缘结合的群体成员具有更强的团结性、凝聚力和向心力，形成更稳定的圈层传播。

（五）互动效果的持续性与群体极化

互动效果的持续性取决于互动主体间达成互动的难易程度、复杂程度，以及传者能否对受者的反馈再次做出反馈。在当下的互动传播过程中，这种反馈的操作非常简单，传者能实现快速反馈。当用户的观点得到反馈或被采纳时，就会产生进一步的互动，促进了互动效果的持续性。长此以往，不仅提高了互动主体间的黏性，也使得内容不断被优化，并且向传播群体扩散。除了互动主体的自主分享外，视频分享 App 的算法机制逐渐成为视频传播的流量密码。然而，在新媒体环境下，过于顺从用户惯性的算法技术，可能会带来"信息茧房""回音室效应"和"过滤气泡"等问题。用户因趣缘而组成团体，强化了内部认同感，同质性的互动使得用户所持观点变得极端，加重了群体极化现象。

第二节　知识传播的“双螺旋”模式

关于“双螺旋”模式和模型的研究均来源于生物遗传学 DNA 的双股螺旋模型。此模型由两条螺旋曲线相互交织缠绕而形成。两条曲线相互旋转的同时又进行自转，以形成双螺旋，两股力量互相推动、互相影响，以产生更大的动力。①

目前学界在知识传播领域的“双螺旋”模式研究更多集中在教育上。一是在创客教育领域。蓝敏借鉴 DNA 双螺旋结构进行仿生研究，构建基于创新驱动的社会创客教育链和基于专业创新的学校创客教育链的“双螺旋”模型，诠释模型的特征和内涵，以期达到提升学生技能、开展创业、夯实专业基础、锻炼能力的目标，培养具有创新意识、创意思维、创业素养和创造能力的高层次应用型人才。②黄晓颖以东北大学“东创空间”为例，构建“高校众创空间双螺旋发展模型”，将创新创业教育与产业发展相融合，打造了全空间、专业化的“东创空间”卓越企业家成长系统。③ 尹国俊等人以浙江大学为例，构建“基于师生共创的创新创业教育双螺旋模式”，分析浙江大学在师生交流与互动的基础上，通过搭建项目引领、资源汇聚、课程学习、创业育成四大平台，链接创新创业教育的知识链和实践链，构建了大学生创新创业教育良性互动的微生态循环系统。④ 二是在智慧教育领域。于淮建构了大学英语智慧教育“双螺旋”模型，探讨“双螺旋”系统模型的动态特征、内在关系，以及“双螺旋”系统对

---

① 于淮．大学英语智慧教育“双螺旋”模型建构及实施路径［J］．齐鲁师范学院学报，2021，36（5）：45－51，59．

② 蓝敏．基于 STEAM 学习的高职院校创客教育“双螺旋”模式研究：以计算机专业为例［J］．电脑知识与技术，2017，13（33）：174－175，191．DOI：10.14004/j.cnki.ckt.2017.3755．

③ 黄晓颖．高校众创空间实效性研究：以东北大学“东创空间”为例［J］．创新创业理论研究与实践，2022，5（10）：194－198．

④ 尹国俊，都红雯，朱玉红．基于师生共创的创新创业教育双螺旋模式构建：以浙江大学为例［J］．高等教育研究，2019，40（8）：77－87．

大学英语智慧教育的积极意义。[①]

除了教育领域外，也有学者从新媒体角度进行分析。连小童基于知识认知理论，以自媒体节目《军武次位面》为例，分析新媒体环境下知识传播的"双螺旋"模式。他认为在传统媒体时代，知识的传播大多是单向的，而在自媒体时代，自媒体对知识的创新和扩散带来革命，产生新的知识生产和传播模式。传播者和用户之间从单向传播变为了实时互动，互相补充，在编码—解码的闭合循环中不断上升，形成自媒体知识传播的"双螺旋"传播模式。在这种模式中，知识的功能属性和社交属性得到空前拓展，形成新的知识生产循环。传播渠道变线性为网络化、社群化。传播效果即时反馈于传播内容，甚至"效果即内容"。自媒体与用户共同作为内容生产者的融合。[②]

目前的研究不仅包括宏观的环境，还有针对特定平台知识传播的"双螺旋"模式研究。郁栋等人基于编码解码理论分析了慕课平台的知识传播模式，将结合编码、解码两个阶段的慕课知识传播看作：编码阶段—具有意义的慕课课程内容—解码阶段，整合了原有传播模式要素，重构了慕课知识传播模式，形成了"双主—螺旋"慕课知识传播模式，如图 4－1 所示。在这个模式中，教师作为知识的把关人，在编码阶段发挥主体作用，以学习者需求为基础筛选和组织课程内容。学习者作为解码阶段的主体，也是传播阶段的决定者。通过自主学习课程内容，借助平台与教师、同伴讨论交流，发表个人感想、评价课程内容等。而"接合"是指在一定条件下将两个不同的要素形成一个统一体的一种连接形式，可以看作是一部"铰接式"的卡车，两个部分（前面的驾驶室和后面的拖车）通过特定的环扣连接在一起。[③]

---

① 于淮．大学英语智慧教育"双螺旋"模型建构及实施路径［J］．齐鲁师范学院学报，2021，36（5）：45－51，59．

② 连小童．知识传播的"双螺旋"模式探析：以自媒体节目《军武次位面》为例［J］．青年记者，2018（15）：76－77．DOI：10.15997/j.cnki.qnjz.2018.15.041．

③ 郁栋，周乾，罗阿辉．慕课知识传播模式、特征及发展趋势［J］．中国教育信息化，2021（24）：13－17．

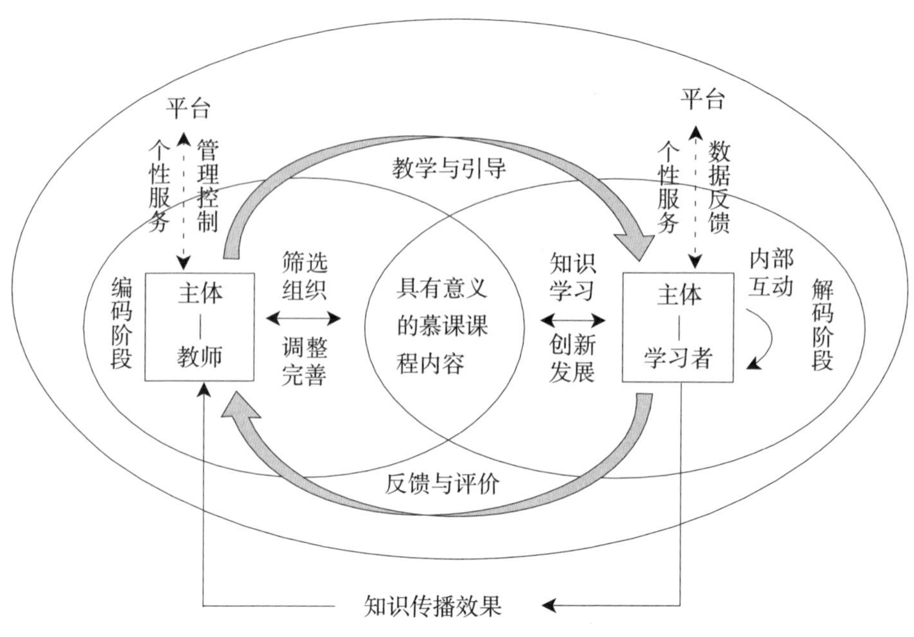

图 4-1　“双主—螺旋”慕课知识传播模式

与慕课知识传播模式类似，以 B 站为代表的视频分享 App 的知识传播模式也具有双主体，且更注重知识的互动传播。为此，本研究提出视频分享 App 的“双螺旋”互动知识传播模式。

第三节　视频分享 App 的“双螺旋”互动知识传播模式

随着视频在移动网络中的发展，作为视频分享 App 的 B 站，以其独特的“双螺旋”互动知识传播模式，从抖音、快手和慕课等众多平台的知识传播竞争中脱颖而出。B 站董事长陈睿在 2021 年 6 月提到，过去一年，B 站上升最快的五个内容品类分别为社科人文、情感、动物圈、美食和科普。其中科普内容播放量增长最快，高达 1994%。目前，泛知识类内容占 B 站全平台视频总播放量的 45%，在 B 站 16 个分区中排名第六，视频数量仅次于生活区、娱乐区、影视区、音乐区、游戏区。《2021 年 B 站创作者生态报告》显示，2021 年知识区创作者规模增长 92%。期间 B 站多次举办泛知识品类活动，孵化多名百大 UP 主（视频上传者），活动视频总播放量达到了 182 亿。①

B 站知识内容主要分为三大类。一是知识视频内容。2020 年 6 月 5 日，B 站知识区正式上线，包含科学科普、社科·法律·心理、人文历史、财经商业、校园学习、职业职场、设计·创意、野生技能协会八个二级分区，以分享知识、经验、技能、观点、人文等泛知识内容为主。每个二级分区下还设了很多频道，如科学科普下包含环境、生物、数学等 29 个频道。知识视频形式主要为 UP 主录制相关知识类视频通过个人账号在平台播放，其中 5 ~ 15 分钟的中视频是 B 站知识视频的主流形式。二是学习类直播内容。B 站的直播分区下开设“学习”二级分区，其中包含人文社科、科技科普、职业技能和陪伴学习四个三级分区。其中代表 B 站特色的陪伴学习直播深受众多学子的喜爱。三是知识付费“课堂”分区。下设通识科普、语言学习、考研、影视·创作、考试考证、个人成长、IT 互联网、兴趣生活、职业职场九个分区，课程价格几十元到几百元不等，时常会精选一批优质知识视频呈现在首页，付费课程中没有弹幕，内容更专业权威，学习氛围也更严肃。

可见 B 站的知识内容涉及领域广泛，形式多样，深受用户的喜爱。因此，本研究以 B 站为例，提出了视频分享 App 的“双螺旋”互动知识传播模式，如图 4 - 2 所示。

① 哔哩哔哩创作中心. 2021 年 B 站创作者生态报告［R/OL］.（2021 - 12 - 09）［2021 - 12 - 21］. https：//www. bilibili. com/read/cv14332832.

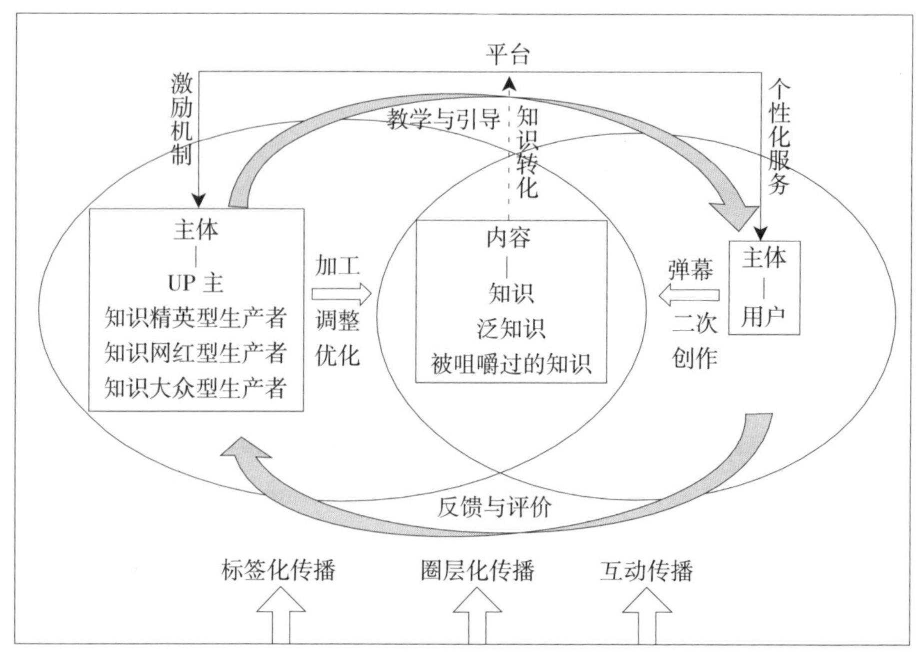

图4-2 视频分享App的“双螺旋”互动知识传播模式

一、传播主体：知识共创下的UP主与用户

（一）UP主：知识的主要供应商

B站的UP主大致可分为三类：知识精英型生产者、知识网红型生产者和知识大众型生产者。①

1. 知识精英型生产者

知识精英型生产者是指在现实生活中已经属于相关领域的意见领袖，拥有较高的成就和身份地位，如大学教授、职业精英、行业专家、公众人物等，对知识的把控具有权威性和准确性。在传统媒体时代，知识精英型生产者将自己的知识外化，通过传统大众媒体传播。而对于B站来说，这类知识精英型生产者本身的身份标识并没有发生改变，依旧维持着现实生活中的影响力，但知识的生产方式和表现形式却采用更适应视频平台的方式，从而以自身的知识储备和人格魅力斩获用户的喜爱。如知识区知名UP主“罗翔说刑法”的罗翔老师，

① 杨伊盟. “哔哩哔哩”视频社区的知识生产与传播研究［D］. 沈阳：辽宁大学，2021.

是中国政法大学的法学教授，也是某法律教育共享平台的授课老师。UP 主"硬核的半佛仙人"是风控行业从业者，拥有十年的风控行业工作经验。他们都在各自的领域有着深厚的造诣，这成为他们专业知识的来源，也是持续输出高质量内容的保障。

2. 知识网红型生产者

这类生产者本身的知识储备并没有知识精英型生产者那么专业和宽泛，而是通过一定知识结合专业的视频制作水平，以其独特的风格收获用户的喜爱，这类生产者大致可分为两种。第一种是以团队名义制作视频，然后发布在一个账号上，形成网红账号。如 UP 主"兔叭咯"就是专业的团队共同制作视频，团队生产内容的好处在于能够确保视频的制作水准，能为用户带来良好的知识接收体验，通常带有明显的变现目的。第二种则是由 UP 主个人完成视频制作全流程，相比第一种的制作工艺来说，精良度有所下降，但是这类视频带有明显的个人风格，如剪辑风格、文案风格。同时具有独特魅力，以此吸引用户观看。但总的来看，这两种知识网红型生产者都具有较大的粉丝基数，同时能保证稳定的更新频率，这在较大程度上维持了用户黏性。

3. 知识大众型生产者

知识大众型生产者更多是前期依靠自身的视频制作积累足够的粉丝后，逐渐变为知识生产者的形象，有些 UP 主会与多频道网络（Multi-Channel Network，MCN）机构合作，进行持续的内容生产。这一类生产者以学生党为主，知识大多来源于自身专业或经历，传者与受者的身份更为平等。在选题上会更多依赖粉丝的评论和需求进行策划，以满足用户的需求，在这一过程中不断向知识网红型生产者过渡。

（二）用户：知识的接受者与再生产者

在视频分享 App 中，用户既是知识的接受者，也是知识的生产者。知识生产者利用个人的认知盈余，将隐性知识转化为大众通俗易懂的常识性知识，被用户所吸收。从这一层面来说，用户是知识的接受者。从另一层面来看，在这一过程中，用户可以发表弹幕或评论，与 UP 主和用户进行知识的延续性交流，拓展了视频本身知识传播的边界。与此同时，UP 主也会根据用户的反馈对视频选题和内容做出调整，以此不断优化知识传播的内容和形式，从这一个角度看，用户也间接地参与了内容生产。除此之外，用户还可基于目前的知识类视频进行二次创作，如UP主“罗翔说刑法”中罗翔老师喜欢以“张三”举例，其粉丝就会将其讲到“张三”的内容单独剪辑出来，并通过自己的账号进行发布，如UP主“法外狂徒张三的日记”等。通过同人的二次创作，用户直接参与到内容生产中，从而变为生产者。正是在这种往复中，用户在对已有知识消化后进行新一轮的知识传播，形成螺旋式的传播模式。

二、内容生产：PUGV内容生产模式

PUGV即Professional User Generated Video，可译为“专业用户生产视频”。该术语由PUGC（Professional User Generated Content）一词引申而来。PUGC指“专业用户生产内容”，指将PGC（Professional Generated Content）和UGC（User Generated Content）相结合后的内容生产方式，最早是由喜马拉雅FM提出并应用于互联网电台的音频内容。之后，如今日头条、微博、知乎等平台也打造出了平台专属的PUGC模式。从发展阶段上来说，PUGC不是UGC、PGC模式的简单结合，而是两种模式在深度发展后为规避各自发展瓶颈而协商整合的结果，被认为是“互联网短视频长远发展的趋势”①。

PUGV可以理解为PGV与UGV结合的视频内容生产模式。而B站也是最早提出PUGV模式的平台。早在2019年，B站就已经在内容战略上明确转向建设PUGV社区，形成“UP主—PUGV—社区基因—吸引粉丝”的社区生态循环机制。从目前来看，B站的PUGV知识生产模式大致分为两类：一是知识生产者独立生产；二是知识生产者间合作生产。

（一）知识生产者独立生产

UP主是B站内容生产的主力军，为B站提供了90%的PUGV内容。② 目前B站知识类视频PUGV模式的知识生产者独立生产主要有三种方式：

1. 以UP主本人为核心的视频生产

UP主本人负责知识的输出，专业的制作团队辅助内容生产，最后以UP主

① 田元. 智识的协商：PUGC视频社区知识类作者的内容生产［J］. 新闻界，2021（2）：75－84. DOI：10.15897/j.cnki.cn51－1046/gz.2021.02.009.

② 转引自知乎. 2020年Bilibili内容营销报告［EB/OL］. https：//zhuanlan.xhihu.eom/p/157435676utm_source＝we chat_session.

的身份发布于平台。如知识类 UP 主"罗翔说刑法"，关于视频的核心内容都由罗翔老师自身完成，其背后的 B 站运营团队负责账号的运营。

2. 团队共同完成视频生产

这类视频通常由团队共同完成选题、内容策划、视频录制和后期制作等，最后由 UP 主将视频发布在平台上。这类 UP 主一般是知识网红型生产者，如 UP 主"影视飓风"等。UP 主不是指某个具体的人，而是这个账号。

3. UP 主本人独自完成视频生产

这类 UP 主一般为知识大众型生产者，粉丝基数相对较低，大多为学生党，主要是分享自己的专业技能、成功经历等供大家参考。如 UP 主"Roy 大表哥"，UP 主本人为知名大学研究生。他英语成绩较好，在 B 站分享英语四六级及雅思、托福考试的学习经验。

（二）知识生产者间合作生产

除了 UP 主独立生产模式外，B 站的知识生产还呈现出 UP 主之间联动生产的趋势。在 UP 主"罗翔说刑法"账号中的"投稿"专栏下有一个"梦幻联动"专区，里面有六期是和其他 UP 主联合生产内容，其中视频《【罗翔 × 泛式】细数柯南中黑衣组织五大罪行》是 UP 主"罗翔说刑法"与动画区的 UP 主"泛式"的联合投稿。UP 主"泛式"主要负责挑选并介绍柯南中黑衣组织的五大罪行，UP 主"罗翔说刑法"主要分析这些罪行在国内属于什么样的犯罪行为。联合生产既能集合 UP 主的知识，创造出更加新颖和更多元的内容，同时也能增强粉丝的互动交流，促进视频社区的活性。

PUGV 的内容生产模式在一定程度上能保证知识生产的质量、专业性和权威性，同时 UGV 的生产方式也能在极大程度上彰显 UP 主的个人风格。

三、传播方式：以用户为中心的知识社区传播

（一）标签化传播

B 站是一个十分注重标签的视频分享 App，其内容推荐和用户搜索很大程度上都是依赖标签。标签既能定义视频属性，也能定义用户属性。

从标签定义视频属性来看，首先体现在其页面布局上。B 站首页共有 33 个一级分区，其中知识类分区下有 8 个二级分区，而在每个二级分区之下还有进

一步细分。以知识区的“校园学习”为例，旗下还囊括了考试、英语、考研、学习心得、经验分享、物理、日语等18个三级分区，每个三级分区再按照年份、科目等相关类别进行分类。每个分区都是一个标签，如此详尽的标签，方便用户在不检索的情况下快速找到所需领域的知识。同时三级分区之下都有关于这个分区的视频总数、总播放量以及精选视频数量，方便用户对于B站关于此领域的视频有整体把握。标签对视频属性的定义还体现在视频投稿上，从知识类视频投稿页面来看，也存在着标签化传播。当UP主或用户上传视频投稿时，需填写分区、标题、类型、标签和简介，其中标签的选择可以是自定义、推荐来源和参与活动。UP主可以通过设置视频的标签来对视频属性进行初步的定义，以便于视频的传播。

标签定义用户更多体现在追踪用户在平台上的互动记录和推送喜好视频。B站会记录用户的浏览记录、搜索记录、收藏、点赞、投币以及视频观看完整程度等。通过这些数据分析用户的视频使用习惯和偏好类型，并依据相应的标签进行内容推荐，从而使平台能更好地契合用户的知识需求，提高用户在平台长期稳定使用的可能性。

（二）圈层化传播

“圈层”一词最早出现在人文地理学科的“圈层式空间结构理论”中，后被用来描述血缘和地域关系，而如今职业、兴趣、文化等都可以作为划分圈层的依据。① 对于B站来说，圈层化传播是指信息在依据兴趣爱好形成的圈子内进行传播。B站本身的社区属性也让它自带一种圈层文化。B站知识区下的每一个二级分区和三级分区都可以看作一个更垂直、更细分的圈层。每一个用户都能找到自己所属圈层，圈层能满足用户对于特定知识的需求，提升获得知识的效率。通过自己的学习获取成功后再对圈层进行反哺，以此形成良性的循环。如考研的学生通过在B站考研区的学习成功上岸后，反过来作为UP主在B站分享自己的考研经验，既实现了知识内容的循环，同时也形成了内容生产者和用户身份的循环。除了分区之外，B站移动端App上的“频道”，选择“知识”频道后可以继续选择更多垂直的频道进行订阅，将圈层进一步划分得更明确，

① 郑欣，朱沁怡．“人以圈居”：青少年网络语言的圈层化传播研究［J］．新闻界，2019(7)：25-36．DOI：10.15897/j.cnki.cn51-1046/g2.2019.07.004.

方便用户加入学习。B 站的圈层并非封闭式的，而是开放融合的，每个用户可以同时归属不同的圈层，在增强用户互动性的同时也加强了平台知识传播的广泛性。

（三）互动传播

B 站作为视频分享 App 的代表，其功能也很好地体现出互动传播的个性化和共创性。B 站的互动传播方式主要有：一键三连和投币、弹幕和评论、二次创作、互动视频、直播。其中一键三连和投币、互动视频是 B 站独有的互动方式。这种互动方式既彰显了 B 站本身的个性化，也为用户提供了个性化的互动体验。而弹幕和评论、二次创作这种互动方式更多地体现了用户参与视频内容的再创作。通过这种互动传播，在与传者和其他用户的循环传播中完成了知识内容的补充和延伸，实现了视频内容、知识和价值的共创。接下来，就弹幕和评论、二次创作、互动视频、直播四种较为典型的互动传播进行分析。

1. 弹幕和评论

弹幕是 B 站知识传播的一大特色。在用户观看视频过程中，弹幕成为用户表达实时态度和意见的媒介。在这一过程中，用户通过弹幕与 UP 主和其他用户进行互动，以弹幕的方式完成对知识的补充，完成自己对知识的贡献。而知识也在弹幕互动中不断地被强调、被纠正、被补充，在互动中实现了知识的共创与传播。后续用户在观看过程中也可以通过弹幕对视频中的知识内容产生更深刻的理解。评论也是用户与 UP 主互动交流的方式，用户在评论区提出关于知识的疑惑，UP 主提供相应解答，拓展了视频中知识的外延，满足了用户有针对性的知识需求。同时评论区作为用户反馈的平台，也为 UP 主优化视频内容提供了宝贵的意见和建议。

2. 二次创作

“鬼畜视频”是 B 站独有的社区文化，来源于用户对视频的二次创作。在知识类视频中二次创作也是一种常见手段，通过二次创作实现知识的再生产，同时也提升了知识传播的趣味性。在 2018 年前，罗翔还未入驻 B 站时，B 站就已经发布了很多基于罗翔上课视频进行二次创作的视频。而在罗翔入驻 B 站后，每次在上课时除了分析罪行之外，还会讲一些励志的名言和金句，这些被用户单独剪辑为视频作品。这些二次创作的视频在“罗老师的哲学人生”“罗老师的人生哲学”等账号发布。用户在学习刑法知识的同时，还能单独学到人生哲学的内容，实现了知识的提炼与整合。在二次创作的过程中，UP 主与用户实现了再次的互动与联系，UP 主可以对用户的二次创作视频进行评论与转发，同时也在一定程度上影响了后续内容的创作。这时的用户成了 UP 主，而 UP 主成了用户，实现了用户与 UP 主身份的互换，在互动传播过程中身份得到循环。

3. *互动视频*

互动视频是指以非线性视频内容为主线，在非线性视频内容上开展的可支持时间域互动、空间域互动、事件型互动三种内容的互动视频业务。该业务具有分支剧情选择、视角切换、画面互动等交互能力，能够为用户带来强参与感、强沉浸度的互动观看体验。B 站于 2019 年 7 月正式上线互动视频。互动视频会在关键节点为用户提供相应题目和选项，这些题目和选项会影响到后续视频播放的内容。这种直观的参与能极大程度增加用户学习的体验感。如在 UP 主“张三普法”的互动视频《老师，我劫持美国军方 F－22 飞回中国，构成什么罪?》中，罗老师提问的时候，就会弹出来相关选项进行选择，如果选到错误选项就会弹出“回答错误”，然后投币继续观看。通过设置选项互动的方式能促使用户进行自主选择思考，然后做出选择。通过思考的方式获取知识，同时加深记忆。互动视频在提升用户体验感的同时，也激发了创作者的创作灵感，以及对知识表现形式和质量的把控，为优质知识内容的发展提供了更广阔的空间。

4. *直播*

直播是互动传播最直接的方式。B 站“课堂”分区和“直播”分区下的“学习”二级分区都设有知识直播。“课堂”分区的直播方式更趋近于网课，老师讲授知识内容，用户认真学习，课堂内容是相对严肃的。因此也关闭了弹幕，采用评论的互动方式。而“直播”分区中的“陪伴学习”是 B 站特有的直播方式。其独特点在于直播的内容不是知识，而是学习氛围，这是 UP 主和用户共同营造出的一种学习氛围。直播学习更像一种线上自习室，在直播过程中除了少有的弹幕互动之外，更多的是一种情感上的互动。“陪伴学习”的直播方式主要有三种：第一种是 UP 主直播学习。UP 主通过自己的账号直播学习过程，全程不露脸，不讲话，只有纸笔摩擦和背景音乐。第二种是多人自习。UP 主提供直播间，用户通过腾讯会议账号进入直播间，并打开摄像头进行学习。在这个过程中他们因为共同的目标聚集在一起，形成情感上的互动。第三种是氛围自习室。直播间通过 24 小时不间断直播，为学习者营造良好的学习氛围。在直播学习中，参与者以虚拟在场的方式在媒介场景中融入真实情感，在情感互动中满足陪伴需求和获得学习动力。

四、传播平台：一个知识生态系统

（一）面向 UP 主的创作激励机制

B 站按照 UP 主的粉丝数量对其进行层次划分，针对不同的层次采取不同的培养、激励策略。B 站采用金字塔模型的分层，鼓励位于金字塔不同层级的 UP 主提升粉丝数量和影响力，向上级流动。

1. 初级生产者——线上“创作学院”+线下“UP 主学园交流日”

PUGV 模式要求内容具有一定的专业性，对于普通用户来说有一定门槛。因此 B 站在线上设置“创作学院”专区，推出大量初级、入门的教学视频。教学视频包含基础知识、视频制作、视频管理、账号运营、商业变现等全流程内容，更有 UP 主分享账号成长的心路历程，帮助新 UP 主启航。与此同时，B 站也开展了线下的“UP 主学园交流日”，为 UP 主提供线下交流学习的机会。主办方会亲临现场为 UP 主提供学习的空间和氛围，这种方式能够在短时间提升生产者的创作、运营水平，同时加深 UP 主之间、UP 主与平台的情感交流。

2. 专业生产者——充电计划、创作者激励计划、新星计划

早在 2016 年，B 站就针对专业生产者推出了充电计划。这是最早实施且门槛较低的一种 UP 主变现方式，主要依靠用户对 UP 主的“电池”充值，以“充电”的方式对 UP 主进行打赏。10“电池”相当于 1 元人民币，UP 主能从中获得 70% 的分成。

创作者激励计划是平台面向个人 UP 主推出的扶持政策。只要个人 UP 主的电磁力（综合评估 UP 主近期创作效果的数值体系）等级达到 LV3，且信用分不低于 80 分，即可申请加入。在激励计划中，官方根据规则计算 UP 主的收益，B 站通过算法机制对内容进行评估，并给予 UP 主相应的奖励。其收益的比率约为 1000 阅读量兑换 1 元人民币奖励，并与生产者内容质量权重相关，因此专业生产者的平均收益并不高。

除此之外，针对粉丝数量 1 万以下且无机构认证的 UP 主，B 站还推出了新星计划。该计划以周期内的投稿量、点赞量为衡量标准，为优胜者提供专属头衔认证、平台充值优惠券、头像挂件等优质奖品，鼓励 UP 主在保障投稿数量的同时提升创作质量，以期吸引更多新的 UP 主创作视频，一起加入知识类视频的共创。

3. 优质生产者——全勤挑战、悬赏计划、创作激励新秀奖（粉丝数≤10 万）

全勤挑战活动激励 UP 主保持活跃。全勤挑战是针对 10 万以下粉丝的 UP 主提出的，挑战的主要内容为每周投递视频内容，而且持续的期数越长，奖励就越多。从内容来看，全勤挑战主要有两个目的，一是保持中部以下的 UP 主足够活跃，二是让 UP 主养成定期投稿的习惯。

悬赏计划为粉丝数量在 1 万以上的 UP 主提供广告权限，允许视频 UP 主开放视频下方的广告，并且拥有自主选择广告内容的权利。当视频被点击后，下方就会出现广告，B 站会依据其曝光度分配收益。

在创作者激励计划实施一周年后，为了鼓励更多垂直领域的新 UP 主加入 B 站的创作大军中，B 站又推出了创作激励新秀奖。该奖专为已加入激励计划，且粉丝数量低于 5 万的 UP 主制定，每月扶持 3 个垂直品类，并根据 UP 主综合表现，奖励 10000 元、2000 元、800 元不等的激励金，以帮助 UP 主减轻创作经费压力。

4. 头部生产者——高能联盟、艺人化运作（粉丝数≥20 万）

高能联盟是 B 站与 UP 主建立的一种深度合作形式。高能联盟采用邀请制，只有获邀加入的 UP 主才能得到相应的认证，并且拥有“高能联盟成员”认证头衔。在高能联盟 UP 主的视频开头有 3 秒高能联盟的宣传字幕。B 站通过设立“高能联盟”品牌，与 UP 主形成捆绑发展的趋势，避免优质 UP 主的流失，同时为优质 UP 主营造更好的发展氛围。此外，在非竞争对手平台，对高能联盟进行展示，提升 UP 主的外部影响力。

对于“罗翔说刑法”和“硬核的半佛仙人”等 UP 主来说，他们处于知识生产的领头羊地位。B 站平台能给他们带来的流量已经达到了顶峰，因此需要开辟新的发展路径。通过艺人化运作该层级 UP 主，提升其知名度，从而将网友对 UP 主的关注转移到 B 站平台，吸引更多的流量进来，同时在其他活动过程中也能实现商业变现。如 UP 主“罗翔说刑法”是知识区的头部 UP 主，B 站通过艺人化运作，为其安排相关的综艺增加其曝光度。如在《确实该聊聊》的脱口秀节目中，邀请罗翔老师联合知名短视频博主“Papi 酱”一起聊聊自己。此前罗翔老师还与演员喻恩泰一起聊过网红时代。通过跨领域的曝光，实现流量的扩增和知名度的增加。

（二）面向用户的个性化服务

1. 全方位的知识获取渠道

B 站作为知识视频内容的集散地，为无数的学生和职场人士提供了一个全方位自主获取知识和技能的渠道，满足了不同用户的差异化知识需求。首先，从知识覆盖面来看，B 站知识区下的内容涵盖学习、工作、生活、兴趣、经验等绝大部分日常所需的泛知识。全面的知识不仅满足了用户的刚性需求，同时免费获取的优势也降低了成本，帮助用户拓展兴趣爱好，从而更好地实现自我价值。其次，从知识获取渠道来看，B 站为用户提供了知识类视频、直播课程和课堂三种获取知识的途径。知识类视频以泛知识为主，涉及领域广泛，内容多元且难度系数较低，适合大多数人的日常学习。而直播课程则更加具有针对性，课堂也更趋近于传统课堂的严肃性和专业性，其作为付费板块，邀请国内名校的老师教授课程，知识内容更加系统化和具有权威性。三种方式由浅入深为不同需求的用户提供不同层次的知识满足。多元化知识的存在对用户个性化需求的满足，不仅有助于提升个人素养，还能促进社会的进步和发展。

2. 学术与趣味相结合的碎片化学习

在这个快节奏的社会，无论是学生还是职场人士都希望快速提升自己各方面的能力，但却难以抽出完整的时间进行系统学习。随着 5G 技术的快速发展，随时随地的碎片化学习成了当下一种主要的学习方式。B 站的知识视频以 5 ~ 15 分钟的中视频为主，既不像短视频那样浅尝辄止，也不像网课那样冗长。值得注意的是，B 站知识视频并没有迎合网络大众化、娱乐化倾向而降低其科学性、知识性和严谨性，而是通过援引论文和著作、编辑目录和内容纲要、列出参考文献等方式，增加其知识视频的权威性和可信度，再将学术化的内容通过视频这种可视化表达以及故事表达的方式让用户更易吸收。极具学术性和趣味性的中视频，更能满足用户认知盈余的碎片化学习。

3. 社区化的全民学习氛围

B 站标签化、圈层化传播一直在营造一种知识社区的学习氛围，帮助用户找到属于自己的圈子。通过弹幕的实时互动，能和其他用户共同学习，还能利用弹幕的内容作为知识的补充，在学习之余也达到了社交的目的。同时，直播课程和课堂都营造出一种传统课堂的班级氛围感，让用户隔着屏幕也能找到一种归属感。尤其是近来B站大火的直播自习室为用户提供的陪伴式学习，精准洞察当下年轻人孤独与拖延的心理，既能让用户在学习路上不再孤单，也能通过他人的监督而约束自身。B站知识区以需求为出发点，以知识作为连接用户与平台的桥梁，建立起自己的圈子，在不持续互动中形成一种寓教于乐的全民学习氛围。

五、传播效果：沉浸式传播的螺旋扩散

视频分享App的互动效果具有持续性和群体极化的特点，B站将两个特点不断融合、延伸，形成新的沉浸式螺旋扩散（核心信源定位—反馈—再定位—再反馈）的效果。在此传播过程中，一次次的反馈与定位，是传者与受者保持不间断互动的过程，体现出了互动效果的持续性。而在反馈的过程中，也会出现一种观点逐渐压倒其他观点，形成沉默的螺旋。优势观点与视频内容也会获得新的定位进入新一轮的传播中。这也反映了互动效果的群体极化现象。

沉浸式传播（Immersive Communication，IC）是一种全新的信息传播方式，它是以人为中心以连接了所有媒介形态的人类大环境为媒介而实现的无时不在、无处不在、无所不能的传播。① 沉浸传播具体的传播过程是动态的，是一个不停地定位并且螺旋立体上升的过程，可表现为沉浸式传播立体螺旋图，如图4-3所示。传播的过程为：核心信源定位—反馈—再定位—再反馈，信息不断搜集，传播内容不断迭代，形成螺旋上升的圈。②

① 李沁．沉浸传播［M］．北京：清华大学出版社，2013：43．

② 赵琳玉．无限旋转上升的“弹幕”沉浸传播过程模式IC立体螺旋图研究［J］．科技传播，2018，10（6）：7-8．DOI：10.16607/j.cnki.1674-6708.2018.06.007．

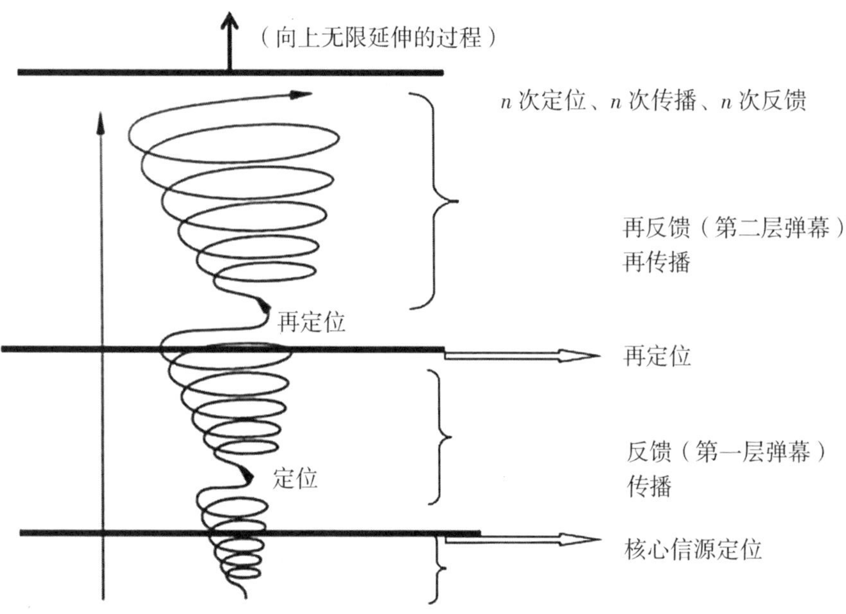

图 4－3　沉浸式传播立体螺旋图

在 B 站知识传播的过程中，首先通过算法搜集用户画像和用户信息，结合用户的搜索记录对用户进行第一次核心信源定位。当用户被知识内容吸引后，通过点赞、投币、转发和私信等方式进行反馈，平台接收到用户的反馈后，进行第二次定位。在这个过程中，弹幕起到了递增信源的作用，是对核心信源的一种延伸，而第二层弹幕的出现是受众对第一层核心信源定位后发出的再定位。再定位基于"递增信源＋核心信源"中的内容，依据用户的兴趣爱好和个人经验进行定位，而再传播的过程也会随着递增信源的增加而不断延伸知识内容，从而开启新一轮双主体的传播模式。在这个过程中，知识也呈现出螺旋上升、递增向前的趋势。

第四节　结论

本章分析了以 B 站为例的视频分享 App 的"双螺旋"互动知识传播模式，

包含传播主体、内容生产、传播方式、传播平台和传播效果等。

随着移动终端的发展和5G时代的到来，视频分享App的知识传播出现了新的传播模式。首先，传播主体从知识生产者的单主体变为了知识生产者与用户的双主体，在二者的共创之下完成了知识的生产。在这个过程中，用户既是知识的接受者，同时也是知识的再创者。其次，传播方式从单向传播和双向传播变为标签化传播、圈层化传播和互动传播。B站依据自身强大的社区属性为用户构建知识社区，通过分区、频道等设置标签，用户在每个标签之下寻找自己的圈子，并通过弹幕和评论、二次创作、互动视频、直播等方式搭建起用户与平台、用户与用户间沟通的桥梁，最终形成一个全民学习的知识社区。再次，B站平台作为知识的布局者俨然已经构建出一个知识的生态系统，为想成为UP主的普通用户和UP主构建金字塔式的创作激励机制，帮助UP主从启航到成为头部知识生产者。与此同时，为用户提供知识类视频、直播课程和课堂等全方位获取知识的渠道，打造学术化和趣味性相结合的碎片化学习内容，以及营造社区化的全民学习氛围，满足用户对于知识的个性化需求。最后，B站构筑的知识生态系统，实现了作为知识生产者的UP主和作为知识接受者的用户身份的转换，在不断循环中，实现双主体持续共创下知识的螺旋式扩散。这一模式不仅有助于满足个人知识的需求，个人兴趣的培养和素养的提升，还有助于全民学习型社会的打造。

第五章

视频分享 App 的知识传播：用户生成内容动因

…… ……

第一节　问题提出

视频分享 App 具备的社区属性和专业用户生成内容的内容创作模式，使得用户成为内容创作的主体。因此用户生成内容在视频分享 App 中占据着至关重要的地位。从知识传播的角度看，视频分享 App 用户生成内容的本质是一种用户间的知识分享行为。探究其行为背后的动因，洞悉用户的知识创作动机，既有利于视频分享 App 的平台运营者了解用户行为，制定合理的激励机制激发用户创作活力，从而促进平台知识生态的良性发展，也有利于促进完善新媒体时代下知识传播、视频分享用户的相关研究。

本研究借鉴已有对于视频分享网站的内容生产动机和虚拟社区用户知识分享行为影响因素等相关研究的思路，以 MOA（Motivation - Opportunity - Ability，动机—机会—能力）理论框架为基础，构建了视频分享 App 用户生成内容动因研究模型并提出假设，采取问卷调查的方式收集数据，并利用结构方程模型进行了假设的验证。

第二节　研究假设与模型建构

一、理论基础

（一）MOA 理论

MOA 模型由动机、机会、能力三个核心构念组成，动机是激发行动的内在原因和直接动力，机会是主体对激发行为的客观环境中有效成分的认知，能力是指直接影响人们完成活动质量和数量水平的内在可能性，动机、机会和能力之间的相互作用推动了行为的发生。它们之间的相互关联和共同作用推动了特定行为的发生。如图 5－1 所示。

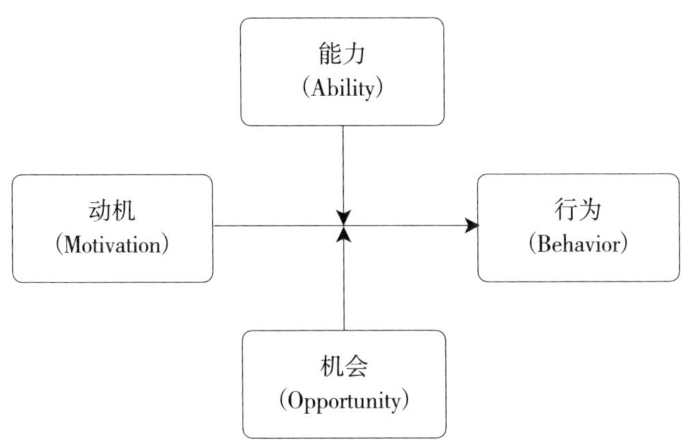

图 5－1　MOA 模型的一般形式

MOA 模型中动机激发个人的行为意愿，是引发行为的重要因素。它在需要的基础上产生，而在出现诱因时被激活，从而驱使个体不断接近目标。可以说，动机是在内在的需要和外在的诱因共同作用下形成的，常见的动机有兴趣爱好、自我展示等。机会是与行为主体有关但不受行为主体控制的外部环境要素的集合。MOA 模型中的机会指在特定时空里，主体所感知到的有助于激发其特定行为的外在客观环境中的有效成分，如可利用的时间、关注、资金成本、技术等，机会的存在为个体接近目标提供了客观条件。能力一般是指人在智力或体力上的能力，MOA 模型中的能力是指作为主体的人所具有的，在一定的社会关系中从事对象性活动的内在可能性。能力的大小决定了个人能够完成活动的程度。能力是通过对特定知识和技能的掌握表现出来的。在 MOA 模型中动机是导致行为发生的直接原因，而机会和能力则对这一过程产生调节作用。①

MOA 理论框架广泛用于信息接收行为的研究中，赵云霄等人从 MOA 模型视角出发，通过问卷调查的方法，探索整合动机、机会、自我效能对大学生课程学习平台持续使用行为的影响，研究证实整合动机正向影响大学生课程学习平台持续使用行为，机会和自我效能正向调节整合动机对持续使用行为的影

① 陈则谦. MOA 模型的形成、发展与核心构念［J］. 图书馆学研究，2013（13）：53－57.

响。[①] 范哲等人从 MOA 视角对问答网站用户贡献行为进行研究，发现动机中的利他、互惠，平台提供的机会如感知易用性、感知经济性、网站形象感知和网站氛围，以及用户自身的知识转化和专业知识方面的能力，是与用户贡献行为相关的要素。[②]

（二）动机理论

Calder 和 Staw 在 1975 年首次提出了动机理论，并将其定义为个体采取某一特定行为的驱动力。在动机理论中，动机被划分为外部动机和内部动机两类：通常因外界的压力或者要求而形成的动机即为外部动机；而内部动机是指用户从自我出发而实施某一行为，存在于用户整个行为过程中。[③] 1968 年，Porter 和 Lawler 基于期望价值理论提出了内在动机和外在动机整合的理论模型，并将内外动机进一步明确，外在动机可能是组织中其他人以金钱、认可或表扬的形式给予的奖励；而内在动机是在做好工作时个体自身所感受到的兴趣、满足、自尊和能力感等。本研究将利用动机理论，分析 MOA 框架中基于动机层面的动因，将动机分为外在动机和内在动机两个层面进行探究。

（三）技术接受模型理论

技术接受模型（Technology Acceptance Model，TAM）又称技术采纳模型，最早由美国学者 Davis 于 1986 年提出。该理论是在借鉴理性行为理论和计划行为理论的基础上发展而来，是研究用户对信息系统接受与使用程度的重要理论，最早被用于解释信息系统高投入低产出矛盾产生的原因，后得到了广泛的应用。该模型总结出两个影响用户行为的主要因素：感知有用性和感知易用性，并分析了这两个因素影响用户信息接收的过程。该模型认为，感知有用性和感知易用性会影响使用者对于信息技术的态度，进而影响使用者的行为意向，而行为意向进一步影响使用行为，整体模型如图 5－2 所示。本研究将利用技术接受模型理论分析 MOA 理论框架中基于机会层面的动因。

---

① 赵云霄，金永林，张玉荣．基于移动终端的大学生课程学习平台持续使用行为研究：MOA 模型视角［J］．现代商贸工业，2020，41（8）：51－54.

② 范哲，张乾．MOA 视角下的问答网站用户贡献行为研究［J］．图书与情报，2015（5）：123－132.

③ CALDER B J，STAW B M．Self-perception of intrinsic and extrinsic motivation［J］．Journal of personality and social psychology，1975，31（4）：599.

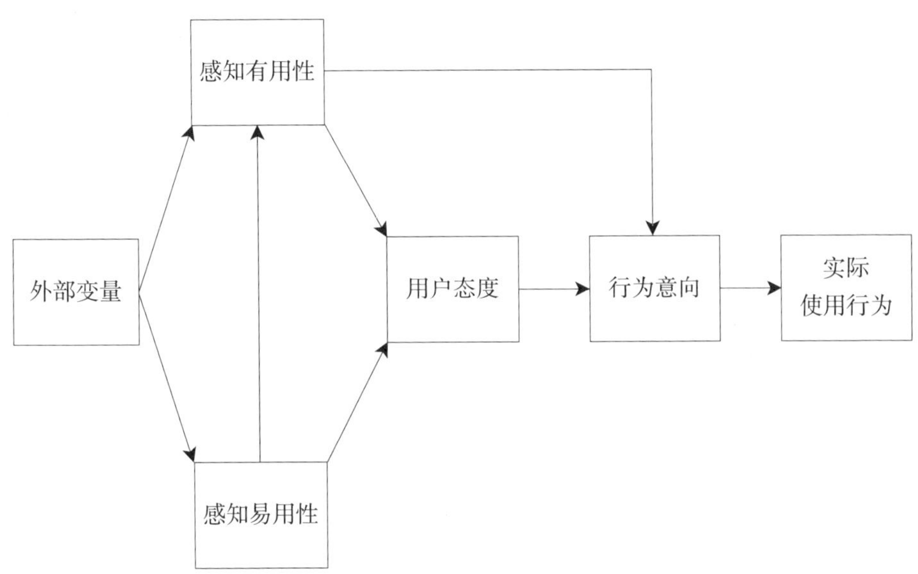

图 5－2　技术接受模型（TAM）

（四）社会资本理论

社会资本被定义为“个人或社会单位拥有的关系网络中嵌入的、可利用的和衍生的实际和潜在资源的总和”①。社会资本理论认为，人与人之间的社会关系可以成为生产资源。每个人都可以通过自己的社会关系网络获得利益，获利越高社会资本也就越多。Nahapiet 和 Ghoshal 认为，社会资本是从社区中的人际连带网络关系发展出来的信任合作与集体行为，并把社会资本分成了结构维度、关系维度和认知维度。而且社会资本理论认为，个人和社会网络中的关系体系强烈影响到人际知识共享。② 社会资本理论中的信任因素也是影响虚拟社区知识共享的关键因素，而视频分享 App 中的内容生产实际也是一种知识分享行为，因此可以借助社会资本理论进行分析。

（五）社会认知理论

社会认知理论认为，一个人的行为部分地由社会网络（即社会系统）和个

① NAHAPIET J，GHOSHAL S. Social capital，intellectual capital，and the organizational advantage［J］. Academy of management review，1998，23（2）：242－266.

② 曹扬敏. 视频分享网络中用户生成内容的动因研究［D］. 武汉：华中师范大学，2012.

人认知（例如期望、信念）的影响形成和控制。该理论强调了认知性的因素对行为改变的作用，认为个体、行为和环境是相互影响、相互依赖和相互决定的。班杜拉提出了两种类型的期望信念，作为指导行为的主要认知力量：结果预期和自我效能。① 社会认知理论认为结果预期会影响自我效能，结果预期和自我效能会对行为起主导作用。本研究以社会认知理论为基础，分析 MOA 理论框架中基于能力层面的动因。

二、研究假设

（一）动机与视频分享 App 用户创作和分享行为之间的关系

动机是激发和维持有机体行动，并将行动导向某一目标的心理倾向或内部驱力。1918 年，美国心理学家武德沃斯最早将动机应用于心理学，并认为动机是决定行为的内在动力。② 动机理论将动机分为内在动机和外在动机，内在动机是“人没有外部诱因能做什么”，例如饥饿感、责任感、利他主义等，而外在动机则是指响应外部事务而从事的行为，而不是出于内在的目的，如金钱、表扬、声誉等。视频分享 App 中用户生成内容的动机可分为内在动机和外在动机，二者共同刺激用户的创作行为。

1. 内在动机与视频分享 App 用户创作和分享行为之间的关系

在以 B 站为主的视频分享 App 中，兴趣和休闲是影响用户行为的一个重要内在动机。《DT 财经 & 哔哩哔哩：2020 视频趋势洞察报告》指出，用户发布视频的动机主要有认识志趣相投的朋友、记录与分享人生的特别时刻、表达观点与看法及展现自己的生活爱好。③ 张婷婷针对国内视频分享网站的研究中也提到了兴趣和乐趣、自我展示、社会交往和利他主义是促进用户创作的动因。因此，基于已有的研究，本研究将兴趣和休闲、自我展示、社会交往和利他主义作为影响用户创作行为的因素，并提出如下假设：

H1a：兴趣和休闲对视频分享 App 用户的创作和分享行为产生正向影响。

---

① BANDURA A. Social cognitive theory ［M］ //VASTA R. Annals of child development. Greenwich CT：Jai Press LTD，1989：1 – 60.

② 林崇德，杨治良，黄希庭. 心理学大辞典［M］. 上海：上海教育出版社，2003：223.

③ DT 财经，哔哩哔哩. DT 财经 & 哔哩哔哩：2020 视频趋势洞察报告［EB/OL］.（2020 – 09 – 03）. http：//www. 199it. com/archives/1111793. html.

H1b：自我展示对视频分享 App 用户的创作和分享行为产生正向影响。

H1c：社会交往对视频分享 App 用户的创作和分享行为产生正向影响。

H1d：利他主义对视频分享 App 用户的创作和分享行为产生正向影响。

2. 外在动机与视频分享 App 用户创作和分享行为之间的关系

利益回报，主要是指外部经济激励和平台的一些虚拟资产，如等级、积分等。此前，在国外学者 Ralph 等人和国内学者张婷婷的研究中，认为经济利益对用户生成内容动机没有明显影响。但近年来，随着知识付费的发展，经济利益对用户创作动机的影响逐渐增大。杨珊和蒋晓丽的研究发现，物质报酬也是用户中优质内容生产者进行内容生产的主要动机。① 除此之外，《bilibili 2022 年 Q3 财报》显示，已有超过 125 万的 UP 主获得收入，同比增长 74%。② 可见，经济收益在用户创作内容中的影响越来越大。基于此，本研究提出如下假设：

H1e：利益回报对视频分享 App 用户的创作和分享行为产生正向影响。

个人声誉，主要是指来自外界对于个人的综合评价，Hars 和 Ou 的研究表明，声誉对于用户知识分享行为具有一定的激励作用。Ralph 等人在研究视频分享网站和博客的用户生成内容动机时发现，外部经济激励影响较弱，但声誉和认可对用户创作内容动机有一定影响。③ 基于此，本研究提出如下假设：

H1f：个人声誉对视频分享 App 用户的创作和分享行为产生正向影响。

（二）机会与视频分享 App 用户创作和分享行为之间的关系

感知有用性是指一个人感受某种技术的有用程度，感知易用性是指个体认为使用该技术的容易程度。宁昌会等人的研究发现，感知有用性和感知易用性均对用户持续使用意愿产生显著的影响。Seongcheol Kim 等人以技术接受模型为基础，结合动机理论，认为感知易用性、感知有用性、信任对用户参与意图有正向影响。基于此，本研究提出如下假设：

H2a：感知易用性对视频分享 App 用户的创作和分享行为产生正向影响。

H2b：感知有用性对视频分享 App 用户的创作和分享行为产生正向影响。

---

① 杨珊，蒋晓丽. 自我决定理论视角下 UGC 生产动机的模式与演进探究［J］. 现代传播（中国传媒大学学报），2020，42（2）：35－40.

② https：//mp. weixin. qq. com/s/2JUx7Ky_wqYimJ010o0WYA.

③ RALPH S，et al. Motivations to produce user generated content：differences between webloggers and video bloggers［C］//20th Bled eConference eMergence：Merging and Emerging Technologies，Processes，and Institutions，2007.

信任是指个体认为他人的行为倾向会与我们一致的一种信念。研究中强调的信任并非指对某个特定的人的信任，而是对作为一个整体的社会单元的一般性行为的信任。社会资本论中强调信任的重要性，信任已被确定为促进虚拟社区参与知识共享水平的关键因素。[①] 基于此，本研究提出如下假设：

H2c：信任对视频分享 App 用户的创作和分享行为产生正向影响。

MOA 模型认为，机会的差异会引起动机对行为影响的差异，而情境和环境的差异也代表着机会的不同。在视频分享 App 用户生成内容中，有些情境会更有利于用户创作和分享视频，例如平台操作更简易友好，用户感受到平台更有价值，对平台十分信任等。有利机会的出现会使用户获得良好的体验感和工具价值，从而产生创作和分享的动机更强烈。相反，平台操作越复杂用户的价值感越低，隐私和风险问题严重等不利机会也会降低用户的创作和分享动机。基于此，本研究提出如下假设：

H3a：感知易用性对动机与视频分享 App 用户的创作和分享行为之间的关系起正向调节作用。

H3b：感知有用性对动机与视频分享 App 用户的创作和分享行为之间的关系起正向调节作用。

H3c：信任对动机与视频分享 App 用户的创作和分享行为之间的关系起正向调节作用。

（三）能力与视频分享 App 用户创作和分享行为之间的关系

自我效能指用户对自己完成某项特定任务所具备能力的自信程度。这种信念感会对用户产生持久性的影响。社会认知理论认为，结果预期和自我效能是指导行为的主要认知力量。Bandura[②] 和 Igbaria[③] 等人认为自我效能很大程度上影响着个人动机和行为，自我效能越高的人表现出相关行为的可能性越大。基

---

① RIDINGS C，GEFEN D，ARINZE B. Some antecedents and effects of trust in virtual communities［J］. The journal of strategic information systems，2002，11（0）：271 – 295.

② BANDURA A. Social foundations of thought and action［M］. Englewood Cliffs，NJ：Prentic – Hall，1986.

③ IGBARIA M. The effects of self-efficacy on computer usage［J］. Omega，1995，23（6）：587 – 605.

于此，本研究提出如下假设：

H4a：自我效能对视频分享 App 用户的创作和分享行为产生正向影响。

专业技能是能力的一种外化形式，Wasko 和 Faraj 认为用户自身具备的专业能力会影响用户的行为。而对于视频分享 App 来说，用户想要创作视频，必须学习视频前期策划、中期拍摄和后期剪辑等基本技能，这也有助于用户提升自己的专业技能。基于此，本研究提出如下假设：

H4b：专业技能对视频分享 App 用户的创作和分享行为产生正向影响。

MOA 模型认为能力的差异对动机与行为的关系起到调节作用。自我效能和专业技能是个人能力的体现。在视频分享 App 用户生成内容中，自我效能和专业技能越强的用户，产生视频创作和分享行为的动机也越强。相反，缺乏专业技能和自我效能的用户，产生视频创作和分享行为的动机也就更弱。基于此，本研究提出如下假设：

H5a：自我效能对动机与视频分享 App 用户的创作和分享行为之间的关系起正向调节作用。

H5b：专业技能对动机与视频分享 App 用户的创作和分享行为之间的关系起正向调节作用。

三、研究模型

本研究基于 MOA 模型，以动机理论、社会资本理论和社会认知理论为理论基础，结合视频分享网站的用户生成内容动机和虚拟社区知识分享行为的动机研究，提炼出影响视频分享 App 用户创作和分享行为的变量，构建了视频分享 App 用户生成内容动因研究模型，如图 5－3 所示。

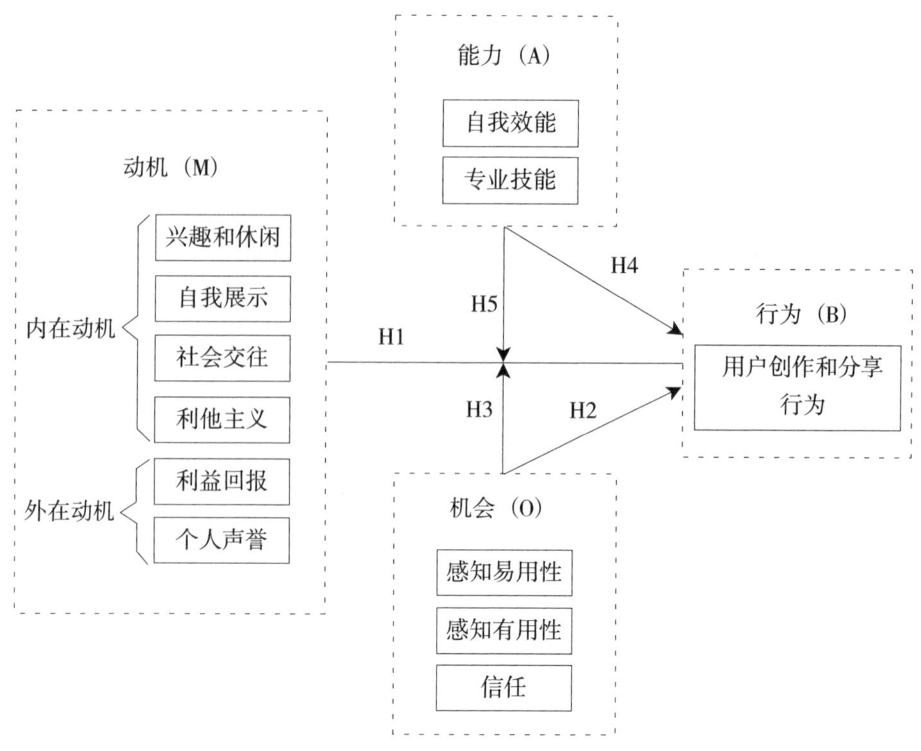

图 5－3　视频分享 App 用户生成内容动因研究模型

MOA 框架包含动机、能力和机会三个构念。结合动机理论，将动机分为内在动机和外在动机，内在动机包含兴趣和休闲、自我展示、社会交往、利他主义四个变量，外在动机包含利益回报和个人声誉两个变量；能力包含自我效能和专业技能两个变量；机会包含感知易用性、感知有用性和信任三个变量。

四、研究设计与调研

（一）研究问卷设计

本研究问卷以已有研究成果中成熟量表为基础，针对本研究目的，以及 B 站和视频分享 App 的特性，设计调查问卷。本研究主要参考了张婷婷、赵宇翔、郭昊旻、杨珊、李珍、陈淑萍以及 Wasko 和 Faraj 等人的问卷项，确定了本研究模型中各个变量的测量题项。具体题项如表 5－1 和表 5－2 所示。调查问卷采用李克特五级量表形式，设定非常不同意、不同意、不确定、同意、非常同意五个可选项，被调查者根据自己的实际情况进行作答，所有选项都为单选题。

表 5－1　视频分享 App 中影响用户生成内容的动机、机会和能力的变量设计

MOA 理论框架的三个层面		变量	参考来源
动机层面	内在动机	兴趣和休闲	Blanchard L. A.（2004）
		自我展示	张婷婷（2011）
		社会交往	Wasko，Faraj（2000）
		利他主义	Wasko，Faraj（2000）
	外在动机	利益回报	杨珊等（2020）
		个人声誉	Wasko，Faraj（2005）
机会层面		感知易用性	Davis（1989）
		感知有用性	
		信任	Seongcheol Kim（2007）
能力层面		自我效能	赵宇翔、朱庆华（2009）①
		专业技能	Wasko，Faraj（2005）

表 5－2　各个变量的测量题项

变量	测量题项	参考来源
兴趣和休闲	IL1：在 B 站创作知识类视频是我的兴趣爱好所在	杨珊、蒋晓丽（2020）
	IL2：在 B 站创作知识类视频是我休闲娱乐的一种方式	
	IL3：在 B 站创作知识类视频使我感到愉快，取悦了我自己	郭昊旻（2021）
自我展示	SE1：我在 B 站创作知识类视频是为了表达我的观点和看法	张婷婷（2011）
	SE2：我在 B 站创作知识类视频是希望有更多人能够认识我，让我成名	
	SE3：我在 B 站创作知识类视频是因为我想得到别人的认同	

① 赵宇翔，朱庆华．Web2.0 环境下影响用户生成内容的主要动因研究［J］．中国图书馆学报，2009，35（5）：107－116.

（续上表）

变量	测量题项	参考来源
社会交往	SO1：我希望通过在 B 站创作知识类视频能够结识志同道合的朋友	张婷婷（2011）
	SO2：我希望我在 B 站发表的知识类视频能够得到很多人的评价和反馈	
	SO3：我希望在 B 站创作知识类视频接触到不同的人，拓展人脉资源	
利他主义	AL1：我希望通过自己在 B 站上的创作帮助别人	Hars，Ou（2002）
	AL2：我希望自己在 B 站上创作的知识类视频对别人而言是有价值的	
	AL3：我乐于向朋友介绍 B 站知识区的新功能和新模块	赵宇翔（2011）
利益回报	EA1：我在 B 站创作知识类视频是为了获取金钱或其他物质报酬	Lerner，Tirole（2002）
	EA2：我在 B 站创作知识类视频是为了获取更多的用户关注和流量	
	EA3：我在 B 站创作知识类视频是为了寻求商业合作，从而拓展新的工作机会	李珍（2020）
个人声誉	PR1：我觉得在 B 站发布视频获得了尊重	Wasko，Faraj（2005）
	PR2：我觉得在 B 站发布视频提升了我的专业地位	
	PR3：我觉得在 B 站发布视频提高了我的社会知名度和认可度	
感知易用性	PE1：我觉得 B 站的界面设计和操作步骤非常人性化	朱庆华、赵宇翔（2010）
	PE2：我觉得在 B 站中上传、分享视频和修改视频是容易操作的	
	PE3：我熟知 B 站发布视频的各项功能，用起来没有什么障碍	
感知有用性	PU1：我认为 B 站非常契合我的创作需求	Davis（1989）
	PU2：我认为 B 站在一定程度上提高了我的视频创作效率	
	PU3：我认为 B 站为我持续创作并发布视频提供了很大帮助	郭昊旻（2021）

（续上表）

变量	测量题项	参考来源
信任	TR1：我认为我发布在 B 站的知识类视频不会被其他网友不恰当使用 TR2：我相信 B 站会保存好我的作品 TR3：我认为 B 站的大多数网友是值得信任的	张婷婷（2011）
自我效能	SE1：我对自己在 B 站知识区创作的视频内容很自信 SE2：我对自己在 B 站与人分享有用内容的能力很自信 SE3：我对自己的作品能够准确传达自己的观点态度很自信	Meng-Hsiang Hsu, et al.（2007）
专业技能	PS1：我能够熟练完成视频的前期策划，如主题设计、脚本撰写等 PS2：我能够熟练完成视频的中期拍摄，如景别选用、镜头手法等 PS3：我能够熟练完成视频的后期剪辑，如字幕特效、编辑画面等	郭昊旻（2021）
用户创作和分享行为	UGB1：未来我会持续在 B 站进行知识类视频创作 UGB2：未来我会增加知识类视频创作和分享的频率 UGB3：未来我愿意花时间和精力创作出更优质的原创知识内容 UGB4：如果有机会，我会积极参与到 B 站知识区发布的各种创作活动中 UGB5：如果有机会，我会邀请我的朋友一起参与到 B 站知识区的创作和分享中来	赵宇翔（2011）

（二）调研实施

B 站作为国内视频分享 App 的代表，从 2020 年 9 月至 2021 年 8 月，UP 主投稿视频的播放量超过 4500 亿，知识区创作者规模增长达 92%，在 158 位涨粉百万 UP 主中有 36 位来自知识区，约占 23%，位居第一。可见 B 站拥有庞大的用户基数和用户生成内容数据，同时由于 B 站具有的社区属性和双螺旋互动的知识传播模式，使得更多年轻人愿意加入 B 站，分享自己的知识。因此，本研究选择以 B 站为个案，以 B 站知识区用户为研究对象，探究视频分享 App 用户生成内容的动因。

第三节　调研结果

一、问卷预调研

（一）预调研问卷发放与回收

本研究借助“问卷星”网站进行预调研问卷发放，共回收预调研问卷 63 份，其有效率是 100%。将回收的问卷数据导入 SPSS26.0 统计软件，对预调研问卷进行信效度分析。

（二）描述性统计分析

1. 个人基本特征

在回收的 63 份有效问卷中，男性占比 54%，女性占比 46%，性别分布基本均衡。在年龄方面，被调查者年龄分布较为均衡，16～25 岁和 26～35 岁占比相同且最大，为 23.8%；在受教育程度方面，大学本科人数最多，占比为 31.7%，其次大学专科占比 30.2%，硕士及以上占比 25.4%；在职业方面，分布也较为平均，学生和事业单位/公务员/政府工作人员占比相同，为 23.8%。整体看来，被调查者分布较为均衡，其中占比较大的人群基本吻合 B 站用户群体特征。具体分布特征情况如表 5－3 所示。

表 5－3　预调研问卷中个人基本特征分析

个人基本特征	题项选项	频率	百分比
性别	男	34	54.0
	女	29	46.0

（续上表）

个人基本特征	题项选项	频率	百分比
年龄	15岁及以下	13	20.6
	16～25岁	15	23.8
	26～35岁	15	23.8
	36～45岁	14	22.2
	45岁以上	6	9.5
受教育程度	高中及以下	8	12.7
	大学专科	19	30.2
	大学本科	20	31.7
	硕士及以上	16	25.4
职业	学生	15	23.8
	事业单位/公务员/政府工作人员	15	23.8
	私企/外企	13	20.6
	个体户	13	20.6
	自由职业者	7	11.1

2. B站知识区视频创作情况分析

通过对“是否发布过视频”“视频发布历史”“视频发布频率”和“原创内容占比”等题项答案的频率进行分析，了解被调查者在B站知识区的视频创作情况。结果显示，被调查者均在B站知识区发布过视频，其中视频发布3～6个月的被调查者最多，占比30.2%，33.3%的被调查者每周更新视频，原创内容在50%～80%之间的最多，占比30.2%。具体结果如表5－4所示。

表5－4　预调研问卷中B站知识区视频创作情况分析

B站知识区视频创作情况	题项选项	频率	百分比
是否发布过视频	发布过	63	100
	从未	0	0

（续上表）

B 站知识区视频创作情况	题项选项	频率	百分比
视频发布历史	3 个月以下	17	27.0
	3～6 个月	19	30.2
	6～12 个月	12	19.0
	1～2 年	13	20.6
	2 年以上	2	3.2
视频发布频率	每天更新	16	25.4
	每周更新	21	33.3
	每半个月更新	13	20.6
	每月更新	11	17.5
	无固定更新频率	2	3.2
原创内容占比	不到 50%	17	27.0
	50%～80%	19	30.2
	80% 以上	13	20.6
	几乎全部为原创	14	22.2

（三）预调研信度分析

信度分析主要用来检测分析结果的稳定性或者说一致性，即通过多次对问卷数据分析，来观察分析结果是否一致，以确定实证研究结果的真实性或可靠性。通常而言，在不同时间段内、不同的被调查者间以及不同打分者间进行信度检验，最终得到的结果一致性越高，说明问卷信度越高。本研究采用认可度较高的 Cronbach's Alpha 信度测量方法，进行本研究的问卷信度分析。

本研究采用 SPSS26.0 对预调研的总体量表和分量表进行信度分析，其结果如表 5－5 所示。表中数据显示问卷整体信度为 0.955，各分量表整体信度也均在 0.8 以上，说明量表信度理想，可靠性高。

表 5－5　预调研问卷总体量表和分量表信度检验

量表	克隆巴赫 Alpha	项数
总体量表	0.955	38
动机	0.892	18
机会	0.887	9
能力	0.851	6
行为	0.893	5

（四）预调研效度分析

效度分析用于检验问卷是否具备有效性，主要是考察测量题量是否合理。效度分析分为效标效度、内容效度、结构效度。本研究采用结构效度分析，以探索性因子分析法进行检验。在采用探索性因子分析法前，先对量表采取 KMO 和 Bartlett 球形检验，用于检验各变量之间的相关性。KMO 的指标值范围为 0～1，Kaiser（1974）认为若 KMO 值小于 0.5，则认为题项变量间的关系较差，不能满足因素分析的需要；若 KMO 值大于 0.8，则认为题项变量间的关系较为良好；若 KMO 值大于 0.9，那么题项变量间的关系就非常好。一般而言，只有当 KMO 值在 0.5 以上、Bartlett 值小于 0.05 时，问卷所收集的数据才适合进行探索性因子分析。

本研究采用探索性因子对小样本的预调研问卷进行效度检验。在进行探索性因子分析前，先对总体量表和分量表进行 KMO 和 Bartlett 球形检验，以判断量表是否适合做进一步分析。其检验结果如表 5－6 所示。表中数据显示总体量表的 KMO 值为 0.817，大于 0.8，显著性为 0，小于 0.05。表明量表数据效度优秀，量表具有更多的公共因子。其余各分量表也均大于 0.8，表明量表效度良好。综上，总体量表和各分量表的 KMO 值符合检验标准，且 Bartlett 球形检验达到显著水平，说明变量间存在相关性，可以继续开展探索性因子分析。

表 5 - 6　预调研问卷总体量表和分量表 KMO 和 Bartlett 球形检验

量表	KMO 取样适切性量数	Bartlett 球形检验		
		近似卡方	自由度	显著性
总体量表	0.817	1839.868	703	0
动机	0.811	663.320	153	0
机会	0.842	331.537	36	0
能力	0.813	164.475	15	0
行为	0.880	165.441	10	0

1. *动机层面量表的探索性因子分析*

对动机层面的兴趣和休闲、自我展示、社会交往、利他主义、利益回报和个人声誉六个维度采用主成分分析法和最大方差法开展探索性因子分析，以验证量表数据的效度水平情况。抽取特征值大于 1 的因子，动机层面分量表共 18 个题项，抽取出 6 个公共因子，总方差解释比为 79.486%，具体如表 5 - 7 所示。

表 5 - 7　预调研问卷动机层面量表的方差检验结果

成分	初始特征值			提取载荷平方和		
	总计	方差百分比	累计百分比	总计	方差百分比	累计百分比
1	6.643	36.904	36.904	6.643	36.904	36.904
2	1.865	10.36	47.264	1.865	10.36	47.264
3	1.778	9.878	57.142	1.778	9.878	57.142
4	1.587	8.818	65.96	1.587	8.818	65.96
5	1.315	7.307	73.266	1.315	7.307	73.266
6	1.12	6.22	79.486	1.12	6.22	79.486

提取方法：主成分分析法。

旋转后的成分矩阵如表 5 - 8 所示。在表中发现，题项 PR1 的因子载荷系数值无法显示，原因在于其值小于 0.5，而理论上对应相应维度时因子载荷系数应大于 0.5，因此 PR1 未通过检验，将其删除后继续分析。

表 5－8　预调研问卷动机层面量表旋转后的成分矩阵

	1	2	3	4	5	6
IL1					0.880	
IL2					0.679	
IL3					0.863	
SE1		0.861				
SE2		0.832				
SE3		0.868				
SO1			0.829			
SO2			0.700			
SO3			0.852			
AL1				0.767		
AL2				0.824		
AL3				0.815		
EA1	0.893					
EA2	0.893					
EA3	0.900					
PR1						
PR2						0.807
PR3						0.884

提取方法：主成分分析法。

旋转方法：凯撒正态化最大方差法。

a 旋转在 6 次迭代后已收敛。

删除题项 PR1 后进行第二次分析。KMO 和 Bartlett 球形检验结果如表 5－9 所示，动机层面量表的 KMO 值为 0.807，大于 0.8，显著性概率值（p）为 0.000，小于 0.05，说明变量间存在共享的因素，表明适合继续进行因子分析。

表 5-9　预调研问卷修改后动机层面量表的 KMO 和 Bartlett 球形检验结果

KMO 和 Bartlett 球形检验		
KMO 取样适切性量数		0.807
Bartlett 球形检验	近似卡方	627.936
	自由度	136
	显著性	0.000

利用探索性因子分析，继续开展对剩余 17 个题项的检验，共抽取特征值大于 1 的因子 6 个，可以解释 81.491% 的总方差。结果如表 5-10 所示。

表 5-10　预调研问卷修改后动机层面量表的方差检验结果

成分	初始特征值			提取载荷平方和		
	总计	方差百分比	累计百分比	总计	方差百分比	累计百分比
1	6.324	37.2	37.2	6.324	37.2	37.2
2	1.864	10.964	48.164	1.864	10.964	48.164
3	1.746	10.273	58.436	1.746	10.273	58.436
4	1.587	9.333	67.769	1.587	9.333	67.769
5	1.309	7.699	75.469	1.309	7.699	75.469
6	1.024	6.022	81.491	1.024	6.022	81.491

提取方法：主成分分析法。

第二次因子分析中，动机维度量表剩余 17 个题项，共提取 6 个因子，此 17 项与维度对应关系情况良好。量表旋转后的方差矩阵如表 5-11 所示。所有题项的因素负荷量均在 0.5 以上，表示各题项的变量均值均能有效地反映动机维度的各个变量。因此，动机层面量表在删除 1 个题项后，达到了良好的结构效度水平，最终剩余 6 个维度的 17 个题项。

表 5 – 11 预调研问卷修改后动机层面量表旋转后的方差矩阵

	1	2	3	4	5	6
IL1					0.884	
IL2					0.680	
IL3					0.863	
SE1		0.865				
SE2		0.838				
SE3		0.866				
SO1				0.811		
SO2				0.746		
SO3				0.872		
AL1			0.782			
AL2			0.812			
AL3			0.837			
EA1	0.895					
EA2	0.891					
EA3	0.901					
PR2						0.816
PR3						0.917

提取方法：主成分分析法。

旋转方法：凯撒正态化最大方差法。

a 旋转在 6 次迭代后已收敛。

2. 机会层面量表的探索性因子分析

对预调研问卷中机会层面的感知易用性、感知有用性和信任三个维度进行探索性因子分析，结果如表 5 – 12 所示。由表 5 – 12 可以看出，对 9 个题项进行方差检验，共抽取特征值大于 1 的因子 3 个，可以解释 80.094% 的总方差，大于 50%，说明 3 个维度可以提取出大部分题项信息。

表 5 - 12　预调研问卷机会层面量表方差检验结果

成分	初始特征值			提取载荷平方和		
	总计	方差百分比	累计百分比	总计	方差百分比	累计百分比
1	4.759	52.883	52.883	4.759	52.883	52.883
2	1.372	15.24	68.122	1.372	15.24	68.122
3	1.077	11.972	80.094	1.077	11.972	80.094

提取方法：主成分分析法。

在进行成分矩阵旋转后，结果如表 5 - 13 所示。由表 5 - 13 可以发现，题项 TR2 在两个维度上均有载荷，且载荷系数值大于 0.5，因此题项 TR2 未通过检测，将其删除后继续分析。

表 5 - 13　预调研问卷机会层面量表旋转后的成分矩阵

	1	2	3
PE1		0.883	
PE2		0.734	
PE3		0.839	
PU1	0.897		
PU2	0.858		
PU3	0.876		
TR1			0.846
TR2		0.507	0.621
TR3			0.88

提取方法：主成分分析法。

旋转方法：凯撒正态化最大方差法。

a 旋转在 5 次迭代后已收敛。

删除题项 TR2 后，对机会层面量表进行因子分析，KMO 和 Bartlett 球形检验结果如表 5 - 14 所示。由表 5 - 14 得到 KMO 值为 0.817，大于 0.8，显著性概率值为 0.000，小于 0.05，符合继续进行探索性因子的标准。

表 5-14　预调研问卷修改后机会层面量表的 KMO 和 Bartlett 球形检验结果

KMO 和 Bartlett 球形检验		
KMO 取样适切性量数		0.817
Bartlett 球形检验	近似卡方	292.306
	自由度	28
	显著性	0.000

对剩余的 8 个题项进行探索性因子分析，因子分析共提取出 3 个特征值大于 1 的有效因子，总方差解释比达 83.117%，具体结果如表 5-15 所示。

表 5-15　预调研问卷修改后机会层面量表的方差检验结果

成分	初始特征值			提取载荷平方和		
	总计	方差百分比	累计百分比	总计	方差百分比	累计百分比
1	4.318	53.979	53.979	4.318	53.979	53.979
2	1.267	15.841	69.82	1.267	15.841	69.82
3	1.064	13.297	83.117	1.064	13.297	83.117

提取方法：主成分分析法。

对修改后的机会层面量表进行成分旋转，如表 5-16 所示。从表 5-16 中发现，各个题项与原理论维度一一对应，且每个因子的载荷系数值均在 0.5 以上，整体结果符合预期。

表 5-16　预调研问卷修改后机会层面量表旋转后的方差矩阵

	1	2	3
PE1		0.892	
PE2		0.759	
PE3		0.837	

（续上表）

	1	2	3
PU1	0.89		
PU2	0.859		
PU3	0.882		
TR1			0.844
TR3			0.901

提取方法：主成分分析法。

旋转方法：凯撒正态化最大方差法。

a 旋转在 4 次迭代后已收敛。

综上，在删除题项 TR2 后，结构效度水平符合标准，可进行下一步研究。机会层面量表最终剩余 3 个维度的 8 个题项。

3. 能力层面量表的探索性因子分析

对预调研问卷中能力层面的自我效能和专业技能分量表进行探索性因子分析，结果如表 5－17 所示。从表 5－17 中得到 6 个题项，共提炼出 2 个特征值大于 1 的有效因子，能够有效解释 74.152% 的方差，说明两个维度能够包含绝大部分题项信息，符合预期。

表 5－17　预调研问卷能力层面量表方差检验结果

成分	初始特征值			提取载荷平方和		
	总计	方差百分比	累计百分比	总计	方差百分比	累计百分比
1	3.448	57.475	57.475	3.448	57.475	57.475
2	1.001	16.677	74.152	1.001	16.677	74.152

提取方法：主成分分析法。

对 6 个题项进行成分旋转后结果如表 5－18 所示。由表 5－18 发现，提取因子与原理论维度对应情况良好，所有的研究项对应的共同度均高于 0.5，研究信息被有效提取。因此，能力层面量表具有良好的效度。

表 5－18　预调研问卷能力层面量表旋转后的成分矩阵

	1	2
SE1	0.727	
SE2	0.899	
SE3	0.887	
PS1		0.755
PS2		0.819
PS3		0.82

提取方法：主成分分析法。

旋转方法：凯撒正态化最大方差法。

a 旋转在 3 次迭代后已收敛。

4. 行为层面量表的探索性因子分析

对预调研问卷中行为层面量表进行方差分析，结果如表 5－19 所示。由表 5－19可以发现，5 个题项共提取出 1 个特征值大于 1 的因子，方差解释比为 70.14%。题项与原理论维度对应良好，且因子载荷系数值均在 0.5 以上，表明量表通过因子检验，可继续进行下一步分析。

表 5－19　预调研问卷行为层面量表方差检验结果

成分	初始特征值			提取载荷平方和		
	总计	方差百分比	累计百分比	总计	方差百分比	累计百分比
1	3.507	70.14	70.14	3.507	70.14	70.14

提取方法：主成分分析法。

综上，通过对预调研问卷的总体量表和各分量表进行效度检验和探索性因子分析，共删除 2 个无效题项，最终确定问卷的题项数为 36 个，形成正式问卷《视频分享 App 用户内容生成动因调查问卷》，见附录 2。

二、正式问卷调研

（一）问卷发放与回收

鉴于本研究的调查对象主要为使用B站的用户群体，正式问卷发放形式主要通过网络渠道。借助“问卷星”平台共收取问卷627份，剔除作答时间过短或存在缺失值的问卷7份，最终形成有效问卷620份。

（二）描述性统计分析

1. 个人基本特征

在回收的620份正式问卷中，个人基本特征如表5－20所示。调查结果显示，男性占比53.2%，女性占比46.8%，性别分布基本均衡。在年龄方面，被调查者年龄分布较为均衡，16～25岁占比最大，为28.4%；在受教育程度方面，大学本科人数最多，占比为49.0%；在职业方面，事业单位/公务员/政府工作人员占比最大，为29.4%。整体看来，正式问卷中被调查的个人基本特征中占比较大的人群与B站用户群体较为接近。

表5－20　正式问卷中个人基本特征分析

个人基本特征	题项选项	频率	百分比
性别	男	330	53.2
	女	290	46.8
年龄	15岁及以下	46	7.4
	16～25岁	176	28.4
	26～35岁	138	22.3
	36～45岁	148	23.9
	45岁以上	112	18.1
受教育程度	高中及以下	94	15.2
	大学专科	128	20.6
	大学本科	304	49.0
	硕士及以上	94	15.2

（续上表）

个人基本特征	题项选项	频率	百分比
职业	学生	46	7.4
	事业单位/公务员/政府工作人员	182	29.4
	私企/外企	158	25.5
	个体户	150	24.2
	自由职业者	84	13.5

2. B 站知识区视频创作情况分析

通过对正式问卷中“是否发布过视频”“视频发布历史”“视频发布频率”和“原创内容占比”等题项答案的频率进行分析，了解被调查者在 B 站知识区的视频创作情况，结果如表 5 – 21 所示。结果显示，被调查者均在 B 站知识区发布过视频，其中视频发布 3 ~ 6 个月的被调查者最多，占比 29.4%；发布频率为每周更新的被调查者占比最多，为 28.4%；原创内容在 80% 以上的最多，占比达 50.3%。

表 5 – 21　正式问卷中 B 站知识区视频创作情况分析

B 站知识区视频创作情况	题项选项	频率	百分比
是否发布过视频	发布过	620	100
	从未	0	0
视频发布历史	3 个月以下	130	21.0
	3 ~ 6 个月	182	29.4
	6 ~ 12 个月	116	18.7
	1 ~ 2 年	142	22.9
	2 年以上	50	8.1
视频发布频率	每天更新	132	21.3
	每周更新	176	28.4
	每半个月更新	134	21.6
	每月更新	142	22.9
	无固定更新频率	36	5.8

（续上表）

B站知识区视频创作情况	题项选项	频率	百分比
原创内容占比	不到50%	148	23.9
	50%～80%	160	25.8
	80%以上	186	30.0
	几乎全部为原创	126	20.3

（三）信度效度检验

1. 信度检验

采用SPSS26.0对回收的有效正式问卷开展信度检验，以测量各量表的稳定性和一致性情况，其结果如表5－22所示。表5－22数据显示，正式问卷总体量表可靠性系数值为0.938，大于0.8；各分量表的可靠性系数值也均在0.8以上，大于0.7，说明量表内部稳定性和一致性情况良好。

表5－22　正式问卷总体量表和分量表信度检验

量表	克隆巴赫 Alpha	项数
总体量表	0.938	36
动机	0.841	17
机会	0.844	8
能力	0.832	6
行为	0.828	5

2. 效度检验

对正式问卷的总体量表和分量表进行KMO和Bartlett球形检验，其结果如表5－23所示。正式问卷中总体量表的Bartlett球形检验值为5011.660，KMO值为0.919，大于0.8，显著性为0，小于0.05；各分量表的KMO值也均大于0.8，显著性也均为0，小于0.05，可以继续开展研究。

表 5－23　正式问卷总体量表和分量表 KMO 和 Bartlett 球形检验

量表	KMO 取样适切性量数	Bartlett 球形检验		
		近似卡方	自由度	显著性
总体量表	0.919	5011.660	630	0
动机	0.824	1542.513	136	0
机会	0.807	1043.198	28	0
能力	0.828	692.452	15	0
行为	0.838	510.504	10	0

对动机、机会、能力和行为层面各分量表继续采用主成分分析法和最大方差法开展探索性因子分析，发现提取的特征值大于 1 的公共因子与各分量表的理论维度数量一致，且旋转后的成分矩阵中的因子与原理论维度完全对应，每个因子的载荷系数值均在 0.5 以上，整体结果符合预期。

综上所述，正式问卷的总体量表和分量表通过信度效度检验，可继续进行下一步研究。

（四）相关性分析

本部分采用斯皮尔曼相关分析，探究视频分享 App 用户的内容生产动机层面的“兴趣和休闲”“自我展示”“社会交往”“利他主义”“利益回报”和“个人声誉”六个因素，机会层面的“感知易用性”“感知有用性”和“信任”三个因素，能力层面的“自我效能”和“专业技能”两个因素，与行为之间的关系。

1. 动机层面的六个因素与行为的相关性分析

对动机层面的六个因素和行为开展相关性分析，自变量“兴趣和休闲”“自我展示”“社会交往”“利他主义”“利益回报”“个人声誉”与因变量用户创作和分享行为的相关性分析结果如表 5－24 所示。

表5-24　正式问卷中动机与行为的相关性分析

			兴趣和休闲	自我展示	社会交往	利他主义	利益回报	个人声誉	用户创作和分享行为
斯皮尔曼Rho	兴趣和休闲	r	1						
		Sig.（双尾）							
	自我展示	r	0.165**	1					
		Sig.（双尾）	0.003						
	社会交往	r	0.188**	0.142*	1				
		Sig.（双尾）	0.001	0.012					
	利他主义	r	0.361**	0.244**	0.270**	1			
		Sig.（双尾）	0.000	0.000	0.000				
	利益回报	r	0.331**	0.141*	0.243**	0.258**	1		
		Sig.（双尾）	0.000	0.013	0.000	0.000			
	个人声誉	r	0.365**	0.106	0.159**	0.272**	0.289**	1	
		Sig.（双尾）	0.000	0.062	0.005	0.000	0.000		
	用户创作和分享行为	r	0.605**	0.267**	0.368**	0.520**	0.415**	0.396**	1
		Sig.（双尾）	0.000	0.000	0.000	0.000	0.000	0.000	

**：在0.01级别（双尾），相关性显著。

*：在0.05级别（双尾），相关性显著。

数据统计所得的斯皮尔曼相关系数显示，动机层面的六个因素与行为之间呈现相关性。其中：

兴趣和休闲与视频分享App用户的创作和分享行为的相关性系数为0.605，为中度正相关，$p=0.000<0.01$。因此，两个变量为显著正向相关关系。

自我展示与视频分享App用户的创作和分享行为的相关性系数为0.267，为低度正相关，$p=0.000<0.01$。因此，两个变量为显著正向相关关系。

社会交往与视频分享App用户的创作和分享行为的相关性系数为0.368，为低度正相关，$p=0.000<0.01$。因此，两个变量为显著正向相关关系。

利他主义与视频分享App用户的创作和分享行为的相关性系数为0.520，为中度正相关，$p=0.000<0.01$。因此，两个变量为显著正向相关关系。

利益回报与视频分享App用户的创作和分享行为的相关性系数为0.415，为低度正相关，$p=0.000<0.01$。因此，两个变量为显著正向相关关系。

个人声誉与视频分享 App 用户的创作和分享行为的相关性系数为 0.396，为低度正相关，$p = 0.000 < 0.01$。因此，两个变量为显著正向相关关系。

因此，机会层面的六个因素对行为均产生显著的正向影响，假设 H1a、H1b、H1c、H1d、H1e、H1f 成立。

2. 机会层面的三个因素与行为的相关性分析

对机会层面的三个因素和行为开展相关性分析，自变量"感知易用性""感知有用性"和"信任"与因变量用户创作和分享行为的相关性分析结果如表 5－25 所示。

表 5－25　正式问卷中机会与行为的相关性分析

			感知易用性	感知有用性	信任	用户创作和分享行为
斯皮尔曼Rho	感知易用性	r	1			
		Sig.（双尾）				
	感知有用性	r	0.394**	1		
		Sig.（双尾）	0.000			
	信任	r	0.308**	0.377**	1	
		Sig.（双尾）	0.000	0.000		
	用户创作和分享行为	r	0.420**	0.621**	0.493**	1
		Sig.（双尾）	0.000	0.000	0.000	

**：在 0.01 级别（双尾），相关性显著。

根据表中斯皮尔曼相关系数，机会层面的三个因素与行为之间呈现相关性。其中：

感知易用性与视频分享 App 用户的创作和分享行为的相关性系数为 0.420，为低度正相关，$p = 0.000 < 0.01$。因此，两个变量为显著正向相关关系。

感知有用性与视频分享 App 用户的创作和分享行为的相关性系数为 0.621，为中度正相关，$p = 0.000 < 0.01$。因此，两个变量为显著正向相关关系。

信任与视频分享 App 用户的创作和分享行为的相关性系数为 0.493，为低度正相关，$p = 0.000 < 0.01$。因此，两个变量为显著正向相关关系。

综上，机会层面的感知易用性、感知有用性与信任均对创作和分享行为产生显著正向影响，假设 H2a、H2b、H2c 成立。

3. 能力层面的两个因素与行为的相关性分析

对能力层面的两个因素和行为开展相关性分析，自变量“自我效能”和“专业技能”与因变量用户创作和分享行为的相关性分析结果如表 5－26 所示。

表 5－26　正式问卷中能力与行为的相关性分析

			自我效能	专业技能	用户创作和分享行为
斯皮尔曼Rho	自我效能	r	1		
		Sig.（双尾）			
	专业技能	r	0.435**	1	
		Sig.（双尾）	0.000		
	用户创作和分享行为	r	0.592**	0.560**	1
		Sig.（双尾）	0.000	0.000	

**：在 0.01 级别（双尾），相关性显著。

根据表中斯皮尔曼相关系数，能力层面的两个因素与行为之间呈现相关性。其中：

自我效能与视频分享 App 用户的创作和分享行为的相关性系数为 0.592，为中度正相关，$p = 0.000 < 0.01$。因此，两个变量为显著正向相关关系。

专业技能与视频分享 App 用户的创作和分享行为的相关性系数为 0.560，为中度正相关，$p = 0.000 < 0.01$。因此，两个变量为显著正向相关关系。

综上，能力层面的自我效能和专业技能对用户的创作和分享行为有显著正向影响，假设 H4a、H4b 成立。

（五）调节作用验证

1. 机会层面三个因素的调节作用验证

为验证感知易用性、感知有用性和信任在动机对用户创作和分享行为的影响中是否具有调节作用，分别将标准化后的感知易用性、感知有用性、信任与动机，以及交互项（标准化后的调节变量 * 标准化后的动机）作为自变量，用户创作和分享行为作为因变量进行回归分析，结果如表 5－27 和表 5－28 所示。

表 5-27 机会层面三个因素的回归分析模型摘要

调节变量	R	R^2	调整后 R^2	标准估算的错误	更改统计					德宾—沃森
					R^2 变化量	F 变化量	自由度 1	自由度 2	显著性 F 变化量	
感知易用性	0.779b	0.607	0.603	0.6408	0.002	1.809	1	306	0.18	1.844
感知有用性	0.808b	0.652	0.649	0.6028	0.010	8.850	1	306	0.003	1.922
信任	0.810b	0.656	0.652	0.6000	0.013	11.839	1	306	0.001	1.865

自变量：动机。
因变量：用户创作和分享行为。
调节变量：感知易用性、感知有用性、信任。

表 5-28 机会层面三个因素的回归分析系数

调节变量		未标准化系数		标准化系数	t	显著性	共线性统计	
		B	标准错误	Beta			容差	VIF
感知易用性	（常量）	3.47	0.04		86.608	0.000		
	动机	1.115	0.066	0.706	16.902	0.000	0.736	1.359
	感知易用性	0.157	0.039	0.168	4.063	0.000	0.754	1.327
	动机—感知易用性交互项	0.069	0.052	0.053	1.345	0.18	0.839	1.192
感知有用性	（常量）	3.432	0.04		86.389	0.000		
	动机	1.046	0.075	0.662	13.995	0.000	0.508	1.969
	感知有用性	0.262	0.038	0.288	6.935	0.000	0.659	1.517
	动机—感知有用性交互项	0.143	0.048	0.119	2.975	0.003	0.706	1.417

（续上表）

调节变量		未标准化系数		标准化系数	t	显著性	共线性统计	
		B	标准错误	Beta			容差	VIF
信任	（常量）	3.427	0.039		87.936	0.000		
	动机	1.018	0.067	0.645	15.276	0.000	0.632	1.582
	信任	0.349	0.044	0.357	7.882	0.000	0.548	1.826
	动机—信任交互项	0.173	0.05	0.152	3.441	0.001	0.578	1.73

因变量：用户创作和分享行为。

由表5－27、表5－28可以看出，感知易用性的 R^2 值为0.603，意味着感知易用性能解释60.3%的动机对用户创作和分享行为影响的调节作用，解释程度较好。感知易用性的标准化系数为0.168＞0，说明感知易用性在动机对用户创作和分享行为影响中起正向调节作用，但 $p=0.18>0.05$，说明调节效应不显著。因此，假设H3a不成立。

感知有用性的 R^2 值为0.649，解释程度良好，感知有用性的标准化系数为0.288，说明感知有用性在动机对用户创作和分享行为影响中起正向调节作用，$p=0.003<0.05$，说明调节作用显著。因此，假设H3b成立。

信任的 R^2 值为0.652，解释程度良好，信任的标准化系数为0.357，说明信任在动机对用户创作和分享行为影响中起正向调节作用，$p=0.001<0.05$，说明调节作用显著。因此，假设H3c成立。

综上，机会层面的三个因素中，感知易用性的调节作用不显著，感知有用性和信任的调节作用显著，假设H3a不成立，H3b、H3c成立。

2. 能力层面两个因素的调节作用验证

参照对机会层面三个因素的调节作用验证，继续对能力层面的自我效能和专业技能在动机对用户创作和分享行为的调节作用进行验证。将标准化后自我效能、专业技能与动机，以及交互项（标准化后的调节变量×标准化后的动机）作为自变量，用户创作和分享行为作为因变量进行回归分析，结果如表5－29和表5－30所示。

表 5－29　能力层面两个因素的回归分析模型摘要

调节变量	R	R^2	调整后 R^2	标准估算的错误	更改统计					德宾—沃森
					R^2 变化量	F 变化量	自由度 1	自由度 2	显著性 F 变化量	
自我效能	0.8146	0.662	0.659	0.594	0.002	1.826	1	306	0.178	1.972
专业技能	0.805	0.648	0.645	0.606	0.006	5.069	1	306	0.025	1.985

自变量：动机。
因变量：用户创作和分享行为。
调节变量：自我效能、专业技能。

表 5－30　能力层面两个因素的回归分析系数

调节变量		未标准化系数		标准化系数	t	显著性	共线性统计	
		B	标准错误	Beta			容差	VIF
自我效能	(常量)	3.465	0.039		88.374	0.000		
	动机	0.951	0.069	0.602	13.747	0.000	0.575	1.74
	自我效能	0.301	0.036	0.339	8.348	0.000	0.669	1.494
	动机—自我效能交互项	0.065	0.048	0.053	1.351	0.178	0.711	1.407
专业技能	(常量)	3.45	0.039		87.786	0.000		
	动机	0.969	0.069	0.613	14.04	0.000	0.603	1.66
	专业技能	0.311	0.042	0.330	7.375	0.000	0.574	1.741
	动机—专业技能交互项	0.103	0.046	0.092	2.252	0.025	0.682	1.467

因变量：用户创作和分享行为。

由表 5－29、表 5－30 的回归分析结果可以发现，自我效能的 R^2 值为

0.659，可以解释65.9%的动机对用户创作和分享行为影响的调节作用，解释程度较好。自我效能的标准化系数为0.339，说明自我效能在动机对用户创作和分享行为影响中起正向调节作用，$p=0<0.05$，说明调节作用显著。因此，假设H5a成立。

专业技能的R^2值为0.645，解释程度良好，专业技能的标准化系数为0.330，说明专业技能在动机对用户创作和分享行为影响中起正向调节作用，$p=0<0.05$，说明调节作用显著。因此，假设H5b成立。

综上，能力层面的自我效能和专业技能两个因素均具有显著的调节作用，假设H5a、H5b成立。

第四节　研究结论与分析

一、结果讨论

本研究基于MOA理论框架，探究动机、能力、机会层面的核心因素对B站知识区用户创作和分享行为的影响。在动机层面提取兴趣和休闲、自我展示、社会交往、利他主义、利益回报和个人声誉作为关键变量，在机会层面提取感知易用性、感知有用性和信任作为关键变量，在能力层面提取自我效能和专业技能作为关键变量，通过相关性分析和回归分析验证假设，具体如表5-31所示。

表5-31　研究假设验证情况

假设	假设内容	结论
H1a	兴趣和休闲对视频分享App用户的创作和分享行为产生正向影响	成立
H1b	自我展示对视频分享App用户的创作和分享行为产生正向影响	成立
H1c	社会交往对视频分享App用户的创作和分享行为产生正向影响	成立
H1d	利他主义对视频分享App用户的创作和分享行为产生正向影响	成立
H1e	利益回报对视频分享App用户的创作和分享行为产生正向影响	成立

（续上表）

假设	假设内容	结论
H1f	个人声誉对视频分享 App 用户的创作和分享行为产生正向影响	成立
H2a	感知易用性对视频分享 App 用户的创作和分享行为产生正向影响	成立
H2b	感知有用性对视频分享 App 用户的创作和分享行为产生正向影响	成立
H2c	信任对视频分享 App 用户的创作和分享行为产生正向影响	成立
H3a	感知易用性对动机与视频分享 App 用户的创作和分享行为之间的关系起正向调节作用	不成立
H3b	感知有用性对动机与视频分享 App 用户的创作和分享行为之间的关系起正向调节作用	成立
H3c	信任对动机与视频分享 App 用户的创作和分享行为之间的关系起正向调节作用	成立
H4a	自我效能对视频分享 App 用户的创作和分享行为产生正向影响	成立
H4b	专业技能对视频分享 App 用户的创作和分享行为产生正向影响	成立
H5a	自我效能对动机与视频分享 App 用户的创作和分享行为之间的关系起正向调节作用	成立
H5b	专业技能对动机与视频分享 App 用户的创作和分享行为之间的关系起正向调节作用	成立

在 16 个研究假设中有 15 个假设验证成立。基于此，本研究得出如下结论：

从动机层面来看，本研究共提取兴趣和休闲、自我展示、社会交往、利他主义、利益回报和个人声誉六个因素作为 B 站用户的创作和分享动机的关键变量。通过实证研究验证了六个因素均对用户的创作和分享行为产生正向影响。其中兴趣和休闲的相关系数值最高，证明用户的兴趣和休闲动机越强，越容易产生知识类视频创作和分享行为，其次是利他主义、利益回报、个人声誉、社会交往，自我展示与用户创作和分享行为的相关系数值最低，说明用户的自我展示对用户的创作和分享行为的影响相对较小。从内在动机和外在动机来看，内在动机对于分享行为的影响大于外在动机。《DT 财经 & 哔哩哔哩：2020 视频趋势洞察报告》中提到，用户创作视频的动机分别为记录与分享人生的特别时刻、展现自己的生活和爱好、表达观点与看法、认识志趣相投的朋友。这一描述中包含了兴趣和休闲、自我展示、社会交往等方面，也印证了本研究的合理性。

从机会层面来看，本研究引入技术接受模型理论，从平台角度入手，探究用户对B站的感知易用性、感知有用性和信任三个因素对用户创作和分享行为的影响。结果显示，感知有用性对用户的创作和分享行为影响最大（相关性系数值为0.621），即用户对B站平台的感知有用性越高，越容易产生视频创作和分享行为，其次是对B站的信任也会显著影响用户的创作和分享行为。而在三个核心因素中，感知易用性对用户创作和分享行为的影响相对较小，相关性系数值为0.420，原因在于目前各大平台的视频发布流程相差不大，为了满足不同层次的用户进行视频创作，降低视频创作门槛，视频创作和发布流程也更加人性化和智能化。除此之外，许多UP主也会对同一个视频进行多平台发布，例如抖音、快手、小红书等，对各个平台的使用也比较熟悉，因此感知易用性对用户创作和分享行为的影响较低。

从能力层面来看，主要提取自我效能和专业技能两个核心因素。对于用户来说，一个知识类视频的创作流程相对烦琐，一般需要经过前期的选题策划、中期的拍摄、后期的剪辑包装，需要具备一定的专业技能。如文案撰写能力、拍摄能力、剪辑能力等，这些在一定程度上会影响用户的视频创作和分享行为。结果显示，专业技能与用户创作和分享行为的相关性系数为0.560，表明用户的专业技能越强，越容易产生视频创作和分享行为。另外，用户的自我效能也显著正向影响用户的创作与分享行为，即用户的自我效能越强，越容易产生视频创作和分享行为。原因在于自我效能感强的人相对更加自信，更喜欢挑战和尝试新鲜事物，能更快地掌握视频创作的专业技能，况且视频需要用户在镜头前具有更强的表现力，而自我效能感强的人具有更好的表现力。因此，自我效能感越强的用户，无论是在专业技能的学习上还是镜头表现力上都更强，因此也更容易产生视频创作和分享行为。

除此之外，机会层面和能力层面对动机与用户创作和分享行为具有调节作用。机会层面的感知有用性和信任在动机对用户创作与分享行为的影响中具有显著正向调节作用，感知易用性无显著调节作用。在能力层面，自我效能和专业技能在动机对用户创作与分享行为的影响中具有显著正向调节作用。

二、建议和启示

（一）深度挖掘用户需求，激发用户内在动机

结论显示，以兴趣和休闲为首的内在动机是动机层面影响用户创作和分享行为的最核心因素，因此 B 站可以通过营造氛围和完善机制来激发用户兴趣。一方面，通过举办联名活动，例如邀请学术界的大咖一起进行知识类视频创作活动，或者知识类 UP 主联名创作视频，如 UP 主“罗翔说刑法”联名华东师范大学的刘擎教授推出《面具》系列视频，来吸引众多学生对 B 站知识类视频的兴趣，营造良好的视频创作氛围，在一定程度上形成羊群效应，从而吸引用户参与到知识类视频的创作活动中。与此同时，通过活动吸引用户前来分享和交流，进而找到志同道合的朋友，从侧面刺激用户的自我展示和社会交往等内在动机。另一方面，设定平台奖励机制，给予新入驻的 UP 主一定的曝光量，给予相应的补贴，既能帮助新手创作者找到自信，培养对知识类视频创作的兴趣，也能从利益回报层面促进用户的视频创作和分享。

（二）注重用户体验，优化平台功能

根据研究结果来看，用户对 B 站的感知有用性、感知易用性及信任会对用户视频创作和分享行为产生正向显著影响。因此，B 站不仅要浏览界面迎合用户，应用功能、内容板块（如发布界面等）也要做到功能应用全面化、操作流程简捷化、设置功能人性化，从而增强用户的沉浸体验，实现平台功能的应用、内容模块的设定、激励活动的设置等多方面提升，注重全方位整体优化，增强用户的感知有用、感知易用体验。除此之外，用户对于平台的信任也影响着用户的视频创作和分享行为，因此平台还应当加强用户视频作品的管理和保护，包含视频的储存、版权使用，以及 UP 主的隐私等，为用户提供安全创作视频的保障。平台为满足用户需求打造的功能需要在第一时间让用户了解，无论是功能提升，还是联动活动，都应该通过简单易看的方式让用户在第一时间知悉，以此来直接有效地刺激用户创作行为。

（三）提高用户知识贡献自我效能，增强用户视频创作的专业技能

一方面，B 站可以通过线上的大型公开课、空中宣讲会，以及线下的小型

训练营、行业交流会，进行知识类视频创作技能教学，帮助新手创作者快速提升专业技能。与此同时，还可以通过培训促进用户之间的互动交流，方便用户对视频内容创作进行学习讨论，提高用户的专业创作能力，在专业交流过程中也能培养对视频创作的自信。例如，B 站开设的剪辑课程就能有效地提升用户的专业技能。另一方面，用户应多去 B 站观摩其他 UP 主的知识类视频，学习别人的选题、知识解读过程、视频拍摄技巧等，通过自主学习提升自身能力，从而提升自我效能感，促进自己进行知识类视频创作。

第六章

视频分享 App 的知识传播：健康传播中的受众分享行为及影响因素

…… ……

随着2020年新型冠状病毒在全球范围内的暴发，德国社会学家贝克预言的“全球风险社会”日渐成为人类发展进程的“新常态”，“健康”逐渐成为21世纪的重要议题之一。《2020公众健康行为洞察报告》指出，随着国内疫情得到逐步控制，公众的健康防范意识有了极大提升，对线上健康知识的关注尤胜以往。同时，在“健康中国”发展战略的指导下，国家卫生健康委员会于2019年6月启动健康中国行动计划。健康知识普及行动作为其中的第一项行动稳步推进，让健康知识融入人民生产生活，有效推动“每个人是自己健康的第一责任人”理念深入人心。据国家卫生健康委员会2021年6月15日新闻发布会介绍，2020年全国居民健康素养水平达到23.15%，也就是100个人里有23个人掌握了基本的健康知识和技能。这与2019年相比提升了3.98个百分点，并且是历年最大的增长幅度。

移动互联网和以5G、大数据、云计算等为代表的相关技术快速发展不仅带来信息传播速度与数量上的巨大变化，也深刻影响了娱乐、社交、学习等信息传播活动。就信息传播中学习行为而言，知识分享作为一种典型的传播行为，在新媒体的背景下出现了以网络视频为媒介的新型表达。2017年习近平总书记在十九大报告中提出“健康中国”发展战略，2020年新冠肺炎疫情暴发。在此社会大背景下，人们对于健康知识的需求大大增加，健康知识类网络视频逐渐流行。如何利用好网络视频媒介进行健康知识传播成为一个重要的议题。然而，本研究通过文献阅读和资料整理后发现，有关视频类知识分享的研究较少，且基于科学理论模型对健康知识传播中的受众分享行为进行研究相对不足。因此，本研究将从受众分享行为及其影响因素的角度，分析健康传播中的在线知识传播。

B站是中国年青一代高度聚集的文化社区和视频平台，也是年轻人获取健康知识的重要平台之一。到2022年2月，B站的活跃用户已突破3亿，总体用户的平均年龄是22.8岁，其中86%的用户为35岁以下，一半以上用户主要集中在一、二线城市。另外，年轻用户对B站具有很高的黏性和忠诚度，日均使用B站的时长达到82分钟，留存率为80%。2020年6月，B站正式上线了知识区，将包括健康科普在内的多种知识视频划分到该分区之中，吸引了众多用户对此类视频的关注。截至2021年5月，该分区的活跃用户已经近1亿。在中国知网搜索关键词发现，目前关于B站知识类视频的研究较少，其中涉及用户分享的研究更少。

第一节　问题提出

随着移动互联网和以 5G、大数据、云计算等为代表的相关技术快速发展，以及新型冠状病毒暴发等重大社会风险事件的发生，人们对健康信息的关注持续加深，“健康”逐渐成为 21 世纪的重要议题之一。中国科协发布的报告显示，我国网民对网络医疗健康信息的需求与日俱增，“互联网 + 健康医疗”模式快速发展。其中，视频平台在健康知识传播中起到了不可替代的作用。在 B 站，创作者创作分享健康知识，同时其他用户也参与健康知识的共创与传播。这种传播过程能够给创作者带来流量从而转化为经济收益，也能满足用户学习知识的需求，能够提升健康知识的普及率，提高用户健康知识水平。因此，研究用户进行健康知识分享行为的影响因素以及如何激发用户自发进行健康知识分享行为成为当前的热点之一。许多学者对虚拟社区知识分享行为影响因素作了探究，如对环境因素与个体因素的研究，其中环境因素包括虚拟社区激励措施、声誉追求等，个体因素包括自我效能感知、知觉行为控制等。

在研究个体因素的影响时，计划行为理论常作为研究的一个视角，去探讨知识分享与个体行为态度、主观规范、知觉行为控制、行为意向之间的关系。目前，有学者使用计划行为理论分析虚拟社区用户的群体规范和社会认同，或是基于计划行为理论来探讨在社会网络关系变量下构建虚拟学习社区中影响知识共享意向的研究模型等。

但是，在健康知识领域内，计划行为理论视角的相关研究较少，对于视频网站中固定群体个体因素的影响因素研究也较少。大学生群体是 B 站的主力用户，也是在互联网时代成长起来的年轻知识群体，对于网络知识的检索与使用具有天然优势。他们关注时事热点的同时也关注自身，具有强烈的分享意愿，在健康知识的理解与传播上具有鲜明的特征。

结合上文论述，本研究将立足计划行为理论，建构大学生健康知识类视频分享行为计划理论模型，探索大学生在观看健康知识类视频时，健康知识分享行为与健康知识分享态度、健康知识分享主观规范、健康知识分享控制力、健康知识分享自我效能、健康知识分享意向的关系。

第二节　模型建构与研究假设

根据计划行为理论，态度是个体对某一行为持有大量不同的关于结果可能性的行为信念。健康知识分享态度是指个体对健康知识分享行为持有的正面的或负面的评价。当B站用户对分享所观看健康知识类视频的行为持有正面评价时，就愈有分享视频的意向。基于此，提出以下假设：

H1：B站大学生用户的健康知识分享态度正向影响健康知识分享意向。

根据计划行为理论，主观规范是个体所感受到的社会压力对某一行为的支持或反对。健康知识分享主观规范是指个体在进行健康知识分享行为时所感受到的来自社会的压力，如外界对这一行为的看法等。若外界对B站用户分享健康知识类视频的行为持支持态度，该用户则愈愿意分享该类视频。基于此，提出以下假设：

H2：B站大学生用户的健康知识分享主观规范正向影响健康知识分享意向。

控制力是知觉行为控制的因素之一，知觉行为控制是指个体认为自己能够控制并执行某种行为的难易程度，而控制力强调个体对行为的外在控制性。当B站用户能够掌控自己在B站分享的健康知识等时，则愈有分享视频的意向以及做出分享行为。基于此，提出以下假设：

H3：B站大学生用户的健康知识分享控制力正向影响健康知识分享意向。

H4：B站大学生用户的健康知识分享控制力正向影响健康知识分享行为。

自我效能是知觉行为控制的另一因素，与控制力相比更强调个体对行为的内在控制性。健康知识分享自我效能是指个体所持有的能有效分享健康知识信息的信念。当B站用户能够掌控自己所分享视频的有效性、利他性等时，则愈有分享视频的意向以及做出分享行为。基于此，提出以下假设：

H5：B站大学生用户的健康知识分享自我效能正向影响健康知识分享意向。

H6：B站大学生用户的健康知识分享自我效能正向影响健康知识分享行为。

意向是个体对于是否执行该行为的自我意愿。在绿色消费行为①、驾驶行为②、旅游参与行为③等多个主题中，行为意向被认为是行为发生的最直接的影响因素的假设都得到验证。在 B 站健康知识类视频分享中，用户愈有分享视频的意向，则愈有可能做出分享行为。基于此，提出以下假设：

H7：B 站大学生用户的健康知识分享意向正向影响健康知识分享行为。

综上所述，本研究初步构建出 B 站用户健康知识类视频分享行为的影响因素模型，以期更适应 B 站用户健康类信息分享行为的理论整合模型，并对其进行实证检验。如图 6－1 所示。

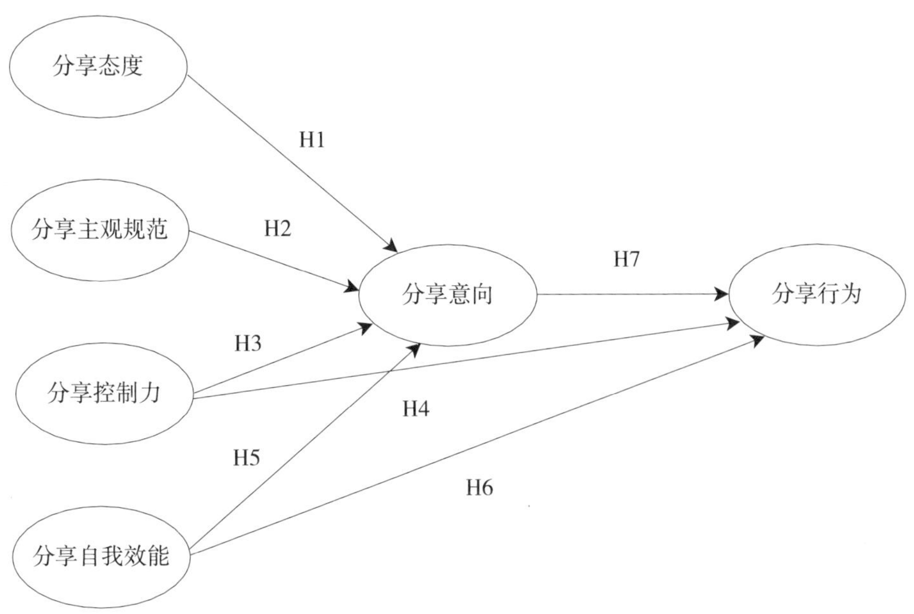

图 6－1　B 站健康知识类视频分享行为的影响因素模型

① 劳可夫，吴佳．基于 Ajzen 计划行为理论的绿色消费行为的影响机制［J］．财经科学，2013，299（2）：91－100.

② 王意东，全洪钰，王文迪，等．基于拓展计划行为理论的违规驾驶行为建模［J］．汽车实用技术，2023，48（3）：191－197.

③ 吕宛青．居民可持续遗产旅游参与行为研究：基于计划行为理论视角［J］．社会科学家，2019，272（12）：89－100.

第三节　模型的检验与分析

一、量表设计与变量测量

在本研究中，采用李克特五级量表对6个变量进行了测量。问卷由三部分组成。

第一部分是引言，介绍了本次调研的目的和内容，并对问卷中涉及的相关概念进行简单阐释，使填写问卷的人员能清晰了解问卷中的问题。

第二部分是个人基本信息，主要填写被访者的年龄等个人信息，以及关于使用B站进行健康知识分享的频率的调研。

第三部分是本研究变量的测量量表，要求被访者根据亲身经历进行1～5打分。

具体题项如表6－1所示：

表6－1　量表具体题项

变量	测量题项	参考来源
分享态度	我认为分享B站健康知识类视频是一件令人愉快的事情 我认为分享B站健康知识类视频是一件很好的事情 我认为分享B站健康知识类视频是一件有价值的事情 我认为分享B站健康知识类视频是一件有益的事情 我认为分享B站健康知识类视频是一个好的动机	黄顺铭（2018）①；Hsu C.，Lin J. C.（2008）②

① 黄顺铭. 虚拟社区里的知识分享：基于两个竞争性计划行为理论模型的分析［J］. 新闻与传播研究，2018，25（6）：52－76，127.

② HSU C，LIN J C. Acceptance of blog usage：the roles of technology acceptance，social influence and knowledge sharing motivation［J］. Information & management，2008，45（1）：65－74.

（续上表）

变量	测量题项	参考来源
分享主观规范	我会关注 B 站大家共同关注的知识区健康类 UP 主 我周围的人利用 B 站分享健康知识类视频比较普遍 我周围的人认为我分享 B 站健康知识类视频是有价值的 我周围的人认为 B 站健康知识类视频是有帮助的	郑志来、张秋婷（2020）①；张辉、白长虹、李储凤（2011）②
分享控制力	我能够掌控自己分享 B 站健康知识类视频 我能够掌控自己分享从 B 站健康知识类视频中获得的知识与经验 我能够掌控自己分享 B 站健康知识类视频的时间	黄顺铭（2018）
分享自我效能	只要我想，找到适合分享的 B 站健康知识类视频对我而言是一件很容易的事情 我能够辨别适于分享的健康知识类视频 我能够分享使人觉得有价值的健康知识类视频 我能够分享为他人解疑答惑的健康知识类视频	刘春济、冯学钢（2013）③；劳可夫、吴佳（2013）④；黄顺铭（2018）
分享意向	在接下来的一年里，我乐意与他人分享 B 站健康知识类视频 在接下来的一年里，我乐意与他人分享自己在 B 站健康知识类视频中学到的知识 在接下来的一年里，我乐意推荐他人分享 B 站健康知识类视频 我认为与他人分享 B 站健康知识类视频及知识是很有成就感的	黄顺铭（2018）；郑志来、张秋婷（2020）

① 郑志来，张秋婷．基于 TPB 和 TAM 模型的微信知识分享行为研究［J］．新世纪图书馆，2020，284（4）：62－68.

② 张辉，白长虹，李储凤．消费者网络购物意向分析：理性行为理论与计划行为理论的比较［J］．软科学，2011，25（9）：130－135.

③ 刘春济，冯学钢．我国出境游客旅行前的信息搜索行为意向研究：基于 TAM、TPB 与 DTPB 模型［J］．旅游科学，2013，27（2）：59－72，94.

④ 劳可夫，吴佳．基于 Ajzen 计划行为理论的绿色消费行为的影响机制［J］．财经科学，2013，299（2）：91－100.

（续上表）

变量	测量题项	参考来源
分享行为	在过去一年里，我与他人分享 B 站健康知识类视频的频率高 在过去一年里，我与他人分享在 B 站所学到的健康知识频率高 在过去一年里，我为分享 B 站健康知识类视频所投入的精力多	黄顺铭（2018）

二、问卷的发放与回收

1. 样本选择

本研究以大学生 B 站健康知识类视频分享行为影响因素为主要研究内容，同时对大学生群体健康知识类视频分享行为进行描述性统计分析。因此，对本研究样本的选择主要基于以下几个原则：首先，研究对象应该具有一定的代表性，能够较好地反映和代表总体。根据本研究的研究特点，研究对象主要集中于大学生群体。其次，本研究主要是理论研究，除了对 B 站健康知识类视频分享现状进行描述性分析之外，核心的研究问题是检验研究假设中变量的关系。同时，年轻大学生群体又是 B 站用户的主要年龄群体之一，因此，本研究以大学生群体作为调查研究对象。

2. 问卷收集与整理

本研究在预调研调整了问题后，采用在线发放问卷的方式，通过给被调查者发送问卷链接进行，最终本研究获得有效问卷 221 份。调查问卷见附录 3。

三、调查结果

（一）样本概况及描述性统计分析

本研究的问卷调查主要以在校大学生作为调查对象，使用“问卷星”平台，通过线上发放的方式进行。本研究共回收问卷 396 份，筛除没有通过指示题、作答时间过短、作答选项分布过于随机或过于一致的无效问卷后，最终获得有效问卷 221 份，有效回收率为 55.8%。研究样本的基本情况如表 6－2 所示。

表 6-2　研究样本描述性统计结果

个人变量	题项选项	样本数	百分比
年龄	17~20 岁	116	52.5
	21~25 岁	100	45.2
	26 岁及以上	5	2.3
是否有使用过 B 站观看健康类视频	是	220	99.5
	否	1	0.5
是否有分享 B 站健康类视频的习惯	是	84	38.0
	否	137	62.0
最近一个月，每周在 B 站观看健康类视频的数量	0~1 个	83	37.6
	2~10 个	123	55.7
	10~20 个	7	3.2
	20 个以上	8	3.6
最近一个月，每周分享 B 站健康类视频的次数	0~3 次	194	87.8
	4~6 次	22	10.0
	6~10 次	3	1.4
	10 次以上	2	0.9

从表 6-2 中数据得出，本次调研对象具有以下特征：

（1）年龄特征：年龄分布在 17~25 岁之间的样本比较多，占样本总数的 97.7%。这主要是因为调研的对象大多为在校大学生，其是 B 站的主要用户，因此年龄结构较为符合。

（2）使用 B 站观看健康类视频：使用过 B 站观看健康类视频的用户较多，占比 99.5%。由此可见，调研对象拥有使用 B 站观看健康类视频的经历。

（3）使用 B 站分享健康类视频的习惯：具有使用 B 站分享健康类视频习惯的调研对象少于没有该习惯的调研对象，分别占比 38.0% 和 62.0%。由此可见，调研对象使用 B 站进行健康类视频分享的用户较少。

（4）使用 B 站观看或分享健康类视频的频次：最近一个月，调研对象每周在 B 站观看健康类视频 0~10 个的最多，占比 93.3%；10~20 个和 20 个以上的较少，分别占 3.2% 和 3.6%；最近一个月，调研对象每周分享 B 站健康类视频的次数为 0~3 次最多，占比 87.8%；4~6 次、6~10 次和 10 次以上分别占比 10.0%、1.4% 和 0.9%。

本研究量表采用李克特五级量表，采用 1 ~ 5 打分，从“非常不同意”到“非常同意”，调研对象结合自身使用 B 站观看和分享健康知识类视频的亲身经历做出判断。

（二）问卷的信度和效度分析

本研究使用 SPSS25.0 进行问卷信度分析，验证调研数据的可靠性；其次，采用 SPSS 和 AMOS 软件进行问卷和量表的效度分析，以验证量表内容的有效性；最后，通过验证性因子分析验证模型的拟合优度。

1. 信度分析

信度分析主要用来检测分析结果的稳定性或者说一致性，即通过多次对问卷数据分析，来观察分析结果是否一致，以确定实证研究结果的真实性或可靠性。通常而言，在不同时间段内、不同的被调查者间以及不同打分者间进行信度检验，最终得到的结果一致性越高，说明问卷信度越高。本研究采用认可度较高的 Cronbach's Alpha 信度测量方法，进行本研究的问卷信度分析。

对整体问卷进行信度检验，结果如表 6－3 所示。表中克隆巴赫系数为 0.926，高于 0.80，证明量表具有极佳的内部一致性。

表 6－3　整体可靠性统计

克隆巴赫 Alpha	项数
0.926	23

对问卷的分享态度、分享主观规范、分享控制力、分享自我效能、分享意向和分享行为各个维度进行信度检验，结果如表 6－4 所示。表中每个维度的克隆巴赫系数都高于 0.7，表明信度极佳。因此，本研究采用的量表具有良好的可靠性和内部一致性，符合实验要求，适合进行后续分析。

表 6－4　各维度信度分析

维度	包含指标数	克隆巴赫 Alpha
分享态度	5	0.866
分享主观规范	4	0.821
分享控制力	3	0.743
分享自我效能	4	0.782
分享意向	4	0.907
分享行为	3	0.879

2. 效度分析

效度分析主要用来检验问卷是否具备有效性。研究的效度不仅包括叙述的正确性与真实性，还包括推论的正确性，而因素分析是社会科学领域检测效度最常用的方法。因素分析是一种潜在的结构分析法，其模型理论假定每个指标都由共同因素和独特因素组成，根据出现的共同因素确定观念的结构成分。

要进行因素分析就要判断题项是否适合做因子分析。首先对分享行为影响因素变量和分享意向、分享行为变量测量指标分别进行检验，结果如表 6－5 和表 6－6 所示。分享行为影响因素变量的 KMO 值为 0.884，Bartlett 球形检验在 0.000 的水平上显著；分享意向、分享行为变量的 KMO 值为 0.861，Bartlett 球形检验在 0.000 的水平上显著。检验结果表明变量间的关系比较好，数据较为适合进行因子分析。

表 6－5　分享行为影响因素变量 KMO 和 Bartlett 球形检验

KMO 和 Bartlett 球形检验		
KMO 取样适切性量数		0.884
Bartlett 球形检验	近似卡方	1701.602
	自由度	120
	显著性	0.000

表 6－6　分享意向、分享行为变量 KMO 和 Bartlett 球形检验

KMO 和 Bartlett 球形检验		
KMO 取样适切性量数		0.861
Bartlett 球形检验	近似卡方	1022.004
	自由度	21
	显著性	0.000

（三）验证性因子分析

验证性因子分析（Confirmatory Factor Analysis，CFA）主要用来检验所提出的理论模型与实际测量的数据之间的一致性。以下将对数据进行验证性因子分析，并对模型进行修正。

1. 聚合效度

聚合效度反映一个变量的测度项之间是否具有高度相关性。在 SPSS 中基于主成分分析法和最大方差法来进行因子分析的工作。对分享行为影响因素变量和分享意向、分享行为变量因子的成分矩阵进行旋转后得到因子载荷数，并设定只显示高于 0.5 的因子载荷数，根据因子载荷数计算 AVE 值和 C. R. 值。结果如表 6－7 和表 6－8 所示。从表中可以看出，C. R. 值均大于 0.8，AVE 值均大于 0.5。这说明因子收敛效度较好，各个题项均能有效地反映因素构念，聚合效度符合要求。

表 6－7　分享行为影响因素信度、聚合效度指标检验结果

变量	因子	因子载荷	C. R.	AVE
分享态度	分享态度 1	0.566	0.8613	0.5626
	分享态度 2	0.821		
	分享态度 3	0.859		
	分享态度 4	0.868		
	分享态度 5	0.572		

（续上表）

变量	因子	因子载荷	C. R.	AVE
分享主观规范	分享主观规范 1	0. 719	0. 8143	0. 5254
	分享主观规范 2	0. 837		
	分享主观规范 3	0. 688		
	分享主观规范 4	0. 641		
分享控制力	分享控制力 1	0. 818	0. 8131	0. 5926
	分享控制力 2	0. 772		
	分享控制力 3	0. 716		
分享自我效能	分享自我效能 1	0. 701	0. 8061	0. 5104
	分享自我效能 2	0. 706		
	分享自我效能 3	0. 666		
	分享自我效能 4	0. 780		

表 6－8　分享意向、分享行为信度、聚合效度指标检验结果

变量	因子	因子载荷	C. R.	AVE
分享主观规范	分享意向 1	0. 869	0. 9121	0. 7218
	分享意向 2	0. 836		
	分享意向 3	0. 853		
	分享意向 4	0. 840		
分享控制力	分享行为 1	0. 840	0. 8947	0. 7392
	分享行为 2	0. 839		
	分享行为 3	0. 899		

2．区分效度

区分效度是判断不同变量的测量项之间相关性是否尽可能小的指标。评价标准是每个变量的 AVE 值的平方根必须大于该变量与其他变量的相关系数。分享行为影响因素区分效度指标检验结果如表 6－9 所示。分享意向、分享行为区分效度指标检验结果如表 6－10 所示。由结果看出，每个变量的 AVE 值的平方根均超过各自与其他变量相互的相关系数，说明各个变量之间具有一定的相关性，且彼此之间又具有一定的区分度，说明量表数据的区分效度理想。

表 6-9　分享行为影响因素区分效度指标检验结果

	分享自我效能	分享控制力	分享主观规范	分享态度
分享自我效能	0.714			
分享控制力	0.566	0.770		
分享主观规范	0.697	0.462	0.725	
分享态度	0.528	0.438	0.662	0.750

表 6-10　分享意向、分享行为区分效度指标检验结果

	分享行为	分享意向
分享行为	0.860	
分享意向	0.614	0.850

综上，检验指标均达到统计学要求，说明本调查数据具有较好的信度和效度。

（四）模型拟合度分析

本研究主要通过 AMOS24.0 进行结构方程模型分析。通过 AMOS 建模后，本研究结构方程模型的测量模型共包括 6 个潜变量，用椭圆表示；观测变量共 23 个，用方框表示；残差项共 24 项，用圆表示。最终模型如图 6-2 所示：

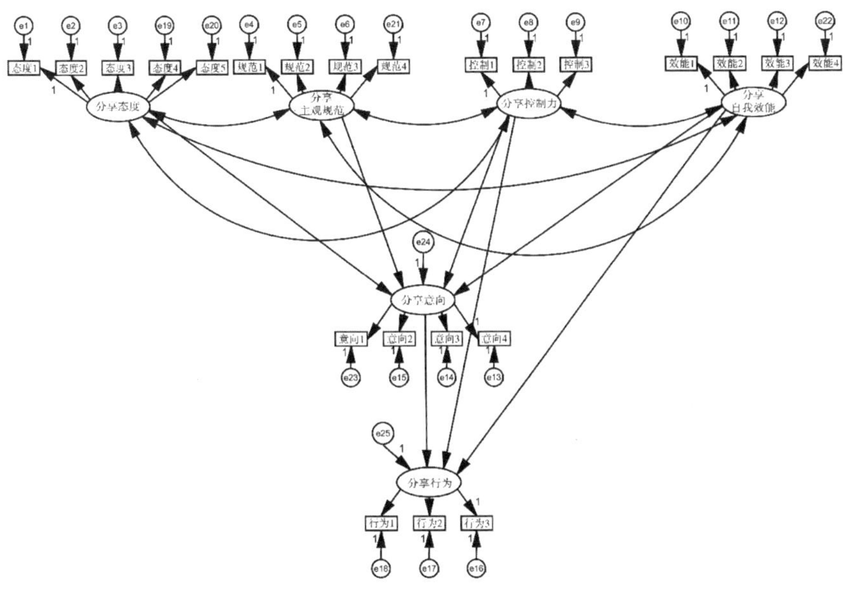

图 6－2 结构方程模型

模型拟合度指理论模型与实际数据的一致性程度。模型整体拟合度的数据，如表 6－11 所示。根据侯杰泰、温忠麟①等学者推荐的拟合指数标准，本研究模型具有良好的拟合度。

表 6－11 模型拟合度检验

拟合指标	χ^2/df	RMSEA	GFI	AGFI	CFI	TLI
检验值	1.735	0.058	0.875	0.841	0.944	0.935
参考值	<3	<0.08	>0.80	>0.80	>0.80	>0.80

此外，本研究以研究模型变量间的标准化路径回归系数更为直观明确地说明本研究假设验证的结果。如图 6－3 所示。

① 侯杰泰，温忠麟．结构方程模型及应用［M］．北京：教育科学出版社，2004：218－219．

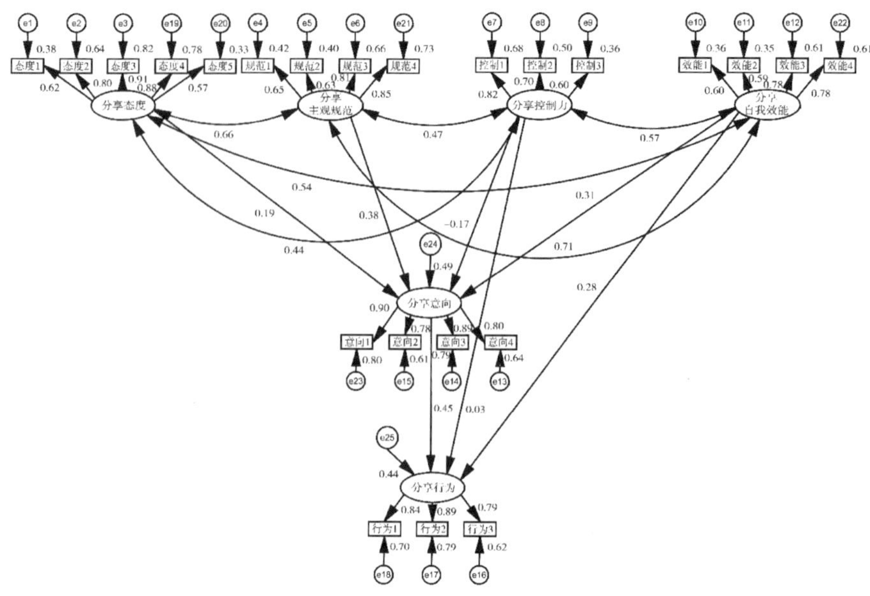

图 6-3　模型标准化路径回归系数

四、研究结论

研究模型中各个变量间的标准化路径回归系数、显著性和路径检验结果如表 6-12 所示。

表 6-12　标准化路径回归系数和显著性

路径关系	标准化路径回归系数	S. E.	C. R.	p	验证结果
分享意向←分享态度	0.298	0.136	2.19	0.029*	成立
分享意向←分享主观规范	0.414	0.128	3.226	0.001**	成立
分享意向←分享控制力	-0.173	0.087	-1.99	0.047	不成立
分享意向←分享自我效能	0.417	0.156	2.669	0.008**	成立
分享行为←分享控制力	0.038	0.116	0.33	0.741	不成立
分享行为←分享自我效能	0.481	0.195	2.466	0.014*	成立
分享行为←分享意向	0.571	0.113	5.038	***	成立

注：*** 表示在显著水平为 0.001 的情况下显著。

临界比（C. R.）是一个 Z 统计量，由参数估计值（非标准化，estimate）与其标准误（S. E.）之比构成，p 成为 C. R. 的统计检验相伴概率。当 C. R. > 2，$p<0.05$ 时，认为路径系数（载荷系数）在 95% 的置信度下具有显著的统计意义。统计学中常用的显著性水平有 0.05、0.01、0.001。显著性水平越低表示判断显著的证据越充分。一般显著性 $0.01<p<0.05$ 为显著相关，用一颗星（*）表示；$0.001<p<0.01$ 为极显著相关，用两颗星（**）表示；$p<0.001$ 为高度显著相关，用三颗星（***）表示。由表 6－12 可知，除分享控制力到分享意向的路径和分享控制力到分享行为的路径外，其他路径均呈现显著相关。

由此得出以下结论：分享态度对分享意向（C. R. >2，$0.01<p<0.05$）有显著的影响；分享主观规范对分享意向（C. R. >2，$0.001<p<0.01$）有极显著的正向影响；分享控制力对分享意向（C. R. <2，$p=0.047$）没有显著影响；分享自我效能对分享意向（C. R. >2，$0.001<p<0.01$）有极显著的正向影响；分享控制力对分享行为（C. R. <2，$p=0.741$）没有显著影响；分享自我效能对分享行为（C. R. >2，$0.01<p<0.05$）有显著的影响；分享意向对分享行为（C. R. >2，$p<0.001$）有高度显著的正向影响。

第四节　访谈结果分析

除此之外，本次调查还以质性研究为辅助，进一步验证量性研究的结果。由于本研究主题为大学生的 B 站健康知识分享行为，因此本研究通过目的性抽样，确定 11 位至少有 4 年以上 B 站使用经验及健康知识分享经验的大学生作为受访者。在计划行为理论的基础上编制访谈提纲，见附录 4。本研究采取半结构化的访谈方式，由研究员对受访者进行一对一深入访问。在对采访内容进行整理和归纳后，本研究运用扎根理论分析访谈资料，通过三级编码循环往复，确保访谈资料整理的完整性和科学性，如表 6－13 所示。

表 6 – 13　访谈内容三级编码

选择性编码	主轴编码	开放性编码	访谈实录摘选（本土概念）
分享意向与分享行为	分享态度	价值认可	我自己认可的视频才会发，我认可的视频是讲得比较科学的；这个视频的内容本身并不重要，我就是单纯觉得有意思，找乐子
		情感满足	一是觉得视频质量高，二是满足了分享欲；分享健康知识类视频满足了我的分享欲
		形象塑造	可能有时候会觉得自己像一个转养生公众号的老年人；别人觉得我经常分享这些东西，会是个在健康上很有追求的人
	分享主观规范	他人行为	如果他们给我分享，那我肯定也会倾向于分享健康知识类视频；如果不止我一个人分享，那么就不算什么丢人的事情；大家会聊视频的内容，讲一讲他们知道的其他知识
		他人态度	积极的态度会增加我的分享欲望；如果他们赞成这样的行为，我会更加有动力去传播视频；朋友可能认为这些健康知识是道听途说的，没有实际执行过，但这不会对我的分享行为造成影响
		社交需求	我们会验证一下是不是真的；比如分享一些运动类的教程后可以和同学一起学、一起练
		圈层差异	我会根据他们不同的需求发不同的视频，目的性比较强；我对分享群体的选择有倾斜；比如小红书、微博上会有管理人员监管视频，如果我想转发视频，就不能转发一些比较有争议的视频到这些平台上
	分享自我效能	过往经验	朋友在考试前一直持续低烧，去医院检查后没有器官性问题，然后我看到了一个关于焦虑症的科普视频，分享给她后到精神科确诊了相关的病因；我舍友有分享给我一个见效很快的治疗咳嗽的视频
		知识能力	我会根据自己的知识先判断视频的真伪，再分享给别人

（续上表）

<table>
<tr><th>选择性编码</th><th>主轴编码</th><th>开放性编码</th><th>访谈实录摘选（本土概念）</th></tr>
<tr><td rowspan="9">分享意向与分享行为</td><td rowspan="2">分享控制力</td><td>操作行为</td><td>看完想发就直接发啦</td></tr>
<tr><td>时间精力</td><td>和朋友聊天蛮开心的这个不太会考虑；我感觉根本就不需要什么时间跟精力，所以我也不会去考虑</td></tr>
<tr><td rowspan="7">视频质量</td><td>实用性</td><td>比如说之前那些新冠消毒的，会教你怎么样正确地给家里进行消毒，比较有用一点</td></tr>
<tr><td>趣味性</td><td>可以选用更幽默、更让人愿意看得下去的表达方式；会更愿意分享有趣的和猎奇的</td></tr>
<tr><td>逻辑性</td><td>然后再配上有逻辑的讲解，加上一些论文数据的支撑，最后再推导出结论</td></tr>
<tr><td>科学性</td><td>把推出结论的具体过程，比如说看了哪些文献，做了哪些研究都给说清楚；健康类的视频要严谨，最不能儿戏</td></tr>
<tr><td>权威性</td><td>UP 主可以表明自己的身份，表明自己在健康医学方面具有真实性、有说服力的经验；一些官方的账号进来可能会更好，这样信息来源会更多，也更加权威一点</td></tr>
<tr><td>易读性</td><td>可以用更通俗易懂的语言以及更直观的方式</td></tr>
</table>

最终得出大学生的 B 站健康知识分享行为影响因素如图 6－4 所示。该图的变量关系与量化研究结果基本吻合。

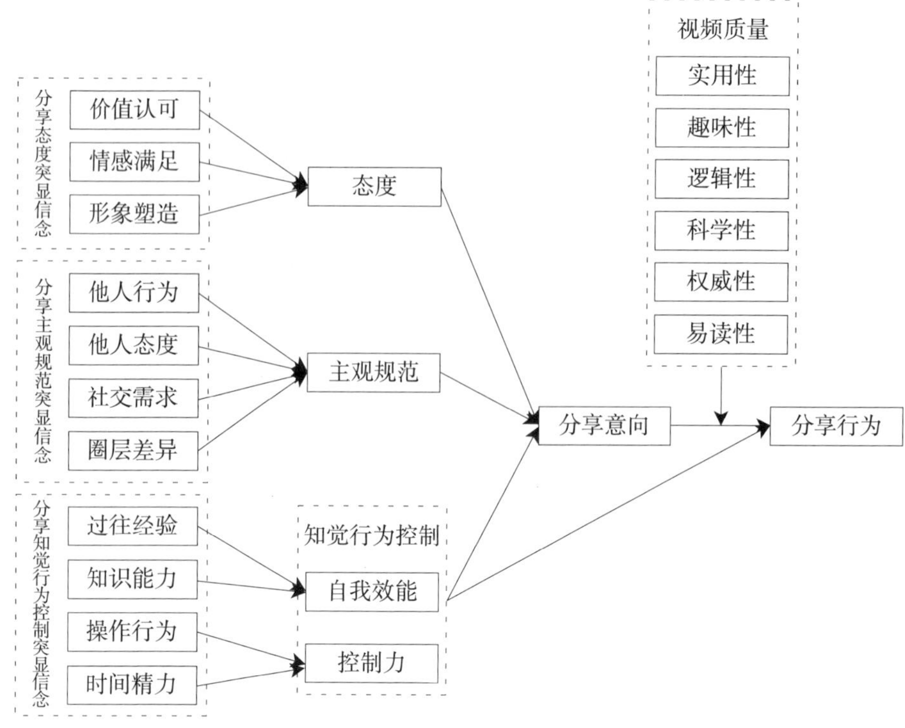

图6－4　大学生的B站健康知识分享行为影响因素（质性研究结果）

一、态度

态度是人们对特定对象或行为所持有的正面或负面感受。通过访谈发现，大学生在进行健康知识分享行为时的态度可以细化为价值认可、情感满足和形象塑造三个方面，这些均会对知识分享态度造成影响。

（一）价值认可

在访谈中，受访者对视频的认可程度影响了其对分享行为的态度。受访者表示，分享健康视频的时候，“我自己认可的视频才会发，我认可的视频是讲得比较科学的”；“这个视频的内容本身并不重要，我就是单纯觉得有意思，找乐子”。在进行健康视频分享时，受访者往往从自身主观意识出发，在排除视频内容、质量等因素的情况下，受访者对视频的认可度越高，分享的意愿也就越大。

（二）情感满足

受访者提到，“一是觉得视频质量高，二是满足了分享欲”，“分享健康知识类视频满足了我的分享欲”，证明分享这一行为本身能够让受访者个体产生满足感、快乐感，是受访者主动去进行分享行为的内在归因。分享欲较高的受访者更易主动去进行健康知识类视频的分享，同时较不容易受他人负面评价影响。除了满足分享欲外，帮助他人同样可以让受访者感到自我满足，从而影响分享行为：“让大家都能了解到健康的重要性就是最大的价值了。”“我觉得这种东西对别人会有用，所以才去分享的。”

（三）形象塑造

两位受访者认为进行健康视频的分享会影响个人形象塑造：“可能有时候会觉得自己像一个转养生公众号的老年人。”“别人觉得我经常分享这些东西，会是个在健康上很有追求的人。”访谈结果表明，健康知识分享行为对个人形象的塑造起到一定作用，当个体认为该行为对自身形象塑造带来负面效果时，通常为维护形象从而减少自身分享行为；当个体认为该行为对自身形象带来的是正面效果时，通常会增加自身分享行为。

二、主观规范

主观规范是指个体对其重要他人（即家人、朋友）赞同或反对他们采取某种行为的态度的一种信念，是个体对于是否采取某种特定行为所感受到的社会压力。访谈中发现，他人行为、他人态度、社交需求均会影响分享意向与分享行为，而圈层差异会影响分享行为的具体形式。

（一）他人行为

从访谈结果发现，他人积极行为对分享意愿具有一定程度的促进作用：“如果他们给我分享，那我肯定也会倾向于分享健康知识类视频。”“如果不止我一个人分享，那么就不算什么丢人的事情。”“大家会聊视频的内容，讲一讲他们知道的其他知识。”当受访者周围的人经常分享健康知识类视频，或形成一个讨论健康知识的积极氛围时，受访者会更加倾向于给他人分享健康知识类视频。

但也有受访者表示，他人的积极行为对自己没有影响："有一个 B 站重度爱好者，经常给我发健康知识类视频，对我没有影响。"

（二）他人态度

他人态度可以分为肯定态度和否定态度，他人对分享行为的肯定会鼓励受访者进行健康视频传播。"他人有肯定，有保持怀疑态度，也有忽视的态度。积极的态度会增加我的分享欲望。""如果他们赞成这样的行为，我会更加有动力去传播视频。"

同时，从访谈结果看，他人的否定态度对受访者分享行为影响不明显："朋友可能认为这些健康知识是道听途说的，没有实际执行过，但这不会对我的分享行为造成影响。"

（三）社交需求

在进行分享行为时，受访者表示会考虑该行为带来的社交价值："我们会验证一下是不是真的。""比如分享一些运动类的教程后可以和同学一起学、一起练。""会考虑它的社交价值。一些视频虽然是有用的，可是我感觉发这个给对方，对方可能很大程度上也知道……况且它也不像另外一些比较有意思的，能够让朋友之间开开玩笑，这类一般不会去转发它。"这说明，分享行为在实际中能够增加个体与他人的亲密程度，增进感情并带来一定的社交价值，同时会影响个体在进行分享行为时对视频的偏好与选择。

（四）圈层差异

分享圈层指在进行分享行为时，个体会根据不同的受众、平台等采取不同的分享行为与方式。数名受访者表示自己会根据不同的人群分享不同的视频，或者刻意在某个平台进行分享行为或避免分享行为等。"我会根据他们不同的需求发不同的视频，目的性比较强。""我对分享群体的选择有倾斜。""比如小红书、微博上会有管理人员监管视频，如果我想转发视频，就不能转发一些比较有争议的视频到这些平台上。""如果在陌生人的群体里面，或者说没那么熟的群体里面分享，我觉得这个行为有一点呆。""比如关于女性生育，大多数人根本不了解生育对女性的影响，我会把这类视频特地分享在朋友圈，让更多人了解这类知识。如果是对一些疾病或平时饮食习惯的科普，我大多会分享到家人群。”

据访谈，受访者在进行健康知识分享时扮演筛选、分类以及“把关人”的角色，成为一个具有能动性的传播中介，在分享行为的具体形式上根据对象、平台的不同产生了明显差别。

三、知觉行为控制

知觉行为控制是指大学生在 B 站进行健康知识分享时所感知到的自我控制程度，体现为自我效能和控制力两个方面。

（一）自我效能

自我效能反映大学生对自己是否拥有健康知识分享能力的主观判断，受到大学生过往分享经验和个人知识能力的影响。由研究结果可知，成功的分享经验能够提高大学生健康知识分享的自我效能，从而使其更加愿意作进一步的分享。“我之前在朋友圈分享了一个名为《痛经，为什么要忍？忍痛这种“病”，你该停止了》的视频。后来我的一位好朋友也在朋友圈分享了这个视频，她非常支持及赞同我的行为，就会更激励我去分享。”此外，自我效能还与大学生自身的健康知识水平呈正相关关系，大学生的健康知识水平越高，对视频所反映的健康知识掌握程度就越高，因此就越容易产生分享的意愿。“我会根据自己的知识先判断视频的真伪，再分享给别人。”

（二）控制力

控制力体现在大学生对促进或阻碍自身健康知识分享行为的外部条件的个体感知，其对分享意愿的影响具体表现为分享所需要投入的时间与精力越多，则越难以使大学生产生分享意图。因此，相较于长视频，短小精悍的健康知识类视频更加受到分享者的青睐。“如果不是长期关注 UP 主的人或者知道 UP 主的人，很可能不会把这个视频看完，或者来不及看到我认为非常有帮助、非常有价值的那一部分。那我可能有时候就会有意识地去转向分享一些比较短的内容，比如说六七分钟、三四分钟之类的。”

四、视频质量

Sutton 通过对计划行为理论的元分析发现，态度、主观规范和知觉行为控制对行为意愿的解释度要高于对行为的解释度。因此，意愿与行为之间具有存在调节变量的可能性。从访谈结果得知，视频质量对分享意愿、分享行为的影响存在调节作用，分别体现在实用性、趣味性、逻辑性、科学性、权威性和易读性六个方面。“最重要的因素是和我们日常生活有关，比如最近疫情管控放开，我就会分享给大家有关肺部感染或者增强免疫力的视频；第二个因素是视频的内容质量和视频本身质量，同一内容的视频会优先选择听得明白、观感好的；还有一个就是单纯地觉得这个知识很有意思、很新鲜。”“如果它本身所讲的一些科普的内容和知识没有非常准确和官方的数据来源的话，我一般就不会分享。”“这个视频讲解相对简单且具体，适合分享。”

第五节　结论与探讨

一、结论

本研究以 B 站的健康知识类视频为研究对象，在文献回顾的基础上构建出计划行为理论的扩展模型；通过调查问卷获取数据，并以结构方程模型分析来拟合实证分析，对模型进行验证。

在计划行为理论扩展模型对 B 站用户的健康知识类视频分享行为的检验中可以发现，该模型的信度和效度良好，对健康知识类视频分享现象具有良好的解释力。

测量指标的内在一致性检验和 KMO 检验显示，量表的信度和效度良好；验证性因子分析显示，测量模型具有理想的构念效度，聚合效度和区分效度都达到理想水平。

在扩展模型表述的假设中，大部分假设获得支持，H3（B 站大学生用户的健康知识分享控制力正向影响健康知识分享意向）、H4（B 站大学生用户的健康知识分享控制力正向影响健康知识分享行为）被拒绝。计划行为理论扩展模型的研究假设及其检验结果如表 6－14 所示。

表 6－14　计划行为理论扩展模型的研究假设及其检验结果

假设	假设内容	结论
H1	B 站大学生用户的健康知识分享态度正向影响健康知识分享意向	成立
H2	B 站大学生用户的健康知识分享主观规范正向影响健康知识分享意向	成立
H3	B 站大学生用户的健康知识分享控制力正向影响健康知识分享意向	不成立
H4	B 站大学生用户的健康知识分享控制力正向影响健康知识分享行为	不成立
H5	B 站大学生用户的健康知识分享自我效能正向影响健康知识分享意向	成立
H6	B 站大学生用户的健康知识分享自我效能正向影响健康知识分享行为	成立
H7	B 站大学生用户的健康知识分享意向正向影响健康知识分享行为	成立

（一）健康知识分享意向是分享行为产生的直接因素

健康知识分享意向与分享行为之间呈高度显著相关关系（C. R. ＝5.038，$p<0.001$），这与多项理论和研究结果保持一致，可见人们的意愿与实施行为之间具有直接正向的关系。在 B 站知识区领域，健康知识类视频具有较多的转发量与播放量，成为大学生获取健康知识的主要渠道。随着人们对健康关注度的提高，分享此类视频的用户也越来越多。

（二）价值因素是影响用户进行健康知识分享的主要因素

自我效能与分享行为的路径因素为0.481，高于大多数因素的路径系数，说明自我效能是影响用户进行健康知识分享的主要因素（C. R. ＝2.466，$p=0.014$）。在自我效能与分享意向的关系中，其路径系数为0.417，说明自我效能对健康知识分享意向也呈现积极效果（C. R. ＝2.669，$p=0.008$）。健康知识分享自我效能是指个体所持有的能有效分享健康知识信息的信念，主要体现在大学生在进行健康知识分享时对 B 站视频分享过程、技术以及分享内容的有效性、利他性方面的自信程度以及价值感。这说明大学生进行健康知识类视频分享时，对于分享流程与技术的掌握成为他们转发类似视频的主要动因。

在分享健康知识类视频时，视频内容的有效性和利他性程度影响了大学生在他人心中所树立的形象。因此，大学生在分享前对于视频内容与质量的考量会更加慎重，并会思考他人对自己分享行为的看法。

（三）社会支持是影响用户进行健康知识分享的重要因素

由路径系数计算可见，主观规范与分享意向的路径系数为0.414，仅次于自我效能，说明社会支持与个体信息分享意愿呈正相关（C. R. ＝3.226，p＝0.001）。健康知识分享主观规范具体体现在大学生在进行健康知识分享时所感受到的外界对这一行为的看法，是否鼓励、支持等。大学生在分享健康知识类视频时，会收到来自他人的态度或行为上的互动或反馈，积极的反馈会形成鼓励分享健康知识的氛围，从而对分享行为产生积极影响。同时，在分享过程中得到他人支持和反馈时可以促进社交关系，产生社交价值，并获得对自我的认可。

二、建议

基于以上结论，本研究提出以下建议：

第一，提高个人的健康素养。从研究结果可知，大学生的自我效能，即个体对于自身在B站健康知识类视频分享中的能力感知，与分享意向及行为的相关性最为显著。个体越相信自己能够分享合适的健康知识类视频，在分享上就越积极主动。所以，引导大学生参与分享还需要从大学生自身的角度出发，可以通过与高校合作开展有针对性的健康教育、制作系列专题视频等形式，提高大学生的健康素养水平，培养大学生对健康知识类视频的判断力，提升个体分享的自我效能感。

第二，营造良好的分享氛围。研究发现，主观规范与大学生B站健康知识类视频分享意向显著正相关，即大学生所感知到来自他者的分享压力显著影响着个体的分享意向。相对处于分享氛围较弱环境的个体，如果家人、朋友、亲戚等身边的人经常分享健康知识类视频，处于良好分享氛围的大学生就拥有更高的分享意愿。因此，有必要重视营造良好的分享氛围，以建立和完善视频分享的激励机制、举行分享活动等方式，鼓励更多人传播健康知识，并带动身边的人共同参与，提升健康知识类视频的传播力和影响力。

第三，提升视频的内容质量。研究结果表明，大学生 B 站健康知识类视频分享意向还受到态度的影响，个体对视频持有的积极态度可以在一定程度上促进分享行为的发生。而高质量的健康知识类视频不仅能够增加对大学生群体的吸引力，还可能因良好的观看体验而激发大学生的分享意愿。除此之外，优质的视频内容也更容易促使大学生受众产生分享的责任感，进而产生分享行为。为此，一方面平台应鼓励更多高质量健康知识类视频的创作，持续输出优秀的作品；另一方面也要加强对优质健康视频的推广，让优秀的作品被更多的人看到。

第七章

移动音频 App 的知识传播：场景伴随式传播

…… ……

第一节　移动音频 App 与场景伴随式传播的内涵

一、移动音频 App 中的知识传播

知识传播是一部分社会成员在特定的社会环境中，借助特定知识传播媒体手段，向另一部分社会成员传播特定的知识信息，并期待收到预期的传播效果的社会活动过程。知识传播中的“知识”是一种广义上的理解，即“有用的信息”。20 世纪以前，出版是向整个社会传播知识最有效的手段。[①] 互联网出现以前，传统的知识传播以学院精英式的传播模式为主导。[②] 人们在一个固定空间中接受知识的传播，这是一种自上而下的传播模式，在诸如学校等特定场所中，在规定的时间内进行知识获取行为。在这种不平等的传播模式下，权力阶层往往会根据自身利益制定知识传播的范围和内容，将社会不平等以教育的方式融入文化当中，完成自身文化资本的原始积累与传递。随着新媒体技术的发展和应用，知识是开放且流动的[③]，受众在新媒体技术带来的便利下，可以依托网络媒体平台进行知识的分享与获取，传统精英式的知识传播走向平民化，技术赋权下受众的知识内容创作活力大幅提升，知识传播体现出碎片化、多样化、去中心化的特点，传统的传播者、接受者身份也在个体身份上流动地体现。

当下，新媒体时代以视频为媒介的知识传播较为普遍。在长视频领域，慕课、网易公开课等借助互联网平台传播哲学、历史、物理等专业系统的学术性知识；在中视频领域，以 B 站为首的媒体平台，进行技能教学等知识传播活动；在短视频领域，则借助“抖音”和“快手”两大短视频平台，传播娱乐性、轻量化的知识内容。同时，在 5G 技术的加持下，“知识传播 + 直播带货”形式也成为全新的知识传播方式。近年来，音频类知识传播蓝海逐渐被发掘，诸如喜

① 刘海龙. 作为知识的传播：传播研究的知识之维刍议［J］. 现代出版，2020（4）：23－31.

② 李质洁. 网络时代的知识传播机制与特点：以维基百科为例［J］. 青年记者，2014（14）：63.

③ BENIOFF M，ADLER C. Behind the cloud［M］. New York：John Wiley & Sons，2009.

马拉雅 FM、蜻蜓 FM、荔枝 FM、企鹅 FM 等音频类 App 成为全新的知识传播途径，受到广泛关注。

二、场景伴随式传播的内涵

在移动互联网时代，随着移动互联网技术的不断发展以及更加广泛的应用，人们的日常生产生活互动都与新媒体形成内嵌。因此，如何推动移动互联网技术更自然地融入生活，为生活提供便利，成为当下主要探讨的问题。“场景”这一概念也因其契合当下移动互联网技术的发展方向，成为学界关注的热点。“场景”这一词，原本来源于影视戏剧领域，具体是指在特定的时空内因任务行动或人物关系而形成的特定的画面。特定的“场景”对应着个体相应的互动准则，社会学家戈夫曼曾提出，特定的“场景”往往包含着个体“对角色、规则任务、目标、出场人的特征以及对参与者的看法等”①。在传播学领域，“场景”一词最早由罗伯特·斯考伯和谢尔·伊斯雷尔在其合著的《即将到来的场景时代》中提及，他们认为在未来很长一段时间场景将成为关注的重点，场景时代的来临依赖于五种科技力量的发展，并共同发挥作用。② 其分别是移动设备、社交媒体、大数据、传感器和定位系统，即“场景五力”。胡正荣认为互联网的发展经历了三个阶段：Web1.0 的时代是门户时代，用户数、点击率、流量为其最大目标；Web2.0 是以社交为最大特点的时代；Web3.0 是场景分时代，以场景、细分和垂直、个性化服务为特征。这就需要形成以用户为中心（UC）、以位置为基准（LBS）、以服务为价值（VA）的思路和做法。③ 彭兰也认为，与 PC 时代的互联网传播相比，移动时代场景的意义大大强化。移动传播的本质是基于场景的服务，即对场景的感知及信息（服务）的适配。场景成为继内容、形式、社交之后媒体的另一种核心要素。④ 因此，“场景化”可以主要从两个方面来进行理解，一方面是信息内容精细化、适配化、个性化，即内容场景化；

---

① 彭兰．场景：移动时代媒体的新要素［J］．新闻记者，2015（3）：20－27.

② 罗伯特·斯考伯，谢尔·伊斯雷尔．即将到来的场景时代［M］．赵乾坤，周宝曜，译．北京：北京联合出版公司，2014：11，71.

③ 胡正荣．“记者大讲堂”组织媒体融合系列讲座：移动互联时代传统媒体融合战略分析［EB/OL］．（2015－02－12）［2021－12－12］．http：//www.zja.org.cn/zja/system/2015/02/12/019039474.shtml.

④ 彭兰．场景：移动时代媒体的新要素［J］．新闻记者，2015（3）：20－27.

另一方面则是5G、人工智能、移动设备等技术依托下的传播范围的扩大、伴随性增强，即空间场景化。

伴随式传播是某组织机构通过对信息内容进行筛选后，在特定的时间和空间内进行的传播活动。伴随式传播作为一种非特定情境的传播①，在发生之时，受众便摆脱了以往传播模式中的责任感和错失信息的恐惧心理，往往可以根据自身的需求进行选择性的接收，传播的内容始终伴随着受众，受众可以在接收信息的同时从事其他活动。张涛认为，“伴随式传播使得广播的播出具有非常大的随意性和轻松性，有利于人们在一种轻松、愉快的气氛中一边听广播一边从事着其他方面的事情”②。伴随式传播虽然作为一种传者与受者之间没有特定关系的传播形式，常常被视作受众在完成其他工作时的辅助性工作，但是其内容并非无意义的。例如，车载交通广播的应用使得受众可以一边驾驶、一边收听路况信息。在当下，虽然传统的广播媒介受到了新媒体的严重冲击，但是伴随式传播极强的兼容性，恰恰符合当下社会人快节奏的生活方式。近年来移动音频 App 产品的出现，正是伴随式传播模式融入新媒体的重要典范。

通过对文献的梳理发现，场景传播和伴随式传播都是当下移动互联网时代媒介转型、媒介融合的关键节点。场景传播强调沉浸感，为受众提供仿真的临场感，这本身就蕴含着伴随性。同时，伴随式传播营造的轻松愉快的传播氛围同样促进着“场景”的建构，二者之间是一种彼此嵌入式关系。陆正兰认为，“新媒介技术的发展，不但延伸了人们的艺术创作思维和能力，也改变着人们对艺术的认知，以及欣赏艺术的习惯”③。移动互联网时代，技术赋权延伸了“场景”的概念，使其拓展到受众日常碎片化的生活当中，潜移默化地重塑着人们接受媒介的习惯，具有沉浸感、个性化同时兼具伴随性的全新音频传播模式成为当下值得深度考量的问题。因此，场景伴随式传播是指技术赋权之下，以一种非特定情境的形式伴随受众、满足受众信息适配需求的传播模式，具有个性化、伴随化、泛在化、感官化、沉浸化的特点。

---

① 王昊. 伴随式节目的传播特点及播音技巧［J］. 西部广播电视，2014（7）：95，99.

② 张涛. 对伴随式传播的特点及广播伴随式节目制作的研究［J］. 传播与版权，2017（7）：14－15，18.

③ 陆正兰. “无处不在的艺术”与逆向麦克卢汉定义［J］. 重庆广播电视大学学报，2016（6）：11－15.

第二节　移动音频 App 的知识传播特点分析

一、移动音频 App 知识传播场景伴随化的联结逻辑

在移动互联网时代的技术赋权之下，移动音频 App 领域的知识传播发展迅速。知识传播涉及历史、音乐、财经、体育、国学、生活、情感等领域，几乎全方位覆盖了受众日常生活中所需要进行知识获取的领域，搭载“PGC + UGC”全新生产模式，使得移动音频 App 知识传播无疑成为当下移动互联网全新的蓝海。然而，正如麦克卢汉所言“真正有意义的讯息是媒介本身”①，移动音频 App 领域知识传播的持续繁荣离不开移动音频 App 媒介自身的革新以及与场景的勾连，只有探究清楚其内在的联结逻辑，才能更加高效、全面地建构场景伴随式的移动音频 App 知识传播模式。

（一）移动音频 App 的数字口语文化

媒介环境学派学者沃尔特·翁创造性地提出了原生口语文化和次生口语文化两个概念来讨论口语文化和书面文化在人类文明演进史上此消彼长的过程。其中原生口语是文字出现之前的，受人类情感主导，从人的各种感觉中分流出的一种语言流向，是一种无文本依托的话语；次生口语则是指报纸、广播、电视等以直接或间接文本为依托的话语，次生口语往往在一定的框架下进行，具有一定的范式。移动音频 App 的数字口语文化则介于原生口语文化和次生口语文化之间，与传统广播电视节目相比，移动音频 App 领域主播不会对播出的内容做出过多的流程、内容等方面的预设，通常主播只列出节目大致的讨论主题和方向，以便于更好地还原真实的交流状态。例如，喜马拉雅 FM 的《黑水公园》是一档影视解说类音频节目，采用主播交流的方式，通过对话聊天的形式

① 马歇尔·麦克卢汉．理解媒介：论人的延伸［M］．何道宽，译．南京：译林出版社，2011．

将不同影视内容与现实社会相结合，交流自身对影片的理解和感悟。其言语风格轻松，写意谈笑间便可以让听众了解影视内容的梗概。移动音频 App 独特的数字口语文化的自主性，使主播与听众之间打破了传统广播线性主导的关系，缔造出一种轻松、愉快的交友式氛围。听众关注的不仅仅是传播的内容，更希望通过数字口语化表达获得一场身心舒适的精神交流，这也为打造场景化、伴随式的传播模式提供了原动力。

（二）声音的场景伴随化倾向

一般而言，我们在讨论场景化的过程中，更多聚焦于视觉媒介，而忽视了听觉媒介。从联觉研究角度看，联觉又称通感，是一种基础的神经感知反应，表示一种感官刺激产生时会引发另一种感官刺激的出现。声音是在一定的时空内传播的，无论是自然的风声、鸟鸣、潮汐声抑或是拍摄现场的道具声音、主播的笑声等都可以很大程度上唤起听众的其他感官参与。例如，蜻蜓 FM 的节目《模拟雨声》，通过制作雨声音频，模拟雨天场景，使听众身临其境地沉浸其中，从而达到助眠的效果。此外，听觉所带来的感知状态与视觉是不同的，视觉往往是由特定的对象选择性观看，个人可以随时结束观看行为。而听觉所带来的感知更多是被动的，听觉个体无法做出像闭上眼睛一样的结束性措施。只要有音频出现，受众便成为被动的主体，成为他人消费和共情的对象。因此，以移动音频 App 为介质的传播活动一旦开始，声音便在特定的时空内蔓延，听众在这一空间当中便可以沉浸式地与传播内容交流、互动。

（三）移动互联的技术加持

传统的电台广播依靠无线电实现内容的传输，因此传播的范围、质量很大程度上受到无线电功率的限制。受无线电信号弱、音频质量不佳等制约，听众只有在特定的时空才能收听无线电台的节目。随着 5G、Wi-Fi 等无线网络技术的不断发展、完善与普及，移动音频 App 传播内容质量趋于稳定，很大程度上避免了传统电台广播串线、信号中断等问题，同时突破了传统广播电台的时空阈限。无论是日常生活办公还是驾车行驶或旅行度假，移动音频 App 都可以伴随听众左右，为听众提供音频服务，有效解决了传统电台广播的覆盖范围问题。移动互联技术的加持为移动音频 App 在流动空间中伴随式、场景化的传播提供了基础保障。除此之外，智能设备终端的音频 App 整合了各种类型的广播栏目，听众可以根据自身的兴趣爱好、收听需求选择适配的场景进行体验。例如，喜马拉雅 FM 整合历史、音乐、财经、体育、国学、生活、情感等多个领域的知识内容，用户可以根据兴趣、自身需要或是热点排行选择想要收听的内容。这一优势突破了传统广播通过调频搜索节目的单一搜索方式，听众无须事先了解当日广播的节目清单，而是在整合空间中进行选择性收听，为知识传播场景建构的多样化提供了可能性。

（四）媒体用户的需求依赖

公共领域作为受众表达意见、进行公共交流活动的空间，也被称为“第三域”。在新媒体时代，受众获取信息渠道更加多元、表达观点意见更为自由。“第三域”作为反抗社会不公平事件或不公平待遇的有效斗争场域，带来了公正性的同时，也引发了对受众私密空间的窥探与侵犯。当下，受众往往陷入既想利用媒介指导生活，又希望私密空间不被窥探的矛盾当中。移动音频 App 则打造了介于“私密空间”和“第三域”之间的全新空间——“第四域”，“第四域”既有“第三域”的开放性、公共性，同时又不会过多地将“私密空间”暴露在外。① 例如，喜马拉雅 FM 推出的“一起听，和 TA 边听边聊”频道，受众可以不公开过多的身份信息参与到节目的收听当中，可以通过公屏打字或主动连麦的形式模拟出物理场景中的交互体验。音频社交软件 Soul，也采用相对匿名化的社交传播策略。这种在公开场域同时兼顾受众隐私的传播模式，给予受众一种介于个人独处与群体归属感之间的全新体验。在这样一种弱关系的连接中，一方面受众可以畅所欲言，寻找志同道合的伙伴或加入适配程度较高的社群圈层；另一方面受众可以从完全陌生、性格秉性截然不同、兴趣爱好各有差异的陌生人处获得心理上的安慰、支持和鼓励。用户对移动音频 App 的需求，为其场景伴随化传播提供了内驱力。

二、移动音频 App 知识传播场景伴随化的特点

伴随着媒介技术的不断进步，耳朵经济的悄然崛起，移动音频 App 知识内

---

① 高贵武，王彪．从广播到播客：声音媒体的嵌入式生存与社交化发展［J］．新闻与写作，2022（7）：98－104．

容的场景伴随化传播成为当下吸引受众注意力、增强受众黏性的重要传播模式。因此，探讨移动音频 App 场景伴随化传播模式的主要特点，不仅可以进一步分析场景伴随式传播模式的本质，同时可以进一步增强传受双方的联系。

（一）场景范围的扩散化

在人工智能、5G、大数据等技术赋权下，智能设备迭代速度不断加快，智能设备的功能、应用场景也进一步得到增强，促使音频与日常生活场景的联系更为紧密。宫承波和陈曦将声音传播场景划分为私人移动、私人固定、封闭公共、开放公共四类。① 私人移动场景包含驾车、跑步等形式，在这一场景中受众往往借助移动音频 App 收听有关天气信息、路况信息、身体健康信息等内容；私人固定场景包含早起、睡前洗漱等碎片化时间，在私人固定场景中受众可以借助移动音频 App 收听新闻资讯、助眠音频等内容；封闭公共场景指代公交、地铁等封闭式公共空间，受众在这一封闭式空间中借助移动音频 App 收听音乐、小说等内容消磨时间、缓解压力；开放公共场景泛指博物馆、图书馆这一类公共场景，在此类场景中受众可以借助移动音频 App 获得场馆指引、内容介绍等信息。根据用户的移动终端设备、使用空间场景、当前使用状态和需求等因素，移动音频 App 使用场景不断扩散至生活的每一个角落。

（二）音频内容的伴随化

从书籍、报纸的出现到如今视频形式的繁荣，视觉信息以一种压倒性的优势占据着人们收集、了解信息的方式。然而，自口语时代便存在的听觉信息常常处于边缘化位置。其实自口语时代至当下新媒体时代，音频作为一种传播介质一直存在于我们的身边。音频作为一种无孔不入的伴随性介质，充分满足了快节奏社会下受众的使用习惯。视觉信息往往需要受众集中注意力在信息内容上，一心一意地去获取信息内容。相反，音频信息则只需要调动听觉感官，受众可以一边从事其他活动，一边收听音频内容，实现“一心二用”，起到了信息传达和信息陪伴的双重作用。例如，蜻蜓 FM 推出模拟场景下的助眠音频内容，用户可以在午休或睡前等时段进行收听，起到放松身心、提升睡眠效果的

---

① 宫承波，陈曦．智能音频传播策略：基于多维场景用户体验的探讨［J］．当代传播，2018（4）：101－104.

作用。喜马拉雅 FM 推出《三国演义》《明朝那些事儿》等泛知识类音频节目，用户可以在工作闲暇之余选择性收听，极大地满足了用户多种信息获取的需求，充分体现出音频作为一种伴随性介质的优势。

（三）信息内容的个性化

根据艾瑞咨询发布的《音频平台营销价值研究案例报告》①，在校学生群体收听音频内容，主要集中在相声、二次元等领域，移动音频 App 起到消磨时间、缓解压力的作用；亲子家庭用户更关注育儿信息、科技文化等内容；有车一族，则更多关注汽车、财经类信息内容。可以看出，当下不同用户群体的信息需求呈现出很大的差异性。在人工智能技术和大数据的支持下，移动音频 App 打破了传统广播音频“一对多”的单维线性传播模式，依托用户信息进行深度数据发掘，根据用户的使用习惯描绘出个性化的用户画像，进而为用户推送其感兴趣、熟悉的音频信息内容。根据用户的特定需求为用户提供个性化的订阅内容推荐，满足不同兴趣群体的差异化需求。

（四）用户体验的沉浸化

媒介技术的发展不仅重塑着人们的媒介使用习惯，同时也提高了受众的精神追求。过去仅靠内容质量，打造专业化、垂直化内容的音频模式已经无法满足当下受众的需求。在保证内容高质量的同时，能否带给受众沉浸式的情景体验成为移动音频 App 能否成功的关键因素。例如，喜马拉雅 FM 推出由梁冬、吴伯凡主持的《冬吴同学会》。该节目每周两期，主持人梁冬风趣幽默、才思敏捷，吴伯凡朴实厚重、学识渊博、字字珠玑，每期内容从当下的社会热点、经济现象谈起，解读背后的真实道理。这个节目摆脱了以往财经节目严肃有余的纸媒化倾向，将轻松、睿智、人性化、平民化的表达手法充分融入到内容中，从生活的视角解读经济事件的玄机，在经济话题的背后探讨生活的真谛。二人交谈对话的方式，给予听众一种身临其境、轻松愉快之感，仿佛来到日常与朋友交谈的场景之中。

---

① 音频平台营销价值研究案例报告 2019 年［C］//上海艾瑞市场咨询有限公司．艾瑞咨询系列研究报告（2019 年第 10 期），2019：58－116.

（五）传播介质的空间偏向

英尼斯将媒介划分为质地较重、耐久性强的时间媒介和质地较轻、易于传输的空间媒介。视觉信息内容由于观察方式的限制，十分容易受到物理区隔，因此人们不得已创造出受众与被观察对象之间的通道。又因为视觉信息往往静止化存在于媒介载体当中，所以被视作时间媒介。相比之下，音频与时间具有线性对应关系，声音发出之后即会消失，不像文字、图片那样静止在原处，所以被视作空间媒介。① 正是音频这样一种空间偏向使得受众在进行音频内容获取时，往往是一种浅显的、碎片的获取方式，受众大多数情况下无法及时将音频内容进行记录和保存，更无法获得和视觉信息内容一样的深度思考。音频内容进入脑海后短暂停留，直至消失，这一接收过程使得受众对音频内容的感觉依赖远高于思考需求。

第三节　移动音频 App 的知识传播要素与模式

一、传播目的：缓解焦虑

（一）缓解受众的求知焦虑

近年来，我国的城市化进程加快，人们在上下班途中浪费掉了大量的时间。数据显示，我国国民平均每天用于休闲的时间只有 3.2 小时。中国新闻出版研究院 2017 年发布的我国第十四次国民阅读调查结果显示，81.2% 的国民对自己的阅读状况表示不满意或一般。② 人们求知的愿望得不到满足，基于此，移动音频 App 这种知识获取方式可以将用户碎片化的时间串联起来，人们只需要挑选出自己感兴趣的音频知识内容，便可以在一天当中的碎片时间播放。

---

① 刘冰. 融合新闻［M］. 2 版. 北京：清华大学出版社，2021：120.

② 第十四次国民阅读调查报告：62.4% 成年国民在 2016 年进行过微信阅读［EB/OL］.（2017－04－20）. http：//zqb. cyol. com/html/2017－04/20/nw. D110000zgqnb_20170420_1－07. htm.

（二）缓解受众的选择焦虑

当下这个时代，知识已不再稀缺。相反，各种良莠不齐的知识内容爆炸式涌入，信息化泛滥，同质化现象严重。很多时候人们无法判断哪些内容是有价值的，因此衍生出音频平台的精品付费栏目。这些精品付费栏目是由热门领域的头部知识生产者产出的，满足了人们高效筛选与获取信息的需求。

（三）缓解受众的健康焦虑

在屏幕化时代读者使用手机观看电子书时，会导致视力下降，并且还有可能出现广告弹窗或不健康的广告信息。但是听书并不会对受众的这些方面造成负面影响，并且还能使受众身心愉悦，因此成为人们阅读行为的新诉求。在此基础上，各大有声阅读 App 也致力于开拓有声阅读市场。

二、传播主体：知识型的传播者

在人类文明的历史中，知识生产这一权利被特权阶层和精英群体所垄断，他们能够汇集专家学者来进行知识的生产。但是，如今信息技术不断革新，网民数量不断增多，互联网的深入发展使得传播主体成为由传播者和用户共同打造的多元化的传播主体格局，人们可以主动地参与到知识生产与传播当中。

随着新媒体时代的到来，信息的传播者和接受者之间的界限逐渐融合，形成传播者和接受者共同成为传播主体的全新局面。只要有一部移动智能终端设备，人人都可以成为电台主播，用户通过移动智能终端就可以完成音频节目的录制和播放，借助移动网络电台 App 在网络上发出自己的声音。如今“主播入口”已成为很多移动网络电台的标准配置，用户可以便捷地利用移动智能终端创造有自己风格的专属频道。来自不同专业、不同背景、不同阶层的人都可以通过移动网络电台来制作并上传自己的声音，这就使得移动网络电台传播主体的构成复杂而多元，平民化、草根性较为突出。① 在这些主播中，公知型意见

① 蒋墨雅. 探析新媒体时代移动网络电台的发展：以喜马拉雅 FM 为例［J］. 出版广角，2017（14）：69－71.

领袖、知识型意见领袖和知识网红成为突出的知识型传播者。

（一）公知型意见领袖

公知型意见领袖主要是指具有特定的专业背景并且经常就公共议题展开讨论的意见群体。这一群体在移动音频 App 中共享一种话语体系和理论资源，不限于以知识生产为职业的知识分子，也包括部分官员、商人、作家，甚至演员，这类人通常是社会各界的精英。

（二）知识型意见领袖

拉扎斯菲尔德在大众传播中这样定义网络意见领袖：网络意见领袖是在团队中构成信息和影响的重要来源，并能左右多数人态度倾向的少数人。尽管他们不一定是团体正式领袖，但往往消息灵通、精通时事，或足智多谋，在某方面有出色才干，或有一定人际关系能力，获得大家认可，从而成为公众的意见领袖。知识型意见领袖主要是指在移动音频 App 中，以资讯分享为主，具有一定知名度、认同度的意见群体。知识型意见领袖必须具备专业能力、价值观表达手段以及位于社交网络的中心位置三大要素。

（三）知识网红

“网红”现象作为一种传播现象，它的发展与特定的文化环境有着紧密的联系。① 知识网红是新媒体时代中以网络媒介为平台，以自媒体为渠道，具备专业领域杰出表现且拥有一定影响力的个人或群体。② 其传播的知识不仅是传统大众理解的专业学术知识，而且是各阶层、各领域的杰出经验或阅历。如喜马拉雅 FM 的主播窦超，曾是一家 4S 店的销售经理，凭借多年汽车领域的专业知识，主讲的《百车全说》短时间内在平台上获得众多爱车听众的欢迎。

---

① 严俊，李昊泽. 群体心理学视角下的“网红”现象分析［J］. 延边大学学报（社会科学版），2019（1）：129－136，145.

② 庄婉喆，刘迅. 论全媒体时代知识网红与网络意见领袖之博弈［J］. 出版广角，2019（8）：42－44.

三、传播内容：多样化的内容矩阵

（一）内容生产类目繁多

随着互联网和媒介的发展，有声读物的内容得到极大的丰富。例如，喜马拉雅 FM 并不局限于传统图书的音频化，而是包含了相声、脱口秀、新闻资讯、公开课等品类丰富的内容。在众多内容类目当中，有声书已经成为绝大多数用户群的首选音频内容类型，这也和音频平台本身已经引入了海量覆盖全面的书籍版权有关。女性音频用户对儿童、教育培训的偏好程度明显高于男性；而男性用户对相声、评书音频表现出极大的热情。相比于其他人群，Z 世代用户的强学习需求拉高了对儿童内容的偏好，“90 后”用户对有声书内容的偏好尤其高，“80 后”用户习惯于将音频用作儿童教育重要工具，“70 后”用户对人文类内容兴趣突出。①

（二）打造优质内容矩阵

在专业内容生产领域方面，以喜马拉雅 FM 为首的移动音频 App 为用户订阅打造精品化节目专栏，主打专业知识课程和知识节目。有声读物的核心竞争力是好的内容资源，专业级别的高质量知识内容成为用户的首选，比如北京大学经济学教授薛兆丰的北大经济学课、中央民族大学副教授蒙曼的《蒙曼品最美唐诗》、马云及其合伙人的《湖畔三板斧》、耶鲁大学陈志武教授的金融课等都是优质内容的代表。

四、传播受众：社群和圈层化

网络媒介技术发展至今，受众被动接收信息的地位得到极大的改善，受众成为主动的“点餐者”，多元化与复杂化凸显，迎来了后受众时代。② 受众具有移动属性强、碎片化程度高、交互化水平高的特点。与此同时，传统意义上的大众已经不复存在，而是碎片化成不同的社群和圈层。受众分为稳定受众和非

---

① 中国音频产业生态发展分析［EB/OL］. 易观分析，（2020－06－27）［2022－12－12］. https：//www. analysys. cn/article/detail/20019760.

② 刘燕南. 从“受众”到“后受众”：媒介演进与受众变迁［J］. 新闻与写作，2019（3）.

稳定受众。稳定受众是指同移动音频App建立了稳定关系的受众，这类受众在一周之内有三天以及三天以上借助移动音频App收听知识类音频，否则就为非稳定受众。稳定受众能够定时、定向接受自己所关注知识生产者产出的知识内容。在用户的阅读兴趣方面，当前主流移动电台关注最多的是有声图书，在有声图书当中，最受用户欢迎的是网络小说。以喜马拉雅FM为例，其“最火节目飙升榜”下的“有声书”类目当中排名前十的均是网络连载小说。互联网时代，掌上阅读的碎片化得到公认，并且由于人们的生活节奏加快，生活压力增大，娱乐时间被极大地压缩，而音频内容以其伴随性的极大优势浸入年轻人的日常生活当中。以音频为获取渠道，不仅可以使听众解放双手与双眼，而且也可以从中获得新知，满足人们在日常生活中充电的需求。在喜马拉雅FM的生态体系内，用户不仅是知识的创造者，更是知识的接受者，用户不断推动着知识的传播，促进着知识的自由流动和观点的开放表达，并源源不断地为平台注入新的活力。平台内部利用场景提升用户体验，喜马拉雅FM“以人为中心”的细节体验成为提升用户消费意愿的重要因素，并将视角聚焦在音频的高度私密性和强伴随性的特征上，将付费内容的产品塑造成不同的专业性场景，例如亲子、商业、情感、生活、心理、个人提升等。实现线上与线下场景相互呼应，为用户的生活带来新的可能。

五、移动音频App中场景伴随式知识传播模式

（一）基于用户认知盈余的UGC内容合作

基于用户认知盈余的UGC内容合作中，其知识传播模式如图7-1所示。UGC是指用户将自己原创的内容通过互联网平台进行展示或者提供给其他用户。美国学者克莱·舍基指出，认知盈余的核心概念是知识分享。他认为那些接受过教育，并且能够自由安排时间的人，不仅有丰富的知识背景，而且还有强烈的分享欲望，这些人的时间聚在一起，会带来强大的社会效应。① 喜马拉雅FM的每一位用户在进行知识获取的同时都有知识生产的权利。在平台内，每天都有大量的用户上传自己的声音作品。其中，不乏有着广泛的粉丝群体的个人，比如头陀渊讲故事、晚安妈妈等优质主播不断创造优质的音频内容，此

① 克莱·舍基. 认知盈余［M］. 胡泳，译. 北京：中国人民大学出版社，2011：5-10.

类 UGC 在互联网中实现更大的自我价值的同时，也增加了平台的用户黏性。

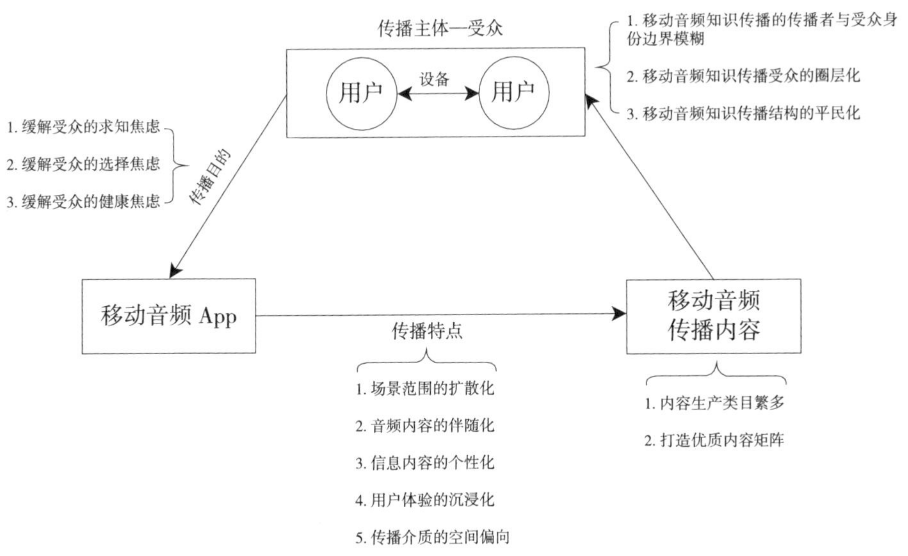

图 7－1 移动音频 App 的 UGC 知识传播模式

（二）用户与专业生产方齐力的 PGC 合作开发

基于用户与专业生产方齐力的 PGC 合作开发中，其知识传播模式如图 7－2 所示。PGC 是指某领域的专业人士在平台中进行的内容生产，这能够保障平台内容的专业度。在内容的生产上，当下的有声读物平台大多采用主播入驻、与知识名人联合制作、购买 IP 版权和与专业媒体合作的方式。2020 年，喜马拉雅 FM 与中信出版社、中原出版传媒集团、果麦文化等 26 家出版机构在有声改编、IP 孵化、版权等方面进行深度的战略合作。喜马拉雅 FM 通常会主动寻找优质的内容创作者，这些创作者通常是在某个领域较为知名的专家，其对数据的收集形成了信息，对信息进行整理和总结而形成知识。这些专家作为“碎片知识的组织者”或是“冗长知识的精炼者”代替听众去筛选，组织知识的内容，并将其加工过的知识再传达给受众。例如，平台邀请了罗翔等知名人士制作内容。喜马拉雅 FM 还会大量购买优质 IP，例如购买了《郭德纲相声全集》等音频内容。此外，喜马拉雅 FM 也会与专业平台合作产出优质栏目。例如，喜马拉雅 FM 与搜狐娱乐联合推出的娱乐节目《搜狐娱乐播报》、与封面新闻合作推出的资讯类栏目《封面早报》等。PGC 的生产模式能够保障内容质量，知名创作者也能够吸引新的用户，为平台注入新鲜血液，带来新的流量，更利于平台盈利。

此外，他们通过与专业团队合作，后续有关内容的纠纷会大大减少。

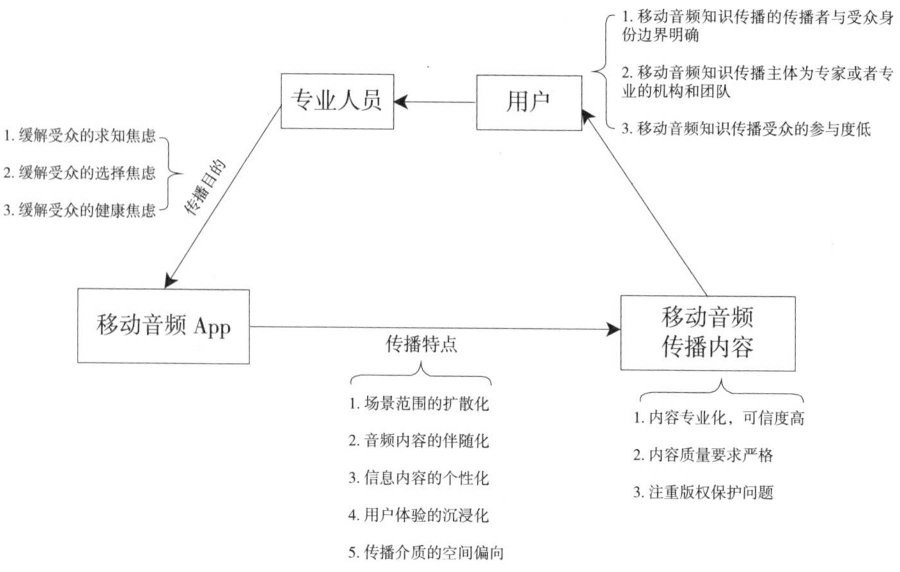

图 7－2　移动音频 App 的 PGC 知识传播模式

（三）平台内部打造的 PUGC 模式

移动音频 App 在内容生产方面也出现了 PUGC 模式，即专业用户自制内容生产，如音频广播节目、有声读物和付费教育内容。PUGC 模式是“UGC + PGC”下一种全新的组合模式，并非二者简单相加，而是二者之间的相互融合和嵌套。PUGC 模式以用户生产为核心，但这里的用户主要为在某个领域具有一定知名度和影响力、能够靠专业性吸引大量听众的专业用户。在平台内部打造的 PUGC 模式中，其知识传播模式如图 7－3 所示。

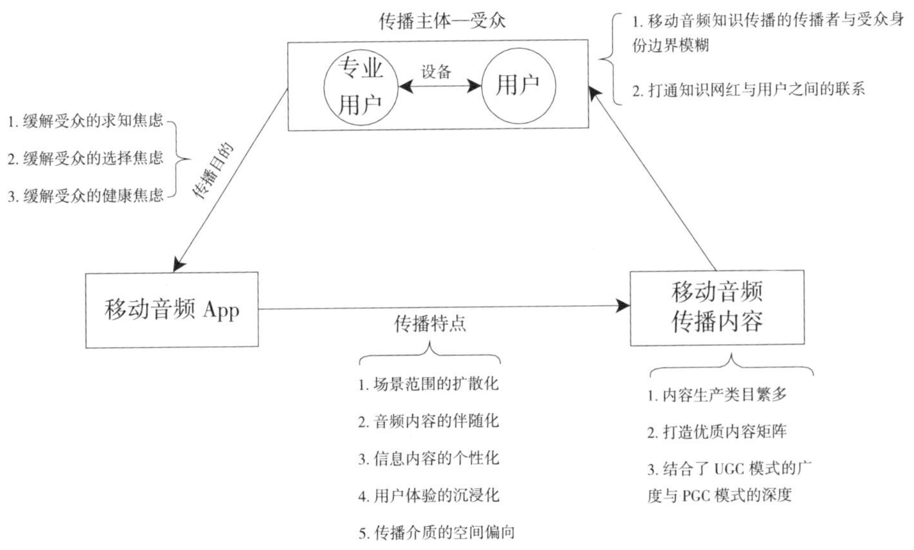

图 7－3　移动音频 App 的 PUGC 知识传播模式

在 PUGC 模式下，有声读物平台为优质内容创作者提供一系列的资金、资源、培训等硬件支撑，以期专注于创作优质的作品内容。平台利用 PUGC 模式，推动知识内容生产者形成多元化格局，并不断造就具有影响力的知识网红。

第八章

移动音频 App 的知识传播：人格特质对用户持续使用意愿的影响

…… ……

一直以来，学术界研究大多以视觉媒体为主，但随着人们对于视听平衡需求的不断上升，从受众的需求出发研究音频媒体的议题也开始逐渐受到关注。早在2009年美国得克萨斯州大学奥斯汀分校就举办了主题为“对倾听的思考：人文学科的听觉转向”的国际学术研讨会，此后陆续出现了相关学者有关本领域的研究著作，如加拿大学者雷蒙德·默里·谢弗的《音景：我们的声音环境以及为世界调音》，法国学者贾克·阿达利的《噪音：音乐的政治经济学》、阿兰·科尔班的《大地的钟声》等。听觉文化在学术界的重视、自2020年来疫情所带来的人类心灵的创伤以及音频媒介长期所独具的场景伴随性都使其成为当下抚慰人们心灵的重要媒介。后疫情时代人文关怀的重要性不断突显，关注个人特质与音频媒体的连接既能满足用户的个性需求，也能助力音频市场的发展。

第一节　问题提出

艾媒咨询研究报告显示，当前中国网络音频产业从传播平台来看，可以分为音频综合平台、在线音乐平台、网络阅读音频平台、音频直播社交平台、播客平台和知识付费平台。[①] 本研究以综合类和播客类移动音频 App 为研究对象，探讨移动音频用户持续使用意愿受哪些因素影响及其作用机制。

根据研究问题，本研究分别从媒体属性、行为属性、用户属性三个维度尝试构建移动音频 App 用户持续使用意愿的模型，并考察各变量之间的影响方向以及影响强度，从而开展移动音频用户持续使用意愿影响因素及机制研究。具体研究内容如下：

（1）根据当前互联网发展背景，描绘移动音频 App 的用户特质。

（2）通过分析当下移动音频用户的持续使用意愿影响因素，基于期望确认模型，尝试构建移动音频 App 用户的持续使用意愿模型。同时，进一步融入人格特质理论，从用户属性（即用户的人格特质层面的差异如何影响用户的持续

① 艾媒咨询. 2021年中国网络音频产业研究报告［EB/OL］.（2021－11－23）［2022－12－12］. https：//zhuanlan. zhihu. com/p/468235237.

使用意愿和行为）、行为属性（即用户在接受信息时采纳与接受行为）、媒体属性（即移动音频媒体在当下时代背景下的新特征）三方面进行深入的研究与讨论。

（3）基于理论分析以及实证分析的结论，对移动音频 App 用户持续使用意愿的模型进行验证。结合验证结果，通过深度访谈进一步剖析影响用户持续使用意愿因素的作用机制。

第二节　相关概念

一、人格特质

人格（personality）作为一个较稳定的结构系统，是心理特征的整合。黄希庭认为人格是个体在行为上的内部倾向，表现为个体适应环境时在能力、情绪、需要、动机、价值观、气质、性格和体质等方面的整合，是具有动力一致性和连续性的自我，是个体在社会化过程中形成的给人以特色的身心组织。人格具备整体性、稳定性、独特性、社会性四种基本特性。①

人格特质（personality traits）是人格的组成要素之一，它反映的是个人行为所表现的倾向。关于人格特质的讨论国外的研究已十分成熟。第一个提出人格特质相关理论的是人格心理学创立者之一 Allport，他将人格特质分为共同特质和个人特质；而后，Cattell 提出因素分析法，Eysenck 提出现代三因素论，确定了三维度人格特质理论，即外倾—内倾、神经质、精神质；1987 年，Costa 和 McCrae 提出人格五因素模型，Tellegen 和 Waller 提出人格七因素模型。此外，随着虚拟世界与现实世界的边界不断模糊，人们更加倾向于在虚拟舞台中扮演不同的角色，而虚与实之间用户的人格也会呈现出不同特征。基于此，喻国明还提出了媒介用户的人格，他从关注其他用户、关注媒介系统、用户自主行动、与他人互动四个方面划分出了外倾型人格、自由型人格、利他型人格、警惕型

① 黄希庭. 人格心理学［M］. 杭州：浙江教育出版社，2002.

人格、建构型人格、结构型人格。①

基于现有的研究调查结果发现，目前运用最广泛的是 Costa 和 McCrae 提出的人格五因素模型，其分类方式既具概括性又相对稳定。因此本研究将以大五人格理论作为人格特质的研究模型。

大五人格特质模型最早由 Fiske 于 1949 年提出，随着研究者们在此后的 20 多年间不断的研究，最终 Costa 和 McCrae 将该理论模型在人格心理学领域不断发展壮大，并得到认可。具体来看，它包括 openness to experience（开放性）、extraversion（外向性）、conscientiousness（严谨性）、agreeableness（宜人性）和 neuroticism（神经质），如图 8－1 所示。

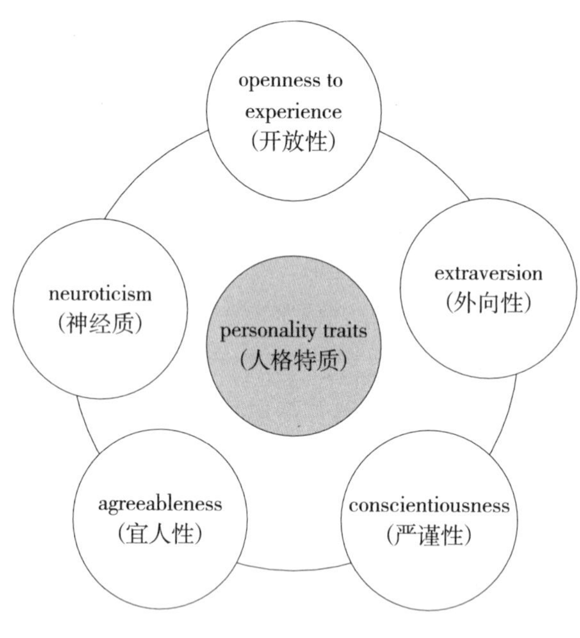

图 8－1　大五人格特质

二、持续使用行为

研究发现，用户的使用意愿是预测其使用行为的变量，是影响用户是否有

① 喻国明，方可人. 人格特质如何影响人们的社会认知与媒介使用：基于“全民媒介使用与媒介观调查”的描述与分析［J］. 新闻论坛，2020，34（4）：19－23. DOI：10. 19425/j. cnki. cn15－1019/g2. 2020. 04. 005.

使用行为的决定因素，而其他因素则通过影响使用意愿间接影响使用行为。使用意愿代表了用户采取使用行为的主观概率，用户的使用意愿越强烈，其预期使用行为的概率越大。①

一般来看，使用意愿分为初次使用意愿和持续使用意愿。由于当前媒体平台形式多样，仅仅由初次使用意愿并不能判定消费者对平台的倾向，因此本研究将着重关注用户的持续使用意愿。当前，学界针对使用意愿的研究理论模型主要有三种：基于技术接受模型（TAM）的研究、基于期望确认模型（ECM）研究、技术接受和期望确认相结合的整合模型研究。

纵观已有的研究可以发现，基于期望确认模型的研究目前已经十分成熟，但相较于视频类媒体的持续使用意愿来看，对于音频媒体的研究相对较少。因此本研究将以期望确认模型为基础，探索移动音频媒体的持续使用意愿，以期丰富关于音频领域的研究。

三、期望确认理论

期望确认理论最早产生于营销学领域，由 Oliver 于 1980 年提出。他认为消费者在产生购买行为前会对所要购买的产品或者服务产生一定的期望，而在完成消费过程后，消费者会再次对该产品或服务所提供的效果产生新的认知。将购买行为前后的期望进行比较则会产生三种不同的认知：认知绩效大于期望值、认知绩效小于期望值、认知绩效等于期望值。这三种认知将会继续影响消费者持续使用或者再次购买的行为。Oliver 提出的期望确认理论适用于一般的消费者满意度研究，该理论涵盖四个结构：期望、感知绩效、期望确认程度和满意度。

伴随着期望确认理论的不断进步与发展，Bhattacherjee 于 2001 年将该理论的主要变量应用于信息系统的研究，并加入了感知有用性，进而完善了期望确认模型。他认为感知有用性将会对用户的满意度和持续使用意愿产生直接影响，该理论也更加有效地解释了信息系统消费者的持续使用行为。

---

① 李雅筝. 在线教育平台用户持续使用意向及课程付费意愿影响因素研究［D］. 合肥：中国科学技术大学，2016.

第三节 模型建构与研究假设

一、研究变量的定义与测量

（一）人格特质与感知有用性之间的关系

基于前文的综述可以发现，当前基于期望确认理论与人格特质关系的讨论多集中于讨论变量人格特质与感知有用性之间的关系，而关于人格特质和变量期望确认程度的关系讨论较少。现有的研究有针对神经质人格特质、宜人性人格特质与期望确认程度的关系讨论，但研究结果多认为变量之间的关系并不明显。基于以上发现，本研究将在前人研究的基础上，更多地讨论人格特质与感知有用性的关系，以期探索期望确认理论与人格特质的理论适用性。

1. 外向性

一般来说具有较高外向性人格特质倾向的人，他们往往更加乐观，容易参与社交，十分外向以及精力充沛。① 用户的个性与其对行为动机的认知及实际行为相联系。研究者 Watson 等人认为，外向的人是社交型、外向型、活跃型的，强调亲密而温暖的人际关系。②

在人格特质与媒体使用层面的研究中，有研究表明社交网站上外向性偏向的用户比其他人更容易社交，也会选择继续使用社交网站。Deng 等人发现外向性个人会积极影响社交网络用户的满意度。③ 研究者 Ross 等人在研究大五人格特质对 Facebook 使用的影响时发现，外向性水平较高的用户比外向性水平较低

---

① GOLDBERG L R. The development of markers for the Big-Five factor structure [J]. Psychological assessment, 1992, 4 (1): 26.

② BARRICK M R, STEWART G L, PIOTROWSKI M. Personality and job performance: test of the mediating effects of motivation among sales representatives [J]. Journal of applied psychology, 2002, 87 (1): 43 -51.

③ DENG S, LIU Y, LI H X, et al. How does personality matter? An investigation of the impact of extraversion on individuals' SNS use [J]. Cyberpsychology, behavior, and social networking, 2013, 16 (8): 575 -581.

的用户在 Facebook 上拥有更多的群体。① 而针对国内的社交平台微信而言，也有研究者证实外向性人格特质会正向影响微信使用强度。② 此外，学者喻国明在调查全民媒介使用与媒介观时也指出，具有外向性人格的用户是最为活跃的。③

基于以上发现，我们认为外向性人格特质的个人在技术接受层面具有很高的包容度，他们乐于采纳技术。外向性的用户对亲密和温暖的人际关系的追求会令其更加关注所选择平台的社交性，而移动音频媒体平台当前不仅具有评论、点赞等功能，不少平台还开放了主播的权限。因而用户可以更加直接地参与到音频媒体内容的生产中，进而从中建立强有力的紧密关系。基于此，用户在使用过程中对该平台的感知有用性将会进一步促成对该平台的满意度，影响用户的持续使用意愿。基于此，本研究提出以下假设：

H1：外向性人格特质会正向影响用户对移动音频 App 的感知有用性。

2. 严谨性

以往的研究表明责任心与用户的学习动机、学习目标意识正相关，是个人关注自身成长获得新技能和新知识的个人特征。④ 在针对学生互联网使用情况时，研究表明具有高责任心特质的学生会将互联网的运用更多服务于学术而非娱乐。⑤ 而在责任心与工作相关的研究中，具备高责任心的人在运用和工作相关的制度时，会更加具有意图地使用系统，感知系统的有用性，在使用过程中也会变得有效。⑥ 研究者在考察人格特质对用户持续使用健康类 App 的影响时，证实责任感对用户的感知有用性有积极影响。有责任心人格特质的人被认为是

---

① ORR E S, SISIC M, ROSS C, et al. The influence of shyness on the use of Facebook in an undergraduate sample [J]. CyberPsychology & behavior, 2009, 12 (3): 337 - 340.

② 杨敏. 人格特质对在线问答社区用户持续使用意愿的影响研究 [D]. 重庆：西南大学，2015.

③ 韩金，张生太，白少一. 社交网络用户人格特质对社会资本积累的影响：基于微信的研究 [J]. 管理评论，2021，33 (2)：239 - 248. DOI：10.14120/j.cnki.cn11 - 5057/f.2021.02.021.

④ PAYNE S C, YOUNGCOURT S S, BEAUBIEN J M. A meta-analytic examination of the goal orientation nomological net [J]. Journal of applied psychology, 2007, 92 (1): 128 - 150.

⑤ LANDERS R N, LOUNSBURY J W. An investigation of big five and narrow personality traits in relation to internet usage [J]. Computers in human behavior, 2006, 22 (2): 283 - 293.

⑥ DEVARAJ S, EASLEY R F, CRANT J M. Research note—how does personality matter? Relating the five factor model to technology acceptance and use [J]. Information systems research, 2008, 19 (1): 93 - 105.

高成就者。①

当前移动音频 App 的发展开始逐渐走向融合与深入，以喜马拉雅 FM 为例，其中丰富的内容选择也成为用户长期使用该平台的重要原因。而针对近年来新发展的播客形式，其中也不乏深度的内容，随着知识付费的风潮席卷而来，移动音频 App 也迈向了红海。因而从移动音频 App 自身的特性来看，其长音频的形式往往涵盖更丰富的内容，且用户在听取音频的时候也需要更加集中注意力。对高严谨性人格特质的用户而言，其对信息系统有用性的需求会在使用过程中得到满足，对移动音频 App 的感知有用性也将进一步影响其对于该平台的持续使用意愿。基于以上的发现，我们提出以下假设：

H2：严谨性人格特质会正向影响用户对移动音频 App 的感知有用性。

3. 开放性

一般来说具备高开放性特质的人会追求寻找全新的、多样的体验，寻求和重视变化，开放性人格特质也被认为与学习动机相关。Yoon 和 Steege 证实具有高开放性人格特质的用户，对网上银行的使用具有积极影响。② 高开放性人格特质的学生在初次体验使用博客时，对了解新技术具有积极的态度。我们认为，高开放性人格特质的用户在音频媒体的使用过程中同严谨性人格特质用户一样，也会更加关注自身的学习意图，通过吸收移动音频 App 当中的高质量内容，如与心理健康、个人成长等相关的信息，来提升其对于音频媒体的感知有用性，进而影响其对于移动音频 App 的持续使用意愿。因此，我们提出以下假设：

H3：开放性人格特质会正向影响用户对移动音频 App 的感知有用性。

4. 神经质

研究者 Payne 等人认为，具备神经质特质的人与其学习目标呈负相关。③ 研究者 Major 等人认为，神经质用户不会寻求学习新事物的机会，他们往往产生

---

① ALSHAWMAR M, MOMBINI H, TULU B, et al. Investigating the affordances of wellness mHealth Apps [C]//Hawaii international conference on system sciences 2021. 2021.

② YOON H S, STEEGE L M B. Development of a quantitative model of the impact of customers' personality and perceptions on internet banking use [J]. Computers in human behavior, 2013, 29 (3): 1133 - 1141.

③ PAYNE S C, YOUNGCOURT S S, BEAUBIEN J M. A meta-analytic examination of the goal orientation nomological net [J]. Journal of applied psychology, 2007, 92 (1): 128 - 150.

负面的影响以及期望。[①] 有研究表明，高神经质特质的学生在运用计算机时相较于其他学生更容易有焦虑的体验。[②] 高神经质人格倾向的学生在使用和感知课程的有用性上呈现负相关。[③] 研究者在讨论 Facebook 的用户时证实，神经质对 Facebook 的使用具有负面的感知心理。[④] 基于现有研究，我们认为，由于神经质用户对于生活的态度往往是负面的、非乐观的，因此该人格特质用户不会感知到移动音频 App 的有用性。基于此，我们提出以下假设：

H4：神经质人格特质会负向影响用户对移动音频 App 的感知有用性。

5. 宜人性

当用户一旦具备高宜人性人格特质时，自身往往更容易在人际关系中如鱼得水。Barrick 等人认为，令人愉快的个人，即宜人性人格特质得分较高的用户，往往会喜欢涉及人际关系和团队合作的任务，尤其是当其所处的关系需要与他人协作和合作时。[⑤] 研究者 Lin 等人也认为，在大学的公告栏系统中，若用户具备一定的令人愉快的个性，那么他们对感知有用性有积极影响。[⑥] 研究者 Mouakket 在将人格特质与期望确认模型相结合研究时，也证实当用户具备较高宜人性人格特质时，他们对感知有用性具有积极影响。[⑦] 国内研究者也证实高

---

① MAJOR D A, TURNER J E, FLETCHER T D. Linking proactive personality and the big five to motivation to learn and development activity [J]. Journal of applied psychology, 2006, 91 (4): 927 – 935.

② MOUAKKET S. The role of personality traits in motivating users' continuance intention towards Facebook: gender differences [J]. The journal of high technology management research, 2018, 29 (1): 124 – 140.

③ BARNETT T, PEARSON A W, PEARSON R. Five-factor model personality traits as predictors of perceived and actual usage of technology [J]. European journal of information systems, 2015, 24 (4): 374 – 390.

④ MOUAKKET S. The role of personality traits in motivating users' continuance intention towards Facebook: gender differences [J]. The journal of high technology management research, 2018, 29 (1): 124 – 140.

⑤ BARRICK M R, MOUNT M K, JUDGE T A. Personality and performance at the beginning of the new millennium: what do we know and where do we go next? [J]. International journal of selection and assessment, 2001, 9 (1/2): 9 – 30.

⑥ LIN Y C, ONG C S. Understanding information systems continuance intention: a five-factor model of personality perspective [C]. Pacific Asia conference on information systems, 2010.

⑦ MOUAKKET S. The role of personality traits in motivating users' continuance intention towards Facebook: gender differences [J]. The journal of high technology management research, 2018, 29 (1): 124 – 140.

宜人性用户会影响用户的社交认同。① 从社交需求层面来看，音频媒体用户不仅可以借助平台与同好进行交流，还体现在与主播的交流中。音频媒介以声音作为传递的主要工具，不少研究表明，用户在选择音频媒体平台时主播的声音也是其极为关注的因素。声音在虚拟空间中被视为个人形象符号的一种表现，当用户通过声音接触主播时，往往会根据这一符号形象拓展对于主播的个人形象的想象。因而高宜人性人格特质的用户既能在音频媒体 App 中获得与同好的关系建立，自身也可以作为主播，凭借其宜人性的特质吸引用户的关注与喜欢。因此，不论是被动接受还是主动输出，高宜人性人格特质的用户在使用音频过程中将会满足其对于音频媒体的感知有用性，进一步提升其持续使用意愿。因而我们提出以下假设：

H5：宜人性人格特质会正向影响用户对移动音频 App 的感知有用性。

（二）信息系统模型与感知有用性以及期望确认程度之间的关系

系统质量（System Quality，SQ）指的是信息系统的性能或期望的特征，研究者 Wixom 和 Todd 结合前人的研究，提出测量系统质量的两个维度：易得性与可靠性。研究者 DeLone 和 McLean 认为系统质量可以采用易用性、可访问性、可靠性、灵活性等指标来测量，且系统质量对信息系统具有重要影响。易得性是指在排除网络故障的情况下，用户可以顺利且高效地使用移动音频平台。可靠性是指用户在使用移动音频媒体过程中平台运行是否稳定，是否存在不流畅的情况。此外，由于颜值经济的强势所趋，移动音频平台在视觉呈现上也将成为衡量其系统质量的关键因素。因而移动音频平台界面的友好性，例如界面布局结构的合理性等也将成为评估系统质量的重要维度。

信息质量（Information Quality，IQ）指的是信息系统在输出层面的质量，用于判断信息系统语义的成功。研究者 Balog 认为，信息质量可以从四个维度理解：相关性、完整性、及时性和准确性。前人相关研究成果表明，信息质量是衡量信息系统成功的关键因素，它对用户满意度、持续使用意愿也会产生显著影响。研究者侯德林等人认为，信息质量对视频用户满意度的影响具有显著性；研究者 Lee、Park 和 Han 认为，系统的信息质量将会影响网络社区中用户的参

---

① 赵雅文，高岩研，刘拓，等. 人格特质对微信用户朋友圈点赞行为动机影响的研究［J］. 心理与行为研究，2017，15（2）：270－275.

与和接受行为；研究者朱祖平等人基于社群服务背景，针对用户知识付费持续意愿的研究结果显示，系统质量、信息质量和服务质量对用户满意度有显著的影响。研究者孙绍伟等人针对用户图书馆微信公众号持续使用意愿的研究表明，信息系统质量中影响度最小的是系统质量，而后是信息质量，最大的是服务质量。同时，用户满意度对用户的持续使用意愿有显著的正向影响。

服务质量（Service Quality，SQ）指的是用户对系统所提供的服务的规范性期望以及对系统所感知到的服务的差异程度。2003 年，DeLone 和 McLean 在对原有的信息系统成功理论模型修改时提出了服务质量。本研究根据 DeLone 和 McLean 学者的研究认为，服务质量的两个关键测量维度是用户参与及个性化服务。随着移动音频的不断发展，音频媒体与传统的广播媒体有了一定的差异化服务，功能也逐渐完善。音频媒体基于用户需求设置了点赞、评论某一时刻的内容，以及提供内容文稿等服务。有研究者针对旅游类 App 用户的使用，将服务质量测量维度定义为用户参与、个性化服务、价格水平等。也有研究者在研究大学生使用社交媒体时，从便捷性、交互性、个性化方面对其进行测量。基于本研究情景，结合以上学者的研究成果，本研究将从用户参与、个性化服务、便捷性三方面进行考量。

在已有关于网络媒体和用户持续使用意愿关系的研究中，信息系统成功理论是使用较广的一个理论模型。其中平台的信息质量、服务质量、系统质量常被作为影响期望确认程度的关键因素，如张海等人以 ECM－IS 为基础，以移动政务 App 为研究对象，在构建用户持续使用该 App 模型时指出，App 的系统质量、信息质量、服务质量对用户的期望确认程度产生积极的影响。① 成颖迪以腾讯新闻客户端为研究对象，研究证实信息质量与系统质量对用户期望确认程度的影响，移动新闻客户端的实际使用体验与期望吻合，则用户对此新闻客户端的期望确认程度就会很高。卞雪婷在线健康医疗用户持续使用意愿研究结果表明，健康医疗网站所提供的信息质量和服务质量与用户网站感知有用性以及期望确认程度存在正相关，但未证实系统质量对于期望确认程度以及感知有用性的影响。② 赵杨等人以移动图书馆 App 为研究对象，研究结果表明移动图书馆 App 给用户提供的服务质量、信息质量以及系统质量对使用该平台用户的期

① 张海，姚瑞红．ECM－IS 视角下移动政务 App 用户持续使用意愿影响因素研究［J］．重庆邮电大学学报（社会科学版），2020（1）：92－101．

② 赵雅文，高岩研，刘拓，等．人格特质对微信用户朋友圈点赞行为动机影响的研究［J］．心理与行为研究，2017，15（2）：270－275．

望确认程度有一定的影响。① 郭财强等人通过对194名图书馆用户进行为期3个月的持续追踪，研究结果表明，不同时间段系统质量、信息质量、服务质量对于感知有用性以及期望确认程度的影响不同，但最终结果表明，服务质量是影响移动图书馆用户持续使用意愿的重要因素。② 张镨心等人以新浪为例，针对大学生用户展开社交软件持续使用意愿的研究，证实微博的系统质量以及服务质量正向影响用户的感知有用性，但信息质量对感知有用性并没有显著影响。③

国外学者Seddon认为系统质量越好，用户对信息系统的感知有用性则越强。④ Todd等人也研究证实信息系统的信息质量会对用户感知有用性产生影响，从而影响用户的使用意愿。⑤ 研究者基于韩国334名用户移动即时通信数据，证实用户的感知服务质量会影响其期望确认程度。⑥

综上，对于移动音频App平台而言，信息系统内容的高质量、系统平台自身的稳定性与可靠性、服务层面的个性化功能将有助于满足用户对该平台的内容和服务的需求，进而增强用户持续使用该平台的意愿。因此，结合已有的研究，本研究也将移动音频平台的系统质量、信息质量、服务质量纳入到考察用户移动音频平台持续使用意愿的研究中，并提出以下假设：

H6：移动音频App的系统质量会正向影响用户对该平台的期望确认程度。

H7：移动音频App的系统质量会正向影响用户对该平台的感知有用性。

H8：移动音频App的信息质量会正向影响用户对该平台的期望确认程度。

H9：移动音频App的信息质量会正向影响用户对该平台的感知有用性。

H10：移动音频App的服务质量会正向影响用户对该平台的期望确认程度。

H11：移动音频App的服务质量会正向影响用户对该平台的感知有用性。

---

① 赵杨，高婷. 移动图书馆App用户持续使用影响因素实证研究［J］. 情报科学，2015，33（6）：95－100.

② 郭颖，娄策群. 人格特征对大学生微信用户信息交流行为的影响［J］. 情报科学，2016，34（9）：49－54. DOI：10.13833/j.cnki.is.2016.09.011.

③ 杨蔚. “移动人”的音频世界：关于音频新媒体用户的使用行为与态度的调查［J］. 中国广播，2015（12）：26－30. DOI：10.16694/j.cnki.zggb.2015.12.018.

④ SEDDON P B. A respecification and extension of the DeLone and McLean model of IS success［J］. Information systems research，1997，8（3）：240－253.

⑤ WIXOM B H，TODD P A. A theoretical integration of user satisfaction and technology acceptance［J］. Information systems research，2005，16（1）：85－102.

⑥ OGHUMA A P，LIBAQUE－SAENZ C F，WONG S F，et al. An expectation－confirmation model of continuance intention to use mobile instant messaging［J］. Telematics and informatics，2016，33（1）：34－47.

（三）用户满意度、感知有用性、期望确认程度与持续使用意愿的关系

现有研究中关于期望确认理论变量关系的讨论已十分成熟，本研究将在以往研究的基础上，针对移动音频 App 进一步讨论各变量之间的关系。

以往研究认为用户满意度是指用户需求被满足的程度，在本研究中，用户满意度是指用户使用移动音频媒介的满意程度。期望确认理论认为，若用户对产品感到满意，那么很可能会促使用户继续使用该产品，用户满意度成为决定用户选择持续使用该产品的主要原因。因而用户对移动音频的体验越是满意，其选择使用该平台的意愿也会越强烈。基于大量的文献研究以及对用户满意度的相关变量的考量，本研究将借鉴认可度较高的 Bhattacherjee 和 Thong 等人的用户满意度测量量表。

就本研究而言，感知有用性是指用户在使用移动音频平台时，该平台可以与用户自身的需求相匹配，进而满足自己的需求。在期望确认理论中，感知有用性影响用户的持续使用意愿。有研究者指出，感知有用性不仅可以影响用户对于信息的首次采用，而且还是用户满意度以及持续使用的重要因素。同时，根据文献综述结果，本研究将采用较成熟的戴维斯感知有用性的测量指标，结合用户移动音频实际使用情况进行测量。

根据期望确认理论，用户的期望确认程度指的是用户在使用该产品前所产生的预期值，在使用产品后得以满足和确认的程度。已有大量研究表明，期望确认程度是直接影响用户感知有用性以及用户满意度的重要因素。结合本研究对象移动音频 App，期望确认程度则是指用户在使用移动音频平台后，根据实际使用效果对使用前的期望达成情况作的评价。该评价将影响用户对于移动音频媒介的用户满意度，进而影响用户对该平台的持续使用意愿。

综上，本研究提出以下假设：

H12：用户对移动音频 App 的满意度会正向影响其持续使用意愿。

H13：用户对移动音频 App 的感知有用性会正向影响其满意度。

H14：用户对移动音频 App 的期望确认程度会正向影响其感知有用性。

H15：用户对移动音频 App 的期望确认程度会正向影响其满意度。

二、研究模型建构

本研究以期望确认模型为基础，分别从用户属性、行为属性、媒体属性三

个维度尝试建构移动音频App用户持续使用意愿的模型，其中用户属性以人格特质研究中大五人格的测量展开讨论，媒体属性则基于信息系统成功理论展开媒体平台的分析。依托于本研究的研究问题，以及相关文献所提出的假设，在此初步建构本研究的理论模型。

结合上文研究发现，持续使用意愿反映的是用户对未来使用意愿或行为的主观判断，用户的持续使用意愿越强，则预期用户使用行为的概率就越大，因而本研究将以用户的持续使用意愿来考察用户对于移动音频媒体的主观选择倾向。结合已有的研究结果可以发现，当前关于持续使用意愿层面的研究理论主要围绕期望确认理论、理性行为理论、技术接受理论以及使用与满足理论、计划行为理论。其中，基于期望确认理论和信息系统成功理论的研究在国外较为丰富；在国内研究层面，有关这两种理论的研究相对较少，反而多集中于技术接受理论层面。此外，在考量期望确认理论的发展适用性层面上，目前研究基于该理论的演变理论模型主要有以下三种类型：结合期望确认模型，在变量感知有用性和期望确认程度的基础上增加部分前置的变量，通过间接的影响作用于用户满意度，进而影响用户的持续使用意愿；在期望确认模型基础上，扩充感知有用性的边界，基于不同的研究场景，提出感知风险、感知娱乐、感知收益等影响因素；将期望确认模型直接与其他理论模型相结合，例如价值感知理论、技术接受理论等。综上，由于当前国内对于用户持续使用意愿的研究在期望确认理论层面相对较少，而该理论在相关的研究中已被证明具有一定的适用性和普遍性，因而本研究将以期望确认模型为理论基础，以期扩展该理论模型在特定场景下的应用。

当前对于移动音频的研究数量篇幅较少，基于本研究对象以及研究目的，本研究认为考量用户的持续使用意愿除了从用户行为属性层面，即用户心理期望确认程度出发，还应该从用户的固有特质以及媒体层面展开深入讨论。本研究认为人格特质反映的是用户的固有属性，能够从本质上反映用户的主观倾向，已有的研究也证实，人格特质可以反映用户的行为倾向，因而本研究将增加人格特质这一变量对用户展开更加深入的讨论。与此同时，由于大五人格在人格特质测量层面的研究已经相对成熟，因而本研究对人格特质这一变量的测量也将采用被当前学界广泛应用的大五人格来考察移动音频用户的人格特质。

而在媒体属性层面，结合以上文献研究可以发现，信息系统成功理论的发展最早被证实可以应用于研究信息系统的用户行为，而后也有部分研究基于信息系统成功理论模型，整合了相关影响因素用于研究特定情景下的用户持续使用行为。同时，还有部分研究整合其他理论，如期望确认理论、信任理论等研究用户的持续使用行为。基于以上研究背景以及文献综述可以发现，当前信息系统成功理论与期望确认理论的结合，已被应用于用户满意度以及持续使用行为层面。但由于对音频领域的研究一直以来相对较少，对该部分的用户研究也相对较少，因而本研究将基于期望确认理论，结合信息系统成功理论，深度剖析音频媒体的特性以及音频媒体用户满意度和持续使用意愿，如图 8－2 所示。

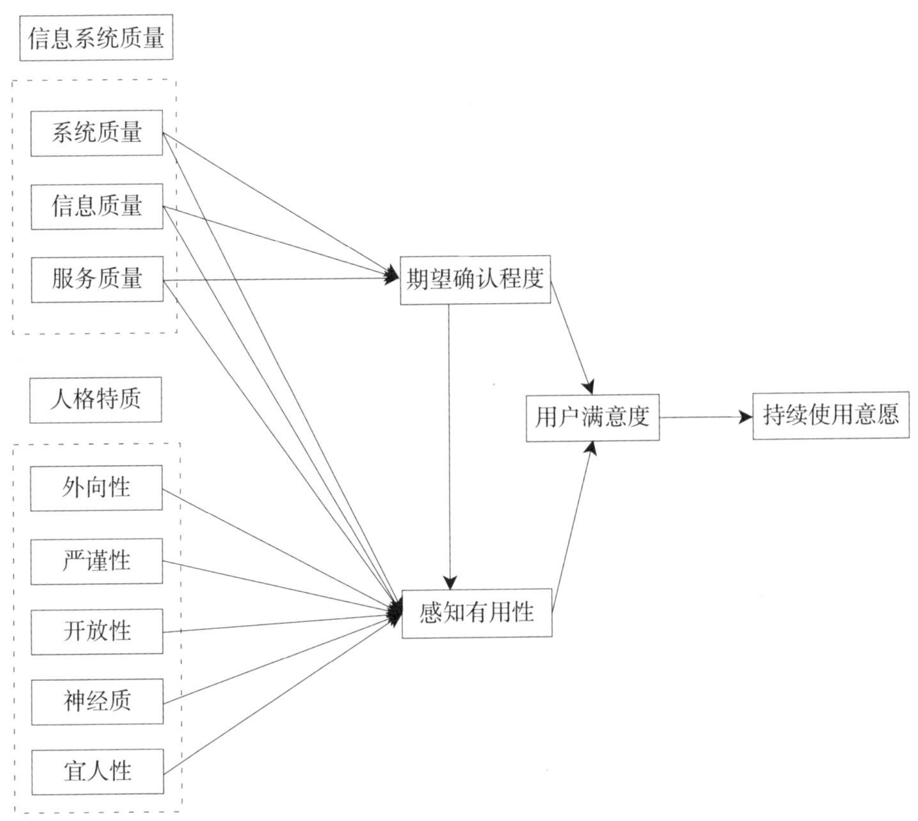

图 8－2 假设理论模型

第四节　调查设计

一、研究问卷设计

本研究基于期望确认理论量表，加入中国版本大五人格量表以及信息系统成功理论量表。该量表一共涵盖 24 个题项，并以陈述句语句表达，选项以李克特五级量表作为衡量标准，如表 8－1 所示：

表 8－1　量表来源

变量	测量题项	参考来源
期望确认程度	移动音频 App 的使用体验，比我预期的要好 移动音频 App 的内容非常优质，超出了我的预期 移动音频 App 的服务水平超出了我的预期 总的来说，我对移动音频 App 的预期基本都实现了	Oliver（1980）；Bhattacherjee（2001）
用户满意度	我对使用移动音频 App 的过程和体验感到满意 对我来说，使用移动音频 App 是一个明智的选择 我认同并且乐于使用移动音频 App	Bhattacherjee（2001）
持续使用意愿	我愿意继续使用移动音频 App 我愿意向亲朋好友推荐使用移动音频 App 我愿意继续使用移动音频 App 的更多功能	Bhattacherjee（2001）；Hong 等（2006）
感知有用性	我使用移动音频 App 获得了很多信息 使用移动音频 App 时，我获取信息的效率很高 移动音频 App 为我提供了方便的获取信息的途径 总体而言，我认为移动音频 App 对我来说是有用的	Bhattacherjee（2001）；Davis（1989）

（续上表）

变量	测量题项	参考来源
信息质量	移动音频 App 提供的信息是准确的、合理的 移动音频 App 提供的信息是充分的、完整的 移动音频 App 提供的信息是及时更新的 移动音频 App 提供的信息是符合我的需求的	Hsu（2000）；Parasurama（2005）；Zhou 等（2011）
系统质量	移动音频 App 的响应速度快、运行稳定、操作简单方便 移动音频 App 的相关功能齐全，使用较为方便 移动音频 App 安全可靠，可以保护我的隐私	Hsu（2000）；Parasurama（2005）
服务质量	移动音频 App 能为我提供及时的服务 移动音频 App 能够给我提供个性化的推荐和专业指导，满足我的个性化需求	Hsu（2000）；Parasurama（2005）
	我在移动音频 App 提出的问题与疑惑，可以得到平台或者其他用户的及时解答	Hsu（2000）；Parasurama（2005）
神经质	我常担忧一些无关紧要的事情 我常常感到内心不踏实 我常担心有什么不好的事情要发生	Zhang X. T., Wang M. C., He L. N., et al（2019）
严谨性	我喜欢一开头就把事情计划好 我工作或学习很勤奋 做事讲究逻辑和条理是我的一个特点	
宜人性	我觉得大部分人基本上是心怀善意的 虽然社会上有些骗子，但我觉得大部分人还是可信的 尽管人类社会存在着一些阴暗的东西（如战争、罪恶、欺诈），我仍然相信人性总的来说是善良的	
外向性	我是个勇于冒险、突破常规的人 我喜欢冒险 我身上具有别人没有的冒险精神	
开放性	我对人多的聚会感到乏味（反向） 我尽量避免参加人多的聚会和嘈杂的环境（反向） 我喜欢参加社交与娱乐聚会	

二、研究问卷结构

人格特质对移动音频 App 持续使用意愿影响的调查问卷一共分为四个部分：用户人格特质测试意愿表、用户移动音频 App 的使用情况、用户移动音频 App 持续使用影响因素、用户个人基本资料。

第一部分：该部分采用中国大五人格问卷简式版（CBF－PI－15）量表，包含 15 个条目，每个条目涵盖 3 个维度。本研究量表采用李克特五级量表的形式，量表评价指标由“非常不同意”到“非常同意”，共 5 个等级。

第二部分：该部分针对用户移动音频 App 的媒体使用情况展开调查，主要包括安装移动音频 App 的数量、使用移动音频 App 的目的等内容。

第三部分：移动音频 App 持续使用影响因素调查。该部分主要涵盖 7 个变量，分别是期望确认程度、感知有用性、用户满意度、信息质量、系统质量、服务质量、持续使用意愿。量表同样采用李克特五级量表的形式，由“非常不同意”到“非常同意”。

第四部分：本部分的内容主要是移动音频 App 用户的人口统计学相关变量，涵盖性别、年龄、学历、职业。

第五节　调查结果

一、问卷预调查

（一）预调查问卷发放与回收

为了确保正式问卷的可行性，本研究根据研究问题设置了一定规模的预调研，调研形式以网络问卷为主，对移动音频 App 用户展开了调查。此次调研涵盖不同年龄、不同受教育程度、不同职业群体的样本画像。预调研中，线上网络问卷共回收 71 份，经过以问卷筛选项、题目漏选和多个选项重复的原则标准对所回收问卷进行处理后，剔除了无效问卷 8 份，保留有效问卷 63 份，有效率达到 88.7%。

（二）预调查信度分析

信度分析主要用来检测分析结果的稳定性或者说一致性，即通过多次对问卷数据分析，来观察分析结果是否一致，以确定实证研究结果的真实性或可靠性。通常而言，在不同时间段内、不同的被调查者间以及不同打分者间进行信度检验，最终得到的结果一致性越高，说明问卷信度越高。

本研究以 Cronbach's α 信度系数法对问卷展开信度分析，α 信度系数计算公式为：

$$\alpha = \frac{K}{K-1}\left(1 - \frac{\sum S_i^2}{S_T^2}\right)$$

K 为量表中题项的总数，S_i^2 为第 i 题得分的题内方差，S_T^2 为全部题项总得分的方差。α 信度系数取值在 0～1 之间，目前现有的研究 α 信度系数的指标值一般为 0.7～0.9。本研究量表的信度分析结果如表 8－2 所示。数据显示总量表问卷在 0.8 以上，分维度在 0.7 以上，符合信度要求。

表 8－2　预调研信度分析

变量	Cronbach's α 系数	项目数
外向性	0.828	3
严谨性	0.763	3
开放性	0.891	3
宜人性	0.834	3
神经质	0.755	3
系统质量	0.839	3
信息质量	0.818	4
服务质量	0.816	3
感知有用性	0.753	4
期望确认程度	0.753	4
用户满意度	0.909	3
持续使用意愿	0.929	3
总问卷	0.951	24

（三）预调查效度分析

效度分析用于检验问卷是否具备有效性，主要是考察测量题量是否合理。效度分析分为效标效度、内容效度、结构效度。本研究采用结构效度分析，以探索性因子分析法进行检验。在采用探索性因子分析法前，先对量表采取 KMO 和 Bartlett 球形检验，用于检验各变量之间的相关性。

本量表的效度分析结果如表 8－3 所示。从数据可知，KMO 值均大于 0.7，Sig. 为 0.000，小于 0.05，因而本研究变量之间的相关性尚可，可以按标准进行下一步的因子分析。已有研究结果显示，在因子分析中，若因子载荷系数大于 0.5，累计解释方差大于 50% 时，说明该量表的效度良好。此外，由于人格特质的量表研究已较为成熟，且得到了研究者的效度分析证明，本研究将不再继续讨论。

表 8－3　预调研效度分析

变量	题项	因子载荷系数	KMO	Sig.	累计解释方差
信息质量	IQ1	0.875	0.856	0.000	69.40%
	IQ2	0.823			
	IQ3	0.831			
	IQ4	0.833			
系统质量	SQ1	0.867	0.742	0.000	74.88%
	SQ2	0.858			
	SQ3	0.893			
服务质量	QS1	0.866	0.796	0.000	79.32%
	QS2	0.843			
	QS3	0.853			
感知有用性	PU1	0.899	0.855	0.000	75.73%
	PU2	0.792			
	PU3	0.852			
	PU4	0.866			

（续上表）

变量	题项	因子载荷系数	KMO	Sig.	累计解释方差
期望确认程度	CO1	0.888	0.821	0.000	76.76%
	CO2	0.836			
	CO3	0.873			
	CO4	0.885			
用户满意度	SA1	0.802	0.802	0.000	71.20%
	SA2	0.861			
	SA3	0.898			
持续使用意愿	CH1	0.871	0.763	0.000	77.84%
	CH2	0.888			
	CH3	0.806			

二、正式问卷调查

（一）正式问卷发放与回收

经过预调研问卷的信度以及效度检验后，最终形成正式问卷，见附录5。本研究通过向移动音频 App 微信群和各大移动音频 App 平台发送线上问卷链接，以及面向校园群体发送线上问卷，共收回问卷 576 份。通过问卷的甄别，最终剔除无效问卷 73 份，保留有效问卷 503 份，有效率达到 87.3%。

（二）正式问卷描述性统计分析

1. 人口统计学信息描述性分析

正式问卷中分别统计了样本的性别、年龄、学历以及职业等方面的人口统计学相关信息，如表 8－4 所示。

在此次正式问卷样本中，男性占比 53.1%，共 267 人；女性占比 46.9%，共 236 人，男女比例差别小，男性用户仅高出部分女性用户，符合现有相关移动音频 App 用户数据中男性数量高于女性数量的趋势；年龄段的分布主要在 16～35 岁，占比 72.4%，共 364 人，也符合现有移动音频 App 用户年龄画像年轻化的趋势；学历分布上，本科、硕士及以上占比分别为 62.6% 和 19.3%；职业分布上，学生占比最多，为 38%，其次为企业类，占比 27.2%。

表 8－4　正式样本人口统计特征（$N=503$）

变量	类别	频次	百分比	有效百分比	累计百分比
性别	男	267	53.1	53.1	53.1
	女	236	46.9	46.9	100.0
年龄	15 岁及以下	41	8.2	8.2	8.2
	16～25 岁	203	40.4	40.4	48.6
	26～35 岁	161	32.0	32.0	80.6
	36～45 岁	64	12.7	12.7	93.3
	45 岁以上	34	6.8	6.8	100.0
学历	高中及以下	44	8.7	8.7	8.7
	大学专科	47	9.3	9.3	18.0
	大学本科	315	62.6	62.6	80.6
	硕士及以上	97	19.3	19.3	100.0
职业	学生	191	38.0	38.0	38.0
	事业单位/公务员/政府工作人员	87	17.3	17.3	55.3
	私企、外企	137	27.2	27.2	82.5
	个体户	40	8.0	8.0	90.5
	自由职业者	48	9.5	9.5	100.0

2. 移动音频 App 使用情况描述性分析

移动音频 App 使用情况的描述性分析将从用户使用平台的选择、使用场景的选择以及移动音频 App 安装个数和使用频率展开。

由表 8－5 可知，在所有样本音频 App 选择中，喜马拉雅 FM 占比 49.7%、荔枝 FM 占比 23.5%、蜻蜓 FM 占比 6.9%，这三款移动音频 App 在调查总样本中占据前三，符合当下移动音频市场三巨头的现状，其中喜马拉雅 FM 的用户占比仍为最高。

表 8 - 5　正式样本移动音频 App 用户使用情况

常用移动音频 App 的名称	响应	百分比	
	个案数	百分比	个案百分比
喜马拉雅 FM	489	49. 70	97. 30
荔枝 FM	231	23. 50	45. 90
蜻蜓 FM	68	6. 90	13. 50
Apple Podcast	80	8. 10	15. 90
小宇宙	50	5. 10	10. 00
Spotify	59	6. 00	11. 80
其他	7	0. 70	1. 40
总计	984	100. 00	195. 80

使用移动音频 App 场景选择的调研结果如表 8 - 6 所示。样本数据中缓解情绪、纾解焦虑占比较高，为 26. 8%。后疫情时代用户普遍关注心理健康，国民对于心理问题的重视在一定程度上也体现在用户选择音频 App 场景的需求上。此外，在想听好听的声音以及随便听听的场景下，用户选择较为均匀，进一步说明当前用户对于音频主播的个人特色以及音频媒体所独有的伴随性需求。

表 8 - 6　正式样本移动音频 App 用户使用场景

经常使用移动音频 App 的场景	响应	百分比	
	个案数	百分比	个案百分比
缓解情绪、纾解焦虑	365	26. 80	72. 60
了解一些我感兴趣的信息	158	11. 60	31. 40
想听好听的声音	313	23. 00	62. 20
睡不着，助眠	212	15. 60	42. 10
无聊，随便听听	308	22. 60	61. 20
其他	7	0. 50	1. 40
总计	1363	100. 00	271. 00

移动音频 App 用户使用频率的结果如表 8 - 7 所示。样本数据在每天使用 1 次至每周 2 ~ 3 次的用户占所有用户的 89. 1%；在单次使用频率上，样本数据显

示3小时以内的总计占比为80.9%，这主要可能源自于当前移动音频App的内容往往较长。

表8-7　正式样本移动音频App用户使用频率

变量		频次	百分比	有效百分比	累计百分比
安装个数	1个	135	26.8	26.8	26.8
	2~3个	215	42.7	42.7	69.6
	3个以上	153	30.4	30.4	100.0
使用次数	每天1次	142	28.2	28.2	28.2
	每天2次及以上	203	40.4	40.4	68.6
	每周2~3次	103	20.5	20.5	89.1
	每个月2~3次	34	6.8	6.8	95.8
	每个月3次以上	21	4.2	4.2	100.0
使用时间	30分钟以内	128	25.4	25.4	25.4
	30分钟到1小时	168	33.4	33.4	58.8
	1~3小时	111	22.1	22.1	80.9
	3~5小时	53	10.5	10.5	91.5
	5小时以上	43	8.5	8.5	100.0

3. 人格特质描述性分析

研究样本中的用户人格特质的调研结果如表8-8所示。从表中可以看出在大五人格特质的排序中，由高到低依次为：神经质、严谨性、宜人性、开放性、外向性。由于用户的人格特质不具备一定的分布规律，因而本研究不做进一步具体的阐述，但会针对目前已有样本数据的用户人格特质做简单的描述性分析。

表8-8　正式样本人格特质描述性分析

变量	数字	最小值	最大值	平均值	标准偏差
神经质	503	1.00	5.00	3.48	1.01
严谨性	503	1.00	5.00	3.46	0.96
宜人性	503	1.00	5.00	3.42	0.99

（续上表）

变量	数字	最小值	最大值	平均值	标准偏差
开放性	503	1.00	5.00	3.40	0.93
外向性	503	1.00	5.00	3.39	0.94

（三）正式问卷信度效度检验

尽管在前期预调研中问卷的信度与效度在经过检验后都达到了显著性的水平，但为了保证研究的科学性，本次正式问卷调研也将评估所有数据的信度与效度，以期保证最终数据的可靠性以及有效性。信度的检验方法仍然是以 Cronbach's α 信度系数为准，效度检验则采取 KMO 和 Bartlett 球形检验。

在对本次样本数据进行信度检验时，根据过往研究结果显示，若 α 信度系数小于 0.6，则认为当前问卷内部信度不足；若 α 信度系数在 0.7 ~ 0.8 之间时，则认为当前量表具有一定的信度；若系数值可以达到 0.8 ~ 0.9 之间时，则可以说明该量表信度非常好。现有研究结果表明，在基础研究中 α 信度系数至少应达到 0.8 才可以接受，在探索研究中 α 信度系数至少应达到 0.7 才能接受，而在实务研究中 α 信度系数达到 0.6 即可。

由表 8 - 9 可知，本研究各变量信度均大于 0.7，因此本研究问卷具有良好的信度。

表 8 - 9 正式调研信度分析

变量	Cronbach's α 系数	项目数
神经质	0.873	3
严谨性	0.793	3
宜人性	0.813	3
开放性	0.765	3
外向性	0.788	3
信息质量	0.846	4
系统质量	0.803	3
服务质量	0.831	3
感知有用性	0.843	4

（续上表）

变量	Cronbach's α 系数	项目数
期望确认程度	0.842	4
用户满意度	0.743	3
持续使用意愿	0.836	4

效度检验将继续采用 KMO 和 Bartlett 球形检验两种方法，结果如表 8－10 所示。根据现有研究可知，本研究所收集数据的 KMO 值均在 0.7 以上，因而可以进行探索性因子分析。通过数据显示，经过探索性因子分析后，本研究的因子载荷系数均达到了 0.5 以上。本研究所选取的量表均是成熟量表，各变量的累计解释方差达到 65% 以上，结合数据结果可以看出，本研究所选量表具备一定的解释性，在效度检验结果中也显示出显著的可靠性。

表 8－10　正式调研效度分析

变量	题项	因子载荷系数	KMO	Sig.	累计解释方差
信息质量	IQ1	0.895	0.800	0.000	68.60%
	IQ2	0.809			
	IQ3	0.804			
	IQ4	0.801			
系统质量	SQ1	0.885	0.705	0.000	72.26%
	SQ2	0.844			
	SQ3	0.819			
服务质量	QS1	0.896	0.707	0.000	74.88%
	QS2	0.847			
	QS3	0.852			
感知有用性	PU1	0.873	0.813	0.000	68.10%
	PU2	0.792			
	PU3	0.823			
	PU4	0.811			

（续上表）

变量	题项	因子载荷系数	KMO	Sig.	累计解释方差
期望确认程度	CO1	0.875	0.809	0.000	67.93%
	CO2	0.794			
	CO3	0.818			
	CO4	0.807			
用户满意度	SA1	0.786	0.705	0.000	66.60%
	SA2	0.834			
	SA3	0.828			
持续使用意愿	CH1	0.892	0.717	0.000	75.43%
	CH2	0.857			
	CH3	0.856			

（四）正式问卷相关分析

相关分析是一种用以判断变量之间是否存在关系，以及是否为正负关系的数据分析方法，变量之间的线性相关程度用相关系数来表示。一般而言，当系数绝对值趋近于1，则表示变量之间的关系强；若系数绝对值趋近于0，则变量之间的关系就弱，系数通常在 -1 ~ 1 之间波动。

相关系数涵盖三种：Pearson、Spearman、Kendall。Pearson 系数用于衡量 2 个连续变量之间的线性相关程度，一般而言，数据连续变量的取值要服从正态分布；Spearman 系数（又称等级相关系数）用于衡量 2 个变量之间的排序位置的相关程度，一般而言，Spearman 系数常用于计算分类变量、等级变量、离散型数据之间的相关性；Kendall 系数则常用于衡量有序的分类变量间的相关系数。

Kendall 系数常应用于研究多个统计对象，且每个对象满足两个属性，进而检查这两个属性的变化是否存在一致的情形；Spearman 系数主要用于判断分类或等级变量之间的关联性。根据本研究现有情况来看，将采用 Pearson 系数做数据分析。一般而言，Pearson 系数规则为：当系数绝对值小于或等于 0.3，则表示变量之间存在弱相关或者不存在线性相关；若绝对值在 0.3 ~ 0.5 之间，则表示变量之间是弱相关；若绝对值处于 0.5 ~ 0.8，则变量之间是强线性相关，有明显的相关性；若绝对值大于0.8，则变量之间存在极强的线性相关。在检验变量之间的相关性显著性时，根据已有研究标准，我们认为若显著性系数小于0.05，则表示显著性可靠，显著性系数越小，则表明样本数据的可信度越高。

从现有模型来看，移动音频App用户人格特质对用户的感知有用性有影响；移动音频App信息系统质量，包括系统质量、信息质量以及服务质量对感知有用性以及期望确认程度有影响；而基于期望确认理论，用户的期望确认程度对感知有用性有一定影响；感知有用性和期望确认程度对用户满意度存在影响，而用户满意度又将影响用户的持续使用意愿。下文将通过相关分析来验证以上假设是否成立，可以和本研究的理论模型相互匹配。

1. 大五人格特质与感知有用性的相关分析

将移动音频App用户的大五人格特质（神经质、外向性、开放性、宜人性、严谨性）与感知有用性进行相关分析，结果如表8－11所示。一般而言，当Pearson系数显示为正数时，变量之间关系为正相关；而当Pearson系数显示为负数时，则变量关系为负相关。显著性系数小于0.05时，则表明显著性是可靠的，系数值越小样本数据的可信度越高。结合表8－11可以看到，除了神经质特质与感知有用性呈现负相关以外，均为正相关，且各变量的显著性都满足小于0.05。

表8－11　大五人格特质与感知有用性的相关分析

变量		神经质	严谨性	宜人性	开放性	外向性	感知有用性
神经质	Pearson 相关	1.000	－0.714**	－0.724**	－0.711**	－0.736**	－0.607**
	Sig.（双尾）		0.000	0.000	0.000	0.000	0.000
	N	503	503	503	503	503	503
严谨性	Pearson 相关	－0.714**	1.000	0.812**	0.799**	0.752**	0.633**
	Sig.（双尾）	0.000		0.000	0.000	0.000	0.000
	N	503	503	503	503	503	503

（续上表）

变量		神经质	严谨性	宜人性	开放性	外向性	感知有用性
宜人性	Pearson 相关	-0.724**	0.812**	1.000	0.835**	0.783**	0.608**
	Sig.（双尾）	0.000	0.000		0.000	0.000	0.000
	N	503	503	503	503	503	503
开放性	Pearson 相关	-0.711**	0.799**	0.835**	1.000	0.759**	0.620**
	Sig.（双尾）	0.000	0.000	0.000		0.000	0.000
	N	503	503	503	503	503	503
外向性	Pearson 相关	-0.736**	0.752**	0.783**	0.759**	1.000	0.647**
	Sig.（双尾）	0.000	0.000	0.000	0.000		0.000
	N	503	503	503	503	503	503
感知有用性	Pearson 相关	-0.607**	0.633**	0.608**	0.620**	0.647**	1.000
	Sig.（双尾）	0.000	0.000	0.000	0.000	0.000	
	N	503	503	503	503	503	503

**：在置信度（双侧）为 0.01 时，相关性是显著的。

基于此，根据大五人格特质与感知有用性的相关分析结果，本研究的以下几个结果得到了初步的验证：

H1：外向性人格特质会正向影响用户对移动音频 App 的感知有用性。

H2：严谨性人格特质会正向影响用户对移动音频 App 的感知有用性。

H3：开放性人格特质会正向影响用户对移动音频 App 的感知有用性。

H4：神经质人格特质会负向影响用户对移动音频 App 的感知有用性。

H5：宜人性人格特质会正向影响用户对移动音频 App 的感知有用性。

2. 信息系统质量与感知有用性以及期望确认程度的相关分析

将移动音频 App 的信息质量、系统质量、服务质量与变量感知有用性进行相关分析，结果如表 8 - 12 所示。数据显示，信息质量、系统质量、服务质量与变量感知有用性 Pearson 系数显示变量都在 0.01 水平上显著，表示信息质量、系统质量、服务质量与感知有用性正相关；信息质量、系统质量、服务质量与变量期望确认程度 Pearson 系数显示变量都在 0.01 水平上显著，表示信息质量、系统质量、服务质量与期望确认程度正相关。

表 8－12　信息系统质量与感知有用性以及期望确认程度的相关分析

变量		信息质量	系统质量	服务质量	感知有用性	期望确认程度
信息质量	Pearson 相关	1.000	0.504**	0.514**	0.486**	0.489**
	Sig.（双尾）		0.000	0.000	0.000	0.000
	N	503	503	503	503	503
系统质量	Pearson 相关	0.504**	1.000	0.495**	0.513**	0.550**
	Sig.（双尾）	0.000		0.000	0.000	0.000
	N	503	503	503	503	503
服务质量	Pearson 相关	0.514**	0.495**	1.000	0.518**	0.496**
	Sig.（双尾）	0.000	0.000		0.000	0.000
	N	503	503	503	503	503
感知有用性	Pearson 相关	0.486**	0.513**	0.518**	1.000	0.535**
	Sig.（双尾）	0.000	0.000	0.000		0.000
	N	503	503	503	503	503
期望确认程度	Pearson 相关	0.489**	0.550**	0.496**	0.535**	1.000
	Sig.（双尾）	0.000	0.000	0.000	0.000	
	N	503	503	503	503	503

**：在置信度（双侧）为 0.01 时，相关性是显著的。

基于此，根据信息系统质量与感知有用性以及期望确认程度的相关分析结果，本研究的以下几个结果得到了初步的验证：

H6：移动音频 App 的系统质量会正向影响用户对该平台的期望确认程度。

H7：移动音频 App 的系统质量会正向影响用户对该平台的感知有用性。

H8：移动音频 App 的信息质量会正向影响用户对该平台的期望确认程度。

H9：移动音频 App 的信息质量会正向影响用户对该平台的感知有用性。

H10：移动音频 App 的服务质量会正向影响用户对该平台的期望确认程度。

H11：移动音频 App 的服务质量会正向影响用户对该平台的感知有用性。

3. 感知有用性、期望确认程度与用户满意度的相关分析

将移动音频 App 的感知有用性、期望确认程度与用户满意度进行相关分析，结果如表 8－13 所示。数据显示，期望确认程度与用户满意度的相关性系数为 0.804、期望确认程度与持续使用意愿的相关性系数为 0.539、感知有用性与期望确认程度的相关性系数为 0.535、感知有用性与用户满意度的相关性系数为 0.492、用户满意度与持续使用意愿的相关性系数为 0.558。结果表明，各变量之间都在 0.01 水平上显著，因而变量感知有用性、期望确认程度与用户满意度正相关，用户满意度进一步与持续使用意愿正相关。

表 8－13　感知有用性、期望确认程度与用户满意度的相关分析

变量		用户满意度	持续使用意愿	期望确认程度	感知有用性
用户满意度	Pearson 相关	1.000	0.558**	0.804**	0.492**
	Sig.（双尾）		0.000	0.000	0.000
	N	503	503	503	503
持续使用意愿	Pearson 相关	0.558**	1.000	0.539**	0.534**
	Sig.（双尾）	0.000		0.000	0.000
	N	503	503	503	503
期望确认程度	Pearson 相关	0.804**	0.539**	1.000	0.535**
	Sig.（双尾）	0.000	0.000		0.000
	N	503	503	503	503
感知有用性	Pearson 相关	0.492**	0.534**	0.535**	1.000
	Sig.（双尾）	0.000	0.000	0.000	
	N	503	503	503	503

**：在置信度（双侧）为 0.01 时，相关性是显著的。

基于此，根据期望确认理论的相关变量分析结果，本研究的以下几个结果

得到了初步的验证：

H12：用户对移动音频 App 的满意度会正向影响其持续使用意愿。

H13：用户对移动音频 App 的感知有用性会正向影响其满意度。

H14：用户对移动音频 App 的期望确认程度会正向影响其感知有用性。

H15：用户对移动音频 App 的期望确认程度会正向影响其满意度。

一般而言，相关分析是回归分析的前提，相关分析是对变量之间的相关程度进行分析。但由于相关分析无法预测变量之间的关系的具体形式，因而还需要回归分析进一步验证假设。在上述相关分析中，已经说明和验证了大五人格特质与感知有用性之间的关系和影响方向以及影响程度的大小。接下来将采用回归分析继续解释自变量与因变量之间的影响关系强度，以此对假设理论模型进行验证。

（五）正式问卷回归分析

回归分析是研究探索两个或多个变量之间的线性或非线性的关系，以希望找到一个自变量的公式预测应变量。

按照自变量的多少，回归分析方法可分为一元回归分析和多元回归分析；按照因变量的多少，回归分析方法可分为简单回归分析和多重回归分析；按照自变量和因变量的关系类型，回归分析方法可分为线性回归分析和非线性回归分析。本研究拟考察人格特质和信息系统质量分别对感知有用性以及期望确认程度的影响，将研究数据呈现如下：

1. 感知有用性及其影响因素之间的回归分析

以五种人格特质为自变量、感知有用性为因变量的回归分析结果如表 8 – 14 所示。

表 8 – 14　感知有用性及人格特质因素之间的回归分析

模型		非标准化系数		标准化系数	t	Sig.	R^2	F
		B	标准错误	Beta				
1	（常量）	1. 739	0. 275		6. 318	0. 000	0. 482	94. 602
	神经质	–0. 128	0. 039	–0. 171	–3. 273	0. 001		

（续上表）

模型		非标准化系数		标准化系数	t	Sig.	R^2	F
		B	标准错误	Beta				
1	严谨性	0.198	0.059	0.207	3.335	0.001		
	外向性	0.256	0.056	0.267	4.566	0.000		
	开放性	-0.005	0.064	-0.005	-0.075	0.940		
	宜人性	0.134	0.065	0.135	2.075	0.039		

因变量：感知有用性。

以信息系统质量三个变量为自变量、感知有用性为因变量的回归分析结果如表 8-15 所示。

表 8-15　感知有用性及信息系统质量因素之间的回归分析

模型		非标准化系数		标准化系数	t	Sig.	R^2	F
		B	标准错误	Beta				
1	（常量）	0.882	0.147		6.011	0.000	0.383	103.443
	信息质量	0.205	0.043	0.206	4.730	0.000		
	系统质量	0.265	0.042	0.272	6.327	0.000		
	服务质量	0.262	0.041	0.278	6.430	0.000		

因变量：感知有用性。

根据上表由 $F = 94.602$、$p < 0.001$，$F = 103.443$、$p < 0.001$ 可知，建立线性回归模型有效。从影响系数的显著性上看，神经质对感知有用性的影响系数显著性值为 0.001，达到显著性水平；严谨性对感知有用性的影响系数显著性值为 0.001，达到显著性水平；宜人性对感知有用性的影响系数显著性值为 0.039，达到显著性水平；外向性对感知有用性的影响系数显著性值为 0.000，达到显著性水平。开放性对感知有用性的影响系数显著性值为 0.940，大于 0.05，因而假设 H3 不成立。

信息系统质量层面：变量信息质量对感知有用性的影响系数显著性值为 0.000，达到显著性水平；变量系统质量对感知有用性的影响系数显著性值为 0.000，达到显著性水平；变量服务质量对感知有用性的影响系数显著性值为

0.000，达到显著性水平，因而原假设成立。

结合上文的回归分析结果，进一步验证了以下研究假设：

H1：外向性人格特质会正向影响用户对移动音频 App 的感知有用性。

H2：严谨性人格特质会正向影响用户对移动音频 App 的感知有用性。

H4：神经质人格特质会负向影响用户对移动音频 App 的感知有用性。

H5：宜人性人格特质会正向影响用户对移动音频 App 的感知有用性。

H7：移动音频 App 的系统质量会正向影响用户对该平台的感知有用性。

H9：移动音频 App 的信息质量会正向影响用户对该平台的感知有用性。

H11：移动音频 App 的服务质量会正向影响用户对该平台的感知有用性。

2. 期望确认程度及其影响因素之间的回归分析

以信息系统质量三个变量为自变量、期望确认程度为因变量的回归分析结果如表 8－16 所示。

表 8－16　期望确认程度及其影响因素之间的回归分析

模型		非标准化系数		标准化系数	t	Sig.	R^2	F
		B	标准错误	Beta				
1	（常量）	0.969	0.142		6.807	0.000	0.396	109.138**
	信息质量	0.199	0.042	0.204	4.740	0.000		
	系统质量	0.322	0.041	0.337	7.923	0.000		
	服务质量	0.207	0.040	0.224	5.237	0.000		

因变量：期望确认程度。

由 $F=109.138$、$p<0.001$ 可知，建立线性回归模型有效。结合上表数据，信息质量对期望确认程度的影响系数显著性值为 0.000，达到显著性水平；系统质量对期望确认程度的影响系数显著性值为 0.000，达到显著性水平；服务质量对期望确认程度的影响系数显著性值为 0.000，达到显著性水平。

结合上文的回归分析结果，进一步验证了以下研究假设：

H6：移动音频 App 的系统质量会正向影响用户对该平台的期望确认程度。

H8：移动音频 App 的信息质量会正向影响用户对该平台的期望确认程度。

H10：移动音频 App 的服务质量会正向影响用户对该平台的期望确认程度。

3. 用户满意度及其影响因素之间的回归分析

以感知有用性、期望确认程度为自变量，用户满意度为因变量的回归分析结果如表 8－17 所示。

表 8－17　用户满意度及其影响因素之间的回归分析

模型		非标准化系数		标准化系数	t	Sig.	R^2	F
		B	标准错误	Beta				
1	（常量）	0.538	0.105		5.129	0.000	0.651	467.089**
	感知有用性	0.086	0.031	0.088	2.803	0.005		
	期望确认程度	0.756	0.031	0.757	24.224	0.000		

因变量：用户满意度。

由 $F = 467.089$、$p < 0.001$ 可知，建立线性回归模型有效。结合上表数据，感知有用性对用户满意度的影响系数显著性值为0.005，达到显著性水平；期望确认程度对用户满意度的影响系数显著性值为0.000，达到显著性水平。

结合上文的回归分析结果，进一步验证了以下研究假设：

H13：用户对移动音频 App 的感知有用性会正向影响其满意度。

H15：用户对移动音频 App 的期望确认程度会正向影响其满意度。

4. 持续使用意愿及其影响因素之间的回归分析

以用户满意度为自变量、持续使用意愿为因变量的回归分析结果如表 8－18 所示。

表 8－18　持续使用意愿及其影响因素之间的回归分析

模型		非标准化系数		标准化系数	t	Sig.	R^2	F
		B	标准错误	Beta				
1	（常量）	1.393	0.140		9.928	0.000	0.312	226.936**
	用户满意度	0.593	0.039	0.558	15.064	0.000		

因变量：持续使用意愿。

由 $F = 226.936$、$p < 0.001$ 可知，建立线性回归模型有效。结合上表数据，

用户满意度对持续使用意愿的影响系数显著性值为0.000，达到显著性水平。

结合上文的回归分析结果，进一步验证了以下研究假设：

H12：用户对移动音频 App 的满意度会正向影响其持续使用意愿。

通过人格特质相关变量和信息系统质量相关变量对感知有用性的分析、信息系统质量相关变量对期望确认程度的分析、期望确认程度和用户满意度对持续使用意愿的分析，现将各变量回归分析假设结果汇总，如表 8－19 所示。

表 8－19 回归分析结果

假设	假设内容	结论
H1	外向性人格特质会正向影响用户对移动音频 App 的感知有用性	成立
H2	严谨性人格特质会正向影响用户对移动音频 App 的感知有用性	成立
H3	开放性人格特质会正向影响用户对移动音频 App 的感知有用性	不成立
H4	神经质人格特质会负向影响用户对移动音频 App 的感知有用性	成立
H5	宜人性人格特质会正向影响用户对移动音频 App 的感知有用性	成立
H6	移动音频 App 的系统质量会正向影响用户对该平台的期望确认程度	成立
H7	移动音频 App 的系统质量会正向影响用户对该平台的感知有用性	成立
H8	移动音频 App 的信息质量会正向影响用户对该平台的期望确认程度	成立
H9	移动音频 App 的信息质量会正向影响用户对该平台的感知有用性	成立
H10	移动音频 App 的服务质量会正向影响用户对该平台的期望确认程度	成立
H11	移动音频 App 的服务质量会正向影响用户对该平台的感知有用性	成立
H12	用户对移动音频 App 的满意度会正向影响其持续使用意愿	成立
H13	用户对移动音频 App 的感知有用性会正向影响其满意度	成立
H14	用户对移动音频 App 的期望确认程度会正向影响其感知有用性	成立
H15	用户对移动音频 App 的期望确认程度会正向影响其满意度	成立

通过回归分析的正负系数来看，神经质人格特质会负向影响用户的感知有用性，开放性人格特质与用户对移动音频 App 的感知有用性不相关，其余变量都呈现正相关。因而本研究假设 H3 不成立。

第六节　深度访谈

上文实证研究结果表明，除开放性人格特质与用户持续使用意愿没有直接关系外，其他人格特质都将通过影响用户的感知有用性，进而影响用户满意度和持续使用意愿；信息系统质量也被证实对用户持续使用意愿具有重要影响作用。由于上文的理论模型缺乏对于用户与主播互动的讨论，以及单纯的数据信息尚不够丰富，因而下文将在前文的基础上更加透彻地对研究问题进行深入探索。本节将采用深度访谈的方法，在现有问卷数据结果之上，结合深度访谈的资料，进一步分析当下影响移动音频 App 用户持续使用意愿的因素，剖析用户持续使用意愿的影响因素，并分析数据背后的影响因素，丰富用户画像。

一、访谈内容及样本

（一）访谈内容概述

本研究针对 10 位用户进行了一对一的深度访谈，每次访谈时间在 30 分钟到 1 小时左右，并不定期进行追加访谈。访谈用户皆为移动音频 App 的用户，具体样本分析将在下文进行阐述。访谈的问题一部分围绕用户的基础个人信息，涵盖性别、年龄、学历、职业、使用移动音频的年限以及常用的移动音频 App。另一部分则与研究内容紧密相关，包括从平台层面以及主播层面、用户个人意愿层面分析影响用户持续使用意愿的因素。其中本研究主要探讨了人格特质对感知有用性的影响因素，因人格特质测量的有限性，在访谈中将不持续深挖。本研究将主要从移动音频媒体平台信息系统质量层面展开对于用户持续使用意愿的深度访谈。前期结合本研究的理论模型和数据分析结果拟定了采访的提纲，经过多次修改最终整理成访谈提纲。在采访过程中，预先告知用户研究目的，本着人文主义关怀的思想及时根据受访者反馈对采访问题进行顺序和内容的适当调整。完成 10 位用户的采访后，通过对采访内容的整理，本研究证实了原有理论模型中信息质量、系统质量、服务质量对感知有用性和期望确认程度的影响关系。同时，研究结论得出信息质量中的叙事性特征、学习型媒体的打造，以及主播与用户之间准社会交往关系的建立将进一步加深用户对于移动音频持续使用意愿的影响。

（二）访谈样本分析

本研究通过对移动音频 App 用户的一对一访谈，以期以更详细的内容及数据剖析移动用户持续使用意愿的影响因素。本研究选取的访谈对象皆为移动音频 App 的使用者，且大部分受访者使用的平台为当前国内主流的音频 App，使用时长都在半年以上，受访对象多为“90 后”，符合当前移动音频 App 用户画像年轻化的趋势。基于此，可以说本研究访谈对象具有一定的代表性，对后续的研究分析有一定的参考价值。本次访谈对象的基本信息如表 8－20 所示。

表 8－20　访谈对象基本信息

受访者	性别	年龄	学历	职业	使用过或正在使用的移动音频 App	使用移动音频 App 的时间
1	女	26	本科	医生	喜马拉雅 FM、蜻蜓 FM、荔枝 FM	5 年以上
2	女	24	硕士	学生	喜马拉雅 FM、猫耳	3 年
3	女	25	本科	财务	喜马拉雅 FM	5 年以上
4	女	24	硕士	学生	小宇宙、喜马拉雅 FM	2～3 年
5	女	26	本科	金融	Apple Podcast	2 年
6	女	26	硕士	学生	Apple Podcast、小宇宙、看理想	10 年以上
7	女	25	硕士	学生	喜马拉雅 FM、荔枝 FM、Apple Podcast	5 年以上
8	男	26	博士	学生	喜马拉雅 FM	1 年
9	男	26	硕士	学生	喜马拉雅 FM、荔枝 FM	1 年
10	男	33	本科	个体	喜马拉雅 FM、荔枝 FM、蜻蜓 FM	5 年以上

通过对现有文献的整理以及研究，结合本研究的目的设计了针对移动音频 App 用户持续使用意愿的访谈提纲，访谈提纲主要考察音频平台的信息系统质量。在与 10 名访谈对象开始访谈前，已尽可能详尽地告知访谈对象本次研究的目的，并征得受访者的同意，做了一定的现场记录。随着访谈过程的深入，也

不断地优化本研究的题目，以期可以达到最好的访谈效果，最终访谈提纲见附录6。

二、访谈结果分析

（一）受访者移动音频使用习惯：多场景下的泛内容收听

访谈结果发现：从使用时间来看，受访者使用移动音频的年限都在半年以上，但并不是所有用户都有每天使用的习惯，因而无法从时间层面判断用户是否为深度用户。从使用场景来看，几乎所有的受访者都表示自己会在通勤场景使用移动音频，还有部分受访者表示会在夜间睡前使用，以及在工作场景中使用。从收听内容来看，用户表示对知识性、娱乐性、时事相关以及个人兴趣偏好相关的信息较感兴趣。从看待音频广告态度来看，几乎所有的用户对当前的音频节目中存在的广告都不反感。但其中一位受访者表示，对于付费之后还有广告表示反感；另一位受访者表示，音频推广中会存在一个广告商面向多个音频节目做推广的现象，因而同一段时间内会反复听到同一个广告信息，甚至连广告语都一致，这种情况往往会令人反感；还有受访者表示，音频节目当前的广告并不是生硬地推广，有些节目会将节目内容和广告结合，作为当期节目的主题，从这个角度出发则不太会让人反感。从互动层面来看，当前移动音频节目的互动形式主要有前期用户主动投稿参与，收听节目时的评论、点赞、转发行为，以及节目后加入节目听友群等形式。从采访结果来看，10 位受访者中仅 2 位受访者喜欢参与到节目的互动中，余下用户皆表示不喜欢在音频节目中进行评论和点赞，更不喜欢转发到其他社交平台上，用户表示评论和转发行为仅限于面向同为听音频的朋友。在被问及互动较少的原因时，用户表示可能存在四种情况：第一即自身性格因素，1 位受访者表示自己在社交层面有一定的恐惧心理，不太喜欢在社交平台上发表观点；第二即个人隐私的保护；第三，音频内容较长，不适合转发，3 位受访者表示他们更倾向于自己在备忘录中记录当下的感受，或是通过口述的方式传播给他人相关信息；第四，担心发出的评论无法引起他人的共鸣，获得良好的反馈。

综上，受访者们普遍都有长时间接触音频的体验，但并非所有用户都会将收听音频视作日常的习惯，受访者收听音频的场景极具多样化，涵盖通勤、休息、工作等情况；在收听的内容层面上，受访者选择面较广，包括时事政治、娱乐信息等内容；其中，大部分受访者表示对于当前音频节目中的广告并不排斥，这可能是由于当前音频领域的商业化形式还较为单一，并未广泛普及。而在用户参与度层面，80%的受访者表示不喜欢参与到互动中。这主要是由于音频本身的形式不便直观地分享信息，且多数用户表示互联网上的分享行为与其个人的媒介使用习惯以及性格特质相关。

（二）受访者与主播：基于声音介质的准社会交往关系

在实证分析层面本研究缺少对用户和主播关系层面的讨论，通过深度访谈结果发现，用户与主播之间的关系也将作为影响用户使用移动音频 App 的潜在影响因素。受访者表示在考虑是否收听移动音频 App 以及收听何种内容时，主播的风格及其与用户之间的连接也会影响其选择。

具有亲近性和陪伴性的主播将会被视为朋友。“《八分》的主播梁文道、《文化有限》的主播大壹等、《贤者时间》的主播小张和治治，虽然他们各具风格，但是听他们说话就像一个朋友在分享他们的观点，仿佛在和我诉说。当然，如果现实生活中能够有这样的朋友当然是很好的。”（受访者 6）“我还挺喜欢《路人抓马》节目的，他们就像一个远方的朋友，在说一些他们自己的事情。有时候我也会遇到那些事情，感觉我是从一个局外人视角去看他们在讲的这个事情。遇到有亲近性的主播，我会想要把他们当作是陪伴的朋友的关系。”（受访者 7）。“我听《不把天聊 si》的广东话主播觉得比较亲切，有点像朋友，又有点像明星，这一点主要是因为我是广东人。我每次都是晚上一个人听，听他们聊天还挺亲切的。”（受访者 10）此外，除了单纯的收听节目以外，也有受访者表示会参与到音频节目中去，例如前期的投稿以及后期在听友群里与主播互动，一旦收到主播的回馈会让他感觉两者之间的关系变得更加紧密和真实。

主播个人信息的披露会加强与听众之间的紧密度。受访者 1 指出主播“在节目中会围绕他们的个人生活谈论很多不同的事情，会让我觉得他们的个性与节目内容不同”。受访者 10 收听了播客《放学以后》中一期关于女性主义的内容后，认为收听的过程就像是在和朋友“深夜聊天”。她提到主持人“分享一些私人的事情，比如他们在生活中遭遇过的性侵犯以及性骚扰事件，这些私人故事不是人们随意在任何社交平台上分享的，除非你真正了解他们……这让人感觉很亲近”。倾听主播的个人经历和共同经历可以增强他们的联系。受访者 7 表示，听播客“让我感觉不那么孤独，主播他们说自己的事情，有时候我也会遇到那些事情，这让我知道其他人有这些经历或正在经历类似的磨难”。除了生活经历的披露会引发听众的情感共鸣，适当的方言和地域身份的披露也会拉近与听众之间的距离。受访者 9 作为东北人认为在收听音频节目的时候，主播的北方特质总是让人觉得回到了家乡，十分亲切。其他受访者也表示东北口音的主播会更容易让人产生情感依赖，东北话特有的幽默性在音频脱口秀节目中占据优势。

从受访者心理层面来看，受访者将与主播的关系视为亲密的友情关系，可能源自于受访者与主播之间的虚拟亲密性，包括地理位置以及心理位置的亲近性。而当主播与用户有了互动之后，主播与用户之间基于网络的虚拟情感会更加贴近现实生活中的真实情感。这种线上情感的建立，会让用户在没有与主播有过实际的线下接触的背景下，增强其对于主播以及节目的依赖性。不少受访者表示，他们想要和主播建立现实中的朋友关系，收听音频会增强他们被陪伴的感觉。

严肃性的主播更容易被视为关键意见领袖。由于当前音频节目形式丰富，并非所有的听众都会认为主播与他们的关系属于亲密型。节目类型的差异，会使听众在认知与主播的关系时产生差异。多数受访者表示，如果是严肃类的节目，则会产生对主播类似于崇拜的感觉，这样的主播会给人一种距离感。其中受访者 10 认为“主播有挺多听众以及粉丝，所以我也算是他们的粉丝。现实中，我可能会和他们交流，但又有点怕尴尬，还是会有一些距离感”。受访者 5 认为在关注偏向专业性的音频节目时，由于主播一般学识较为丰富，因而在看待与其的关系时会更像是求教的师生关系。一般而言，音频主播都会围绕自己在某一方面的擅长之处展开讨论，做出经验分享，或是通过邀请对谈的形式，请其他嘉宾分享信息与知识。受访者 7 作为新闻与传播专业的学生表示，“我最近在听方可成老师讲述灾难新闻报道内容的音频，我觉得作为一个专业领域的老师，他说出的东西就具有一定的专业性！这可以作为我专业知识的一个补充”。受访者 1 是一名医生，她表示曾经在准备研究生考试的时候也会选择听“腿姐录的音频”，不仅因为她很方便，更重要的是这位老师在政治领域具备一定的专业性。而她自己平时也会收听一些与医学相关的音频内容作为专业知识的补充，选择主播的时候也会考虑主播的专业性和权威性。

总的来看，主播与用户之间的关系可以包括：亲密型友情关系、稍有距离感的粉丝与偶像关系以及一些敬畏的不可亲近的关系。不论哪一种关系，都反映出用户在收听音频的过程中与主播建立的一种基于互联网的情感连接，以及一种想象的社交关系，而这种关系和现实生活中友情以及师生情等关系存在一定的相似性。心理学家霍顿和沃尔 1956 年在《精神病学》杂志上提出的“准社会交往”理念，描述媒介使用者和媒介人物之间，以及某些受众尤其是电视观众会对他们喜爱的电视人物或者角色滋生并延展出的一种想象的人际交往关系。由于这种人际交往关系和真实的社会交往关系具有一定的相似性，因而被叫做“准社会交往”。基于此，本研究认为尽管该理论是针对电视媒介展开的讨论，但在当前变化的互联网环境中，它同样具有一定的适用性。音频媒体主播往往是一档音频节目非常关键的因素，由于音频节目的形式多为主播的语言表达、声音传播，因而用户极其容易通过声音这种介质建立与主播之间的准社会交往关系。

（三）受访者层面：泛娱乐背景下学习型媒体的高需求

移动音频的学习性能是其持续使用意愿的影响因素之一。深度访谈结果显示，尽管不少用户是出于娱乐休闲的目的收听音频，但将音频内容作为知识性的信息，抱着学习目的而选择听音频媒体也是多数用户的出发点。随着移动音频信息质量的不断提升以及内容丰富度的提升，许多人将其视为学习型媒体。通过使用移动音频可以让其获得一些好处，例如获取一些创造性的信息、增强自身的理解力、提升外语能力，以及用于激发自身的创造性思维。受访者 6 表示“平时比较喜欢听一些文学类的音频节目，收听过程中会听到不同的学者对同一话题进行分析和讨论，会让我觉得受益匪浅。通过收听也会让我自己想要拓展自身的阅读，甚至是也想写点什么”。受访者 4 表示“我会听一些英语音频播客，主要是希望提升自己对于英语的感知能力，为自己打造一个学习氛围”。受访者 3 表示，“我会把音频作为一个知识获取渠道，而不是休闲。比如说通勤、吃饭等场景下，在我不需要费脑子的时刻，我会选择音频，我觉得音频中包含信息，需要我集中注意力去听”。

多任务处理背景下收听场景的适用性也将影响用户的持续使用意愿。受访者 4 将“效率”与收听的满足感联系起来，“当我做一些很平常的事情，比如开车或打扫卫生的时候，尤其是很无聊的时候，收听音频会让我感觉我在提高效率；以及在我不得不做一些我可能不想做的事情的时候，收听音频会让我感觉我在学习一些东西”。受访者 6、受访者 7 和受访者 10 都表示“在悠闲地时间里只是发呆会让我觉得我在浪费时间，比如走路、洗碗、洗澡，我总想把这部分时间利用起来，让我的大脑充斥一些信息，所以这种时候我会选择收听音频或者播客”。受访者 10 表示“一开始我在工作的时候，我会专注于他在讲什么，让我快速沉浸和专注起来，但是当把注意力转移到我的工作上时，音频反而会变成一个白噪音，给我一种陪伴的感觉”。综上来看，移动音频媒体凭借自身的独特使用性能，拓宽了用户的消费场景。而当前，伴随着人工智能、物联网技术的发展，智能音频的形式也逐渐多样，移动音频 App 不仅可以伴随着手机终端承载信息，在智能家居设备以及车载音箱领域也大放异彩，对用户多场景下不同需求的满足也将提升用户的持续使用意愿。

移动音频丰富多元的内容表达形式以及易用性将影响用户的持续使用意愿。当前移动音频市场逐渐走向专业化，PGC 内容的打造成为各平台扶持主播的重点发展路径，甚至出现了许多培养音频主播的 MCN 机构。由于音频平台的门槛相较于视频平台门槛低，录制以及剪辑所需要的技术也相对简单，因而在移动音频领域也涌现出不少自媒体创作者，其中不乏一些各行各业的意见领袖，也涵盖众多普通用户。在与拥有一年的音频主播经验的受访者 9 交流时，他坦言自己和朋友开设音频节目的初衷主要是“觉得在个人情感层面，音频是作为我们关系的连接。加之几个主播的专业都是和新闻传播相关，都比较喜欢表达。针对不同的事件，我们希望可以发表或者说出自己的观点，虽然不一定有人听，但还是会想说，音频就是我们的一个表达渠道”。受访者 5 也表示自己曾尝试开设一档音频播客节目，其最主要的出发点是想有一个通道可以表达自我。当前的音频形式多样，受众对于节目的包容性也较高，受访者 5 在采访中提及当前音频形式不限于专业的对谈，还有一些仅是个人情感的输出，极具个人特色。相较于其他媒体形式，移动音频媒体以声音作为主要的传播介质，相较于视频而言具有一定的隐私性，相对图文而言又具备更多的想象空间和丰富性，因而给用户提供了更多的表达空间，其易用性的特质也成为获得用户青睐的因素之一。

综上，从移动音频的受众层面出发，影响用户持续使用移动音频的因素主要来自用户自身对于自我提升、自我表达的需求，移动音频多场景下的适用性和易用性，以及移动音频自身内容形式多元丰富的特质。基于此，对内容创作者而言，要考虑到用户将音频媒体视为自我提升的学习型媒体的需求，因而音频内容的生产并非只是一味的娱乐至上。

（四）受访者媒体感知有用性层面：叙事性音频更具吸引力

在考察用户对移动音频的选择偏向时，本次访谈通过将移动音频 App 与传统广播进行横向比较，以及与有声书和音乐形式进行纵向比较，再次深入挖掘移动音频 App 用户的持续使用意愿影响因素。

与传统的广播以及单一的音乐和有声书相比，移动音频的出现满足了用户新的需求以及预先的期望，进而促进了用户的持续使用意愿。受访者 5 表示“广播会更单一一些，移动音频更多样化一些。移动音频有更多年轻人加入，与现在的时事接轨，方式也多种多样，有聊天，也有讲故事等，会涵盖更多很有趣的话题；听音乐则是完全放空，甚至有的时候自己都会觉得，尽管是自己放的音乐，也不记得自己听过哪首歌。但是音频节目不一样，收听的过程中是很投入的，我会很专注地去听，去获取信息，这种状态是很特别的”。受访者 10 认为移动音频内容会更加具有时新性，灵活有趣，节目的主播还可以根据自己的兴趣爱好、感受和专长来策划内容，相对于广播和音乐类节目会更丰富。总的来说，对移动音频 App 用户而言，广播给人的感觉更加受限制，突出表现在时间、空间、内容选择层面，视频尽管很吸引人，但移动性不强。从音频发展历史来看，当前移动音频 App 之所以在媒体竞争如此激烈的环境下还具备一定的用户市场，可以从媒介环境学派的观点给予一定的解释。

“数字时代的麦克卢汉”保罗·莱文森提出“补偿性媒介”（remedial medium）理论，他认为任何一种后继的媒介，都是对过去的某一种媒介或某一种先天不足功能的补救和补偿，但这种补救和补偿又会产生新的缺陷。人在面对这些新的媒介时拥有主动选择的权利，以及改进媒介的权利。回顾我国音频媒体历史，20 世纪末期广东珠江经济广播最早在网络上开展了实时广播，而后上海东方广播电台以及北京人民广播电台陆续开播；2005 年苹果初创播客概念；2009 年国内首个原生网络音频平台豆瓣 FM 上线，2011 年蜻蜓 FM 上线，2013 年喜马拉雅 FM 与荔枝 FM 上线。2020 年，荔枝 FM 在美国纳斯达克上市，成为中国首个网络音频上市的公司。从以上音频媒体的发展历史可以看出，音频媒体顺应了互联网的时代发展需求，突破了传统的媒体桎梏，在信息内容、服务质量（使用的便利性和接近性层面）上符合用户对其的期望和有用性需求，更加贴合新时代用户，因而其市场占有率自然不断提升。相关数据统计显示，我国网络音频产业规模截至 2021 年达到 123 亿元，且整个行业仍然处于快速发展阶段。综上，相较于传统广播而言，移动音频通过不断地迭代，弥补了过去旧有功能的缺陷，从系统质量、服务质量、信息质量上提升了用户的期望确认程度和感知有用性，进而提升了用户对于移动音频 App 的满意度。

音频内容的叙事性是影响用户持续使用意愿的又一因素。在深度访谈的结果整理中，考察用户对音频内容质量的选择因素时，用户除了表示对当前移动音频信息质量中的相关性、完整性、及时性以及准确性存在一定的考量，多位受访者还表示对音频节目的信息质量是否具备叙事性比较关注。受访者 2 表示，“我一般用喜马拉雅 FM，我比较看重的主要就是内容的类别和数量，分类丰富的话我会选择继续听下去”。受访者 6 表示，“我常用 Apple Podcast、小宇宙、看理想，在持续使用选择上我比较看重内容以及主播风格。如果内容丰富，有一些有意思的话题，我会更感兴趣”。受访者 10 表示，“我有时会听一些关于时政热点的内容和一些与文化相关的内容，算是扩大了自己的眼界视野吧。我会关注主播对于时政热点事件和电影的不同看法”。尽管不同受访者对于信息选择的偏好不同，但以上受访者都认为节目内容丰富完整会影响其持续使用意愿。而在叙事性层面，受访者 7 表示，“在想要放松的时候，我会听一些娱乐性的信息，比如《谐星聊天会》，类似于脱口秀这一类的节目，这一类节目有涉及现场演出的环节，听众参与现场的方式往往是参与到对话和问答中，他们通过分享自己的故事，会给我一种身临其境的感觉”。受访者 6 表示，“我长期听的一档音频节目叫《故事 FM》，主要是听别人讲述自己的真实故事，会对我自己产生一些影响……我选择听音频是因为它会呈现很多小人物的叙事，感觉小人物也有自己的一片空间，毕竟很多主流的媒体都是宏大叙事。我记得疫情期间的一期节目是邀请很多人讲述自己在疫情背景下所发生的故事，那期节目让我感受到不同的人在同一时代所经历和遭遇的一切都各不相同，不幸的人各有各的不幸。”受访者 5 表示，“我最喜欢的一档节目叫《日谈公园》，他们最主要的形式就是通过讲述的方式去回顾历史以及一些悬疑案件……听他们讲述的时候会让我觉得紧张又刺激，而且比较好玩”。受访者 9 表示，“很多文学类的书籍通过讲述的方式也会让我更有阅读的期待与渴望，一方面是书籍的内容本身具备一定的故事性，另一方面通过主播的讲述也会给故事增分不少”。综合以上结果来看，用户对于叙事性的偏好可能是由于音频媒体的表达形式主要依托于听觉，因而其表现形式相对局限。但用户对信息的需求密度并未降低，对信息呈现的丰富性要求也在增加。叙事性的音频内容会给用户制造一种临场感，主播以讲故事的形式传递节目信息则需要一定的表达技巧，丰富的声音节奏以及背景音乐的烘托，加之声音这一介质所带来的亲密感，将会传递更多丰富的情感，给用户沉浸式的体验感。

综上，移动音频的发展是作为传统广播的补偿，用户对于移动音频的需求一方面是基于音频本身的媒体优势，另一方面来自在技术加持之下，移动音频的发展更加贴合用户的使用场景，能够让用户随时随地选择自己想要收听的内容。在对信息的需求层面，通过深度访谈可以看出，影响用户对于移动音频选择的主要原因在于信息质量，主要涵盖信息的接近性以及趣味性，既要给用户带来意料之中的兴趣推荐类信息，还要制造一些意料之外的内容。受访者 4 表示，在使用音频过程中，她还会随机性地收听，通过了解一些意料之外的信息内容丰富自身感知。针对当前部分音频平台已经具备的推荐算法而言，其推荐的信息还可以更加丰富和多样化。此外，用户对于音频节目中叙事性的节目类型以及叙事性的方式也呈现一定的偏好，不少用户都表示自己在平时收听的过程中会喜欢关注和个人叙事相关的信息，通过他人的谈话和经历的呈现让音频节目更具吸引力，更有临场感和趣味性。

第七节　结论与探讨

本研究展开了对样本数据中移动音频 App 用户的人口统计学信息、移动音频 App 使用情况及人格特质的描述性分析。在经过信度和效度的检验后，本研究继续展开了五种人格特质用户对移动音频 App 感知有用性的相关性分析，以及移动音频 App 的信息质量、系统质量和服务质量对用户期望确认程度和感知有用性的相关性分析，用户的期望确认程度、感知有用性、满意度与持续使用意愿的相关性分析。通过相关分析初步证明了变量的关系后，再通过回归分析展开讨论了各变量之间更准确的关系分析。根据以上实证研究，最终完成了对于本次研究假设的检验，并进一步完善了本研究的理论模型。如表 8 - 21 和图 8 - 3 所示。

表 8 - 21　假设的检验结果

假设	假设内容	结论
H1	外向性人格特质会正向影响用户对移动音频 App 的感知有用性	成立
H2	严谨性人格特质会正向影响用户对移动音频 App 的感知有用性	成立
H3	开放性人格特质会正向影响用户对移动音频 App 的感知有用性	不成立
H4	神经质人格特质会负向影响用户对移动音频 App 的感知有用性	成立
H5	宜人性人格特质会正向影响用户对移动音频 App 的感知有用性	成立
H6	移动音频 App 的系统质量会正向影响用户对该平台的期望确认程度	成立
H7	移动音频 App 的系统质量会正向影响用户对该平台的感知有用性	成立
H8	移动音频 App 的信息质量会正向影响用户对该平台的期望确认程度	成立
H9	移动音频 App 的信息质量会正向影响用户对该平台的感知有用性	成立
H10	移动音频 App 的服务质量会正向影响用户对该平台的期望确认程度	成立
H11	移动音频 App 的服务质量会正向影响用户对该平台的感知有用性	成立
H12	用户对移动音频 App 的满意度会正向影响其持续使用意愿	成立
H13	用户对移动音频 App 的感知有用性会正向影响其满意度	成立
H14	用户对移动音频 App 的期望确认程度会正向影响其感知有用性	成立
H15	用户对移动音频 App 的期望确认程度会正向影响其满意度	成立

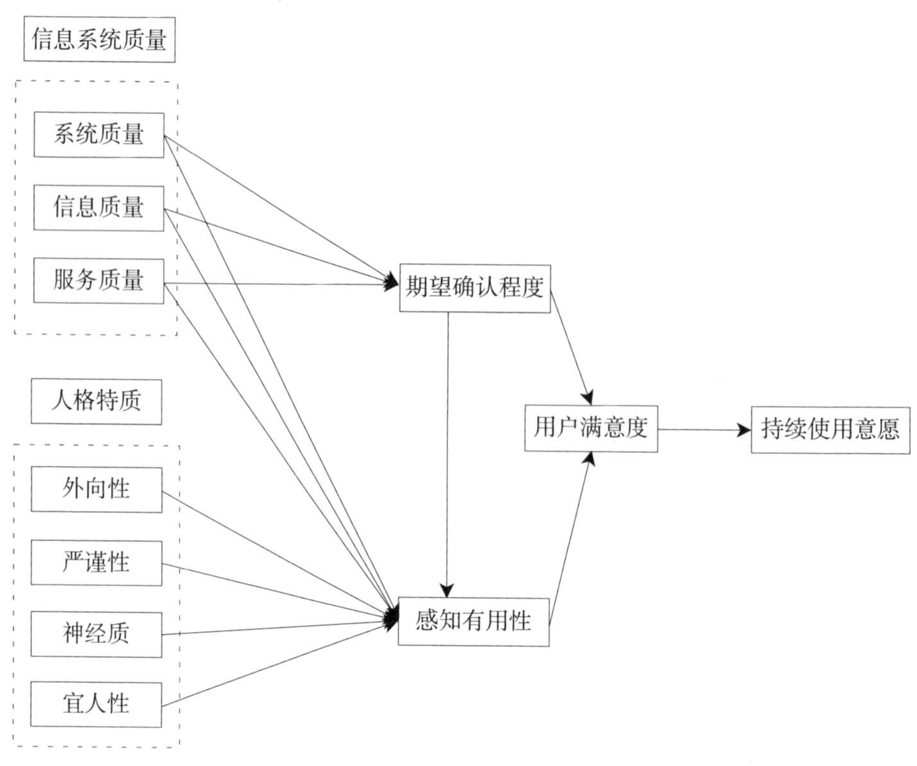

图 8－3　检验后的理论模型

综上，本研究从用户和媒体平台视角出发，将人格特质作为预测用户持续使用意愿的主要变量，将信息系统成功模型中的服务质量、系统质量、信息质量作为预测媒体影响用户持续使用意愿的变量。在期望确认理论基础上，通过引入人格特质以及信息系统成功模型，从而引入了用户移动音频 App 持续使用意愿的影响模型。根据前文的实证研究以及后续的深度访谈，本研究得出以下结论：

一、不同人格特质对用户持续使用意愿的作用存在差异

本研究通过将大五人格中的五种人格特质纳入到期望确认理论中来讨论移动音频 App 的持续使用意愿，研究结果证明了人格特质变量对于期望确认理论中的变量感知有用性有一定的影响，进而影响用户满意度和持续使用意愿。但不同人格特质还存在一定的差异。

本研究采用的是中国大五人格问卷简式版，且经过预调研和正式问卷的信度效度测量后，该问卷的可靠性和有效性都得到了一定的证实。通过对 503 份样本数据人格特质的测量以及对人格特质和感知有用性的相关性分析以及回归分析，本研究证实了大五人格特质对感知有用性有影响关系，但存在一定的差异。用户对产品的感知有用性，体现的是用户对于产品的预期绩效，一定程度上可以决定用户意愿值。不同人格特质的用户在选择以及使用产品之际，会由于其人格特质的差异存在行为上的差异。下文将根据研究结果对本研究的结论分别作出解释。

1. 外向性人格特质正向影响用户对移动音频 App 的感知有用性

外向性人格特质得分较高的用户往往性格比较开朗活泼，且善于与人交往，也会比较关注外部世界的变化。这种性格特质的用户会更容易表达自己的情感，也易于接受他人情感的连接与支持。已有研究证实外向性人格特质与微博使用动机显著正相关，且正向影响微信使用强度。此外，艾媒咨询 2021 年的音频产业分析报告显示，音频主播需要富于感情，这主要是由于音频媒体作为声音媒介，通过声音与用户互动，自然更需要有较好的聊天技巧，更外向以及丰富的情感表达。本研究认为，外向性人格特质在移动音频 App 的使用中将会对感知有用性产生积极的影响，他们可能对移动音频满意度较高，进而产生持续使用意愿。

2. 神经质人格特质负向影响用户对移动音频 App 的感知有用性

神经质人格特质的用户呈现脆弱的心理状态，易焦虑且冲动，情绪相对不稳定，不太容易轻易地改变现状，防备心极强。本研究的假设结论为神经质与感知有用性之间呈现负相关，这一研究结果与前人的研究，如 Devaraj、Svendsen 等人的研究结果一致。以往的研究结论表明神经质的个体情绪往往不太稳定，且缺乏强烈的学习动机，与使用互联网平台的意愿存在负相关。根据国内学者喻国明对媒介用户的研究，他将在互联网中对其他用户保持警惕、不太轻易和他人产生合作关系的用户界定为警惕性人格，这与本研究中的神经质人格特质用户的部分属性相同。喻国明等人认为，在互联网使用中，越是愿意倾囊相助、帮助他人之人，越善于沟通和表达，进而他们的孤独感就越少；而对他人缺乏信任、包容性差、认知格局小的人则容易产生较强烈的孤独感。[①] 对于神经质人格特质用户而言，其心理的脆弱状态以及情绪的不稳定反映出其在社交关系中处于不利地位。警惕性人格在媒介的使用中会更加关注使用成本，对他人抱有很高的警惕。结合本研究数据结果，我们认为高神经质人格特质的用户在音频媒体的使用过程中，不论是对媒介的使用还是与他人的互动都极具警惕，因而与感知有用性呈负相关关系。

3. 严谨性人格特质正向影响用户对移动音频 App 的感知有用性

高严谨性人格特质的用户往往对自我具备一定的约束能力，有明确的责任心，自律性强，对待生活与工作十分认真负责，有一定的目标意识。以往研究表明，高严谨性的用户不太会选择使用他们认为没有太高价值的网络产品，而只有在其意识到该产品或者某种技术有用时，才会有一定的使用意愿。相关研究表明，高严谨性的用户在使用互联网医疗平台时，其对于产品的感知有用性会正向影响其对于该产品的持续使用意愿。[②] 而对移动音频 App 而言，目前不论是综合类音频平台还是播客类平台，其内容都十分丰富，以播客类 App 为例，谈话类播客内容多为即兴产生，因而主播的情感表达更具真实性，也更加具有感染力，能够给用户带来一种亲近感和情感的慰藉。故事类播客作为另一种受欢迎的播客类型，其故事选题贴近生活，极具现实性，很多播客节目通过收集用户的来信增强其内容的说服力，更具真实感。就综合类音频 App 而言，以音频 App 领头羊喜马拉雅 FM 为例，其内容的丰富性不言而喻，涵盖有声书、儿童、人文、教育培训、音乐、情感、娱乐、IT 科技、二次元等内容。因而高严谨性人格特质用户在感知到移动音频 App 内容层面的有用性后，也将倾向于认为音频 App 对其工作以及生活有一定的帮助，进而提升其持续使用意愿。

4. 宜人性人格特质正向影响用户对移动音频 App 的感知有用性

宜人性人格特质得分较高的用户表现为富有同情心、对他人宽容性强、要求低、乐于与他人产生合作关系。已有研究表明，高宜人性人格特质的用户对新技术的采用更加包容，会更容易感知其有用性。在相关研究中，有学者证实

---

① 喻国明，方可人. 人格特质如何影响人们的社会认知与媒介使用：基于“全民媒介使用与媒介观调查”的描述与分析［J］. 新闻论坛，2020，34（4）：19－23. DOI：10.19425/j.cnki.cn15－1019/g2.2020.04.005.

② 童云，周荣庭. 论有声读物的用户需求及其超媒介生产策略［J］. 现代传播（中国传媒大学学报），2018，40（5）：103－109.

高宜人性人格特质的用户会正向影响对微信的使用强度。[①] 他们在与他人通过微信交往的过程中会凭借其人格属性更加容易建立自身的社会资本，构筑自我的社会网络。对移动音频 App 而言，当前研究表明移动音频 App 用户画像中，高学历人群占据大多数，因而对宜人性人格特质用户而言，将音频媒体作为拓展自身的社交圈、建立社会资本的路径之一，也不失为一种新的形式。2020 年 3 月，特斯拉创始人埃隆·马斯克发布推特称他将在 Clubhouse 开启语音群聊，一时之间引发了 Clubhouse 的火热，同时带动了即时性音频社交平台的发展，表明名人效应结合新的媒体社交形式使得声音市场有了一些突破性发展。尽管对于音频市场的未来前景众说纷纭，但对于宜人性人格特质用户而言，移动音频的社交属性在扩大社交圈层、建立社会资本层面的有用性不言而喻。总的来说，只有当用户对该音频媒体特征的价值有了预先的感知后，才会提升其持续使用意愿。因而本研究认为，基于移动音频 App 的高密度信息价值以及高学历用户画像的背景，宜人性人格特质正向影响其对于移动音频 App 的感知有用性。

5. 开放性人格特质与感知有用性关系不明显

在关于开放性人格特质与用户感知有用性关系的研究中，早期研究认为开放性高的用户往往有很强的好奇心，乐于尝试新事物，也具有冒险精神。但 Devaraj 在针对学生的性格特质与协作技术相关的研究中认为，开放性对于感知有用性没有影响，开放性并不影响技术的使用以及习惯[②]；Mouakket Samar 认为开放性对感知有用性有消极影响。[③] 本研究结果显示，移动音频 App 用户中高开放性人格特质与其感知有用性之间并无显著的相关关系，这一结果与先前的讨论有重合之处。此外，在针对中国用户的人格特质与在线问答社区的使用意愿研究中，研究者认为开放性对于提问用户的感知有用性没有影响[④]，尽管高开放性的用户在互联网中乐于找寻信息；乐于回答的高开放性人格特质用户对

① 杨敏. 人格特质对在线问答社区用户持续使用意愿的影响研究［D］. 重庆：西南大学，2015.

② SVENDSEN G B，JOHNSEN J K，ALMAS－SORENSEN L，et al. Personality and technology acceptance：the influence of personality factors on the core constructs of the technology acceptance model［J］. Behaviour & information technology，2013，32（4）：323－334.

③ MOUAKKET S. The role of personality traits in motivating users' continuance intention towards Facebook：gender differences［J］. The journal of high technology management research，2018，29（1）：124－140.

④ 肖锐. 移动互联网时代音频 App 的发展特征研究［J］. 北京印刷学院学报，2018，26（5）：48－52. DOI：10. 19461/j. cnki. 1004－8626. 2018. 05. 021.

感知有用性有正向影响，但对于提问的用户来说也许问答类的社区所提供的信息并不能给予其适配的帮助。① 基于移动音频 App 现状来看，尽管当前移动音频媒体内容丰富度高，但受限于音频声音传播的形式，声音所覆盖的信息内容稍纵即逝。对于用户来说，从单一的感官形式来获取信息需要高度的沉浸感。而受制于碎片化信息以及泛娱乐内容的全方位覆盖，不少用户已经习惯了简短、轻松、单一的信息接受形式，多为长内容的音频媒介以及需要高注意力的音频媒介收听方式，也许并不能与用户的需求相匹配。因而即使高开放性的人格特质用户极具好奇心且乐于尝试新事物，仍然可能不会对音频媒体产生价值认同感。在开放性人格特质与感知有用性的关系研究层面，以往的研究也展开了一定的说明：在以 Facebook 为 SNS 的大学生用户研究中，开放性不影响用户的感知有用性。在关于人格特质对用户健身类 App 的使用中，研究者认为开放性对感知有用性没有直接影响关系。② 综合以上研究结果，本研究认为在移动音频 App 的用户研究中，高开放性的人格特质对于感知有用性的影响关系并不显著。

总的来看，以上实证数据分析显示出除了开放性对用户的感知有用性影响不明显外，其他人格特质分别存在正向以及负向的影响。其中神经质用户缺乏一定的学习动机以及情绪不稳定和敏感的特质使其与感知有用性呈现负相关关系。而外向性、宜人性、严谨性人格特质的用户都在音频感知有用性上呈现正相关，且以往的研究表明这三种人格特质的用户具有一定的学习动机以及目标意识。深度访谈结果显示，用户在考虑选择移动音频持续使用的时候也十分重视音频媒体的学习属性。受访者在使用音频的场景描绘中都指出音频媒体更像是伴随性媒体，因而用户往往处于多任务处理的情景之中。出于对效率的追求，用户希望在收听音频的过程中可以获得更多有效的信息，因而强调音频媒体的学习属性。还有部分受访者认为，自己在收听音频的过程中也存在沉浸式收听，因而对音频媒体知识类信息的需求则更加旺盛，甚至有些时候会专门拿出笔记本进行记录和学习。此外，除了受多任务使用场景的影响外，用户也会基于学习的目的主动去探索音频内容。当前音频主题丰富，不少用户表示会针对相关议题进行拓展性收听，也有用户声称当前音频平台有许多专业的意见领袖，因

① 杨敏．人格特质对在线问答社区用户持续使用意愿的影响研究［D］．重庆：西南大学，2015.

② ALSHAWMAR M, MOMBINI H, TULU B, et al. Investigating the affordances of wellness mHealth Apps［C］// Hawaii international conference on system sciences 2021. 2021.

而通过收听音频能丰富其专业知识。综上，不同人格特质对于移动音频媒体的感知有用性存在差异，但深度访谈结果显示，用户普遍将音频媒体作为伴随性媒体，而出于高效率的追求，对移动音频媒体的知识性有一定的需求，移动音频媒体既是伴随性媒体也需成为学习型媒体。

二、移动音频的信息系统质量是影响用户持续使用意愿的重要因素

本研究认为，移动音频 App 信息系统质量中的系统质量、服务质量和信息质量都对用户的期望确认程度以及感知有用性产生积极显著的影响，进而影响用户满意度和持续使用意愿。可见移动音频 App 的信息系统质量是影响用户持续使用移动音频 App 的重要因素。

结合本研究对象移动音频 App，系统质量指的是移动音频 App 的易用性、可访问性、灵活性特质；服务质量指的是移动音频 App 的用户参与度、便捷性，以及为用户提供的个性化服务程度的特质；信息质量指的是移动音频 App 所提供的信息的相关性、完整性、及时性、准确性特质。前期预调研以及后期实证研究数据显示，系统质量、服务质量、信息质量对期望确认程度的显著性系数均小于 0.05。本研究认为，移动音频 App 的系统质量、服务质量、信息质量将正向影响用户的期望确认程度和感知有用性。

在系统质量层面，研究结果显示，移动音频系统质量会正向影响用户的期望确认程度以及感知有用性。当移动音频 App 系统在使用过程中具备良好的稳定性、使用门槛低、界面美观且操作简单时，用户会更青睐。一般而言，移动音频 App 的易用性越高，操作系统越简单，新用户越容易上手，也更容易满足用户的期望确认值。以往相关研究也证实，系统质量会正向影响用户网络学习系统的满意度。在服务质量层面，当下移动音频 App 在用户参与度以及便捷性上极大地满足了用户期望需求。不少移动音频平台主播通过微信以及 QQ 等形式建立音频媒体之外的社交圈，经过实际的考察后，本研究发现在以节目为主的微信群中，用户参与一档节目的过程可以分为前期与后期。前期，主播会通过发布话题投票以及话题讨论的形式，征集用户对于节目的观点、意见，以此来确定其节目选题。还有部分节目主播通过征集粉丝投稿的形式，直接将用户的话题进行整理和提炼制作成独立节目。节目发布后期，用户可以基于移动音

频 App 的评论、转发、点赞等功能继续参与到话题的讨论中。可以说，当前移动音频 App 的服务质量在参与度与便捷程度上仍集中在评论、转发、点赞等功能上，而社群的连接和节目的参与则更多需要结合其他平台，如微信等，以此才能够建立基于移动音频 App 的同好社交圈层。对于当前移动音频 App 用户的使用调研发现，尽管当前移动音频 App 的服务质量对用户的期望确认程度以及感知有用性都有积极的影响，但未来移动音频 App 的服务还需要在同好社交圈层的建立上多下功夫，以提升用户黏性。在信息质量层面，本研究认为移动音频 App 的信息质量将显著影响用户对于该平台的期望确认程度以及感知有用性，用户越是能够在使用过程中感受到信息的完整性、相关性，就越会对该音频信息系统产生高期望值以及有用性的感知。而在以往的研究中也有发现，系统信息质量会影响网络社区中的用户参与和接受行为。综上，用户在使用移动音频 App 的过程中，对于平台所提供的信息内容的相关性、完整性、及时性、准确性以及个性化服务和系统的易用性、可访问性、灵活性等特质，将对用户的感知有用性产生重大影响。这也将影响用户的使用体验，用户使用体验感越好，其期望确认程度将越高，用户自然提升其对于移动音频平台的持续使用意愿。

结合深度访谈结果，用户对于移动音频媒体属性层面的感知主要体现在信息质量层面，音频信息与自身兴趣的接近性、时事新闻的相关性以及节目的叙事性都将影响用户对于音频媒体的感知有用性和期望确认程度。受访者在考虑是否持续使用移动音频媒体时，对音频节目本身有用性的选择直接体现出其对移动音频的期望元素。多数受访者表示信息内容若能涵盖时事热点以及个人兴趣，相关的讯息则会极大提升其节目收听率；而在信息呈现的形式上，超半成受访者表示主播的声音也是其关注的方面。此外，对创作者而言，其中一位受访者表示当前的音频媒体无法做到对音频内容的精准定位，因而无论是主播还是用户在收听音频的过程中均无法精准定位信息。尽管当前移动音频结合算法技术能够给用户推送更高质量的以及兴趣相关的音频内容，但在系统质量层面还需要结合用户的收听习惯提升用户满意度，进而增强用户黏性。

三、满意度是影响用户持续使用移动音频意愿的重要因素

本研究理论模型是基于较为成熟的期望确认理论展开的，研究结果证明用该理论模型来研究移动音频 App 用户的持续使用意愿是可行的。在实证分析中，

期望确认程度以及感知有用性对用户满意度的回归分析数据皆显示达到显著性水平，用户满意度对持续使用意愿也达到了显著性水平，本研究相关假设都得到了证实。

其中对用户满意度的影响研究表明，用户在使用移动音频 App 时往往带有一定的期望以及目的，在使用后如果能够经由使用过程满足其预先的期望，则会增加该用户对于移动音频 App 的满意度。同时，在使用过程中如果音频平台给用户提供了一些对其有价值的信息，用户也会在使用过程中感受到其有用性，进而影响其对于该平台的满意度。基于此，可以认为当下的移动音频 App 在开发相关功能时需要预先做好用户调研，基于用户画像设置相应的功能点，为用户提供切实有效和可行的高价值信息，以期提升用户满意度，进而增强用户黏性。此外，在用户满意度对于持续使用意愿影响的研究中证实，想要留住用户，提升用户黏性，应更多关注用户对于移动音频 App 的满意度。

综上，用户对移动音频有用性的感知主要体现在音频信息内容、系统质量层面。而深度访谈结果显示，用户对移动音频的期望确认程度主要体现在用户与主播的关系层面。通过对访谈结果的整理发现，用户在看待自己与主播的关系时倾向于从三个层面展开：粉丝偶像关系、亲朋好友关系、内容创作者与信息接受者关系。根据用户反馈可以得知，用户在收听移动音频的过程中会因为听觉媒体的伴随性以及主播的个性产生关于主播与自身关系的想象。有时主播是作为关键意见领袖给予用户专业的支持，有时主播则会倾向于更加亲密的友邻关系。霍顿和沃尔提出的“准社会交往”概念可以为这一现象作一定的解释。准社会交往关系指的是媒介用户和媒介人物之间的关系，在该理论中由于电视是当时的主流媒体，因而该研究指向的是电视受众会对电视中的人物或者角色产生一种想象的人际关系。应用在互联网背景之下，用户对于与主播之间关系的想象则是打破了虚拟与现实的边界而产生的一种想象的人际交往关系。由于音频媒体本身的私密性和对听觉的高度占有性，用户和主播之间的关系也将通过收听的动作变得更加紧密，进而产生类似于现实世界的社交关系。因而主播越是能够建立与用户的紧密关系，越是能够一定程度上提升用户对于音频节目的黏性，满足其对于亲密关系的期望。同时，结合深度访谈结果来看，在建立亲密的互动关系时，如果主播可以更多地披露自身的部分隐私信息也会拉近与用户之间的距离，进而提升用户的黏性。

此外，深度访谈结果还显示出移动音频媒体能够满足用户的使用意愿。从时间维度来看，是由于移动音频媒体自身也处于不断变化发展中。保罗·莱文森提出“补偿性媒介”，指出任何一种后继的媒介，都是对过去的某一种媒介或某一种先天不足功能的补救和补偿。尽管研究表明，用户收听音频的年限很长，但并非所有用户使用音频频率都很高，不少用户反映根据需求的不同对媒介选择也会不同。然而，相较于传统广播以及当前盛行的短视频而言，移动音频虽然不具备强有力的竞争力，但凭借其丰富的内容和相对低门槛的创作技术，以及随时随地都可以开启的私人领域的收听场景，用户对移动音频的满意度普遍较高。

附　录

…… ……

附录1：大学生对社会化网络问答社区的信任度及其影响因素调查问卷

尊敬的先生/女士：

您好！非常感谢您抽出宝贵的时间填写此问卷！我们是华南师范大学在线知识传播课题组，希望能了解您对于社会化网络问答社区（知乎）的信任度及相关想法。本问卷仅供学术用途，您的个人信息将予以保密，谢谢！

华南师范大学在线知识传播课题组

第1题　您使用过知乎吗？（搜索、浏览过即为使用过）

○使用过

○没有使用过

第2题　刚开始使用知乎时，您对知乎的态度。针对以下各项叙述，请在右边选择您的态度。

题目	非常不同意	不同意	一般	同意	非常同意
我当时认为，知乎是遵守承诺并履行职责的					
我当时认为，知乎会根据用户的隐私设置保护用户个人隐私信息					
我当时认为，知乎是关心用户的最佳利益的					
我当时认为，知乎提供的功能可以有效满足用户的认知需求					
我当时认为，知乎提供的功能可以有效满足用户的情感需求					

（续上表）

题目	非常不同意	不同意	一般	同意	非常同意
我当时认为，在知乎上是能实现自我价值的					
我当时认为，在知乎上我能交到志同道合的朋友					
我当时认为，知乎提供的功能可以有效地缓解压力					

第3题　目前您对知乎的态度。针对以下各项叙述，请在右边选择您的态度。

题目	非常不同意	不同意	一般	同意	非常同意
我现在认为，知乎是遵守承诺并履行职责的					
我现在认为，知乎会根据用户的隐私设置保护用户个人隐私信息					
我现在认为，知乎是关心用户的最佳利益的					
我现在认为，知乎提供的功能可以有效满足用户的认知需求					
我现在认为，知乎提供的功能可以有效满足用户的情感需求					
我现在认为，在知乎上是能实现自我价值的					
我现在认为，在知乎上我能交到志同道合的朋友					
我现在认为，知乎提供的功能可以有效地缓解压力					

第 4 题　针对以下各项叙述，请在右边选择您的态度。

题目	非常不同意	不同意	一般	同意	非常同意
据我所知，对知乎规则的正面评价多于负面评价					
据我所知，知乎在满足用户认知需求方面的正面评价多于负面评价					
据我所知，知乎在满足用户情感需求方面的正面评价多于负面评价					
据我所知，对知乎在实现个人价值方面的正面评价多于负面评价					
据我所知，对知乎满足社会交往需求的正面评价多于负面评价					
据我所知，知乎在缓解压力方面的正面评价多于负面评价					

第 5 题　针对以下各项叙述，请在右边选择您的态度。

题目	非常不同意	不同意	一般	同意	非常同意
我很容易信任他人					
我对他人的信任超过对自己的信任					
我认为大多数人对他人都是友善的					
我认为大多数人都会尽力遵守诺言					
我认为大多数人都会尽量使自己的言行保持一致					

第 6 题　您对目前中国互联网法律和制度的看法。针对以下各项叙述，请在右边选择您的态度。

题目	非常不同意	不同意	一般	同意	非常同意
中国有关互联网的法律和制度是完善的					

（续上表）

题目	非常不同意	不同意	一般	同意	非常同意
中国有关互联网的法律和制度是具有威慑力的					
中国有关互联网的法律和制度可以有效地约束网站的行为					
中国有关互联网的法律和制度可以有效保护网民的合法权益					
中国有关互联网的法律和制度可以有效解决网络纠纷					

第 7 题　针对以下各项叙述，请在右边选择您的态度。

题目	非常不同意	不同意	一般	同意	非常同意
知乎的用户服务条款对用户来说是公平的					
知乎的用户服务条款充分考虑了用户利益					
知乎的用户服务条款对网站的义务和责任的规定是详尽充分的					
知乎的用户服务条款对网站和用户之间的权利和义务的界定是明晰的					
知乎的用户服务条款和隐私承诺是真诚合理的					

第 8 题　针对以下各项关于您使用知乎的情况的叙述，请在右边选择您的态度。

题目	非常不同意	不同意	一般	同意	非常同意
我在知乎上发出的求助能获得有效的解答					

（续上表）

题目	非常不同意	不同意	一般	同意	非常同意
我会阅读知乎上的电子书籍，其对我产生了很大的帮助					
我会使用知乎中的付费咨询					
我经常从知乎热榜中获得新的知识					
我经常从知乎的推送中获得新的知识					
在知乎中我可以了解到我的同龄人群中流行什么样的文化					
我能在知乎大社群中找到归属感					
知乎让我感觉到经常可以获得帮助					
我觉得在知乎的交互中可以增加用户的情感					
我经常在知乎中提问，并且希望获得他人帮助					
我经常在知乎中回答他人提出的问题					
我经常在知乎中发表我创作的视频					
我经常在知乎中的“想法”栏目上发表观点					
我经常乐意回答别人的邀请提问					
我的回答经常得到别人的点赞					
我在知乎中经常与好友互动					
我在知乎中经常可以获得别人的邀请回答					
我经常分享知乎中的内容					
我经常关注知乎中感兴趣的用户并与他互动					
我在知乎的互动中不存在障碍					
在知乎中可以打发无聊的时间					
没有问题的时候我也会上知乎浏览信息					

（续上表）

题目	非常不同意	不同意	一般	同意	非常同意
在知乎中可以看到很多有趣的信息					
在知乎中看别人的问题和回答可以释放我的压力					
在知乎中不用担心会受到别人的压力					

第 9 题　您使用知乎的频率：

○每天都使用

○两三天一次

○每周一次

○每月一次

○每半年一次或更少

第 10 题　针对以下各项叙述，请在右边选择您的态度。

题目	非常不同意	不同意	一般	同意	非常同意
未来我会持续浏览知乎					
未来我会在知乎主动提问					
未来我会在知乎主动回答					
未来我会主动在知乎写文章和想法					
未来我会主动参与知乎组织的社区活动					

第 11 题　您正在攻读或者已经获得的最高学历：

○专科

○本科

○硕士

○博士及以上

第 12 题　您的性别：

○男

○女

附录 2：视频分享 App 用户内容生成动因调查问卷

尊敬的先生/女生：

您好！非常感谢您在百忙之中来填写这份问卷。

本问卷旨在调查以 B 站为代表的视频分享 App 用户生成内容动因。问卷采取匿名形式，并会对所有填报信息严格保密。本问卷仅用于学术研究，不会做任何商业用途。问卷共三部分，预计用时 3 分钟，对于您的支持和帮助，深表感谢！

说明：本研究的视频分享 App 的用户生成内容，特指 B 站知识区的用户生成内容。

华南师范大学在线知识传播课题组

第一部分

以下问题是关于您在 B 站知识区的视频创作情况测试，请您根据实际情况进行填写，填写结果没有对错之分，请您放心填写。

1. 您在 B 站知识区发布过视频吗：［单选题］*

○从未（结束作答）

○发布过

2. 您在 B 站知识区创作发布视频多久了：［单选题］*

○3 个月以下

○3 ~ 6 个月

○6 ~ 12 个月

○1 ~ 2 年

○2 年以上

3. 您在 B 站知识区创作发布视频的频率是多少：［单选题］*

○几乎每天都更新

○平均每周都更新

○平均每半个月更新

○平均每月都有更新

○无规律性，率性而为

4. 您的账号内容有多少是自己原创的（非搬运、非抄袭）：［单选题］*

○不到50%

○50% ~80%

○80%以上

○几乎全部为原创

第二部分

以下问题与视频分享App用户生成内容动因相关，请您根据实际情况进行填写，填写结果没有对错之分，请您放心填写。

IL1：在B站创作知识类视频是我的兴趣爱好所在。［单选题］*

○非常不同意　○不同意　○不确定　○同意　○非常同意

IL2：在B站创作知识类视频是我休闲娱乐的一种方式。［单选题］*

○非常不同意　○不同意　○不确定　○同意　○非常同意

IL3：在B站创作知识类视频使我感到愉快，取悦了我自己。［单选题］*

○非常不同意　○不同意　○不确定　○同意　○非常同意

SE1：我在B站创作知识类视频是为了表达我的观点和看法。［单选题］*

○非常不同意　○不同意　○不确定　○同意　○非常同意

SE2：我在B站创作知识类视频是希望有更多人能够认识我，让我成名。［单选题］*

○非常不同意　○不同意　○不确定　○同意　○非常同意

SE3：我在B站创作知识类视频是因为我想得到别人的认同。［单选题］*

○非常不同意　○不同意　○不确定　○同意　○非常同意

SO1：我希望通过在B站创作知识类视频能够结识志同道合的朋友。［单选题］*

○非常不同意　○不同意　○不确定　○同意　○非常同意

SO2：我希望我在B站发表的知识类视频能够得到很多人的评价和反馈。［单选题］*

○非常不同意　○不同意　○不确定　○同意　○非常同意

SO3：我希望在B站创作知识类视频接触到不同的人，拓展人脉资源。[单选题]*

○非常不同意　○不同意　○不确定　○同意　○非常同意

AL1：我希望通过自己在B站上的创作帮助别人。[单选题]*

○非常不同意　○不同意　○不确定　○同意　○非常同意

AL2：我希望自己在B站上创作的知识类视频对别人而言是有价值的。[单选题]*

○非常不同意　○不同意　○不确定　○同意　○非常同意

AL3：我乐于向朋友介绍B站知识区的新功能和新模块。[单选题]*

○非常不同意　○不同意　○不确定　○同意　○非常同意

EA1：我在B站创作知识类视频是为了获取金钱或其他物质报酬。[单选题]*

○非常不同意　○不同意　○不确定　○同意　○非常同意

EA2：我在B站创作知识类视频是为了获取更多的用户关注和流量。[单选题]*

○非常不同意　○不同意　○不确定　○同意　○非常同意

EA3：我在B站创作知识类视频是为了寻求商业合作，从而拓展新的工作机会。[单选题]*

○非常不同意　○不同意　○不确定　○同意　○非常同意

PR2：我觉得在B站发布视频提升了我的专业地位。[单选题]*

○非常不同意　○不同意　○不确定　○同意　○非常同意

PR3：我觉得在B站发布视频提高了我的社会知名度和认可度。[单选题]*

○非常不同意　○不同意　○不确定　○同意　○非常同意

PE1：我觉得B站的界面设计和操作步骤非常人性化。[单选题]*

○非常不同意　○不同意　○不确定　○同意　○非常同意

PE2：我觉得在B站中上传、分享视频和修改视频是容易操作的。[单选题]*

○非常不同意　○不同意　○不确定　○同意　○非常同意

PE3：我熟知B站发布视频的各项功能，用起来没有什么障碍。[单选题]*

○非常不同意　○不同意　○不确定　○同意　○非常同意

PU1：我认为B站非常契合我的创作需求。[单选题]*

○非常不同意　○不同意　○不确定　○同意　○非常同意

PU2：我认为B站在一定程度上提高了我的视频创作效率。[单选题]*

○非常不同意　○不同意　○不确定　○同意　○非常同意

PU3：我认为B站为我持续创作并发布视频提供了很大帮助。[单选题]*

○非常不同意　○不同意　○不确定　○同意　○非常同意

TR1：我认为我发布在B站的知识类视频不会被其他网友不恰当使用。[单选题]*

○非常不同意　○不同意　○不确定　○同意　○非常同意

TR3：我认为B站的大多数网友是值得信任的。[单选题]*

○非常不同意　○不同意　○不确定　○同意　○非常同意

SE1：我对自己在B站知识区创作的视频内容很自信。[单选题]*

○非常不同意　○不同意　○不确定　○同意　○非常同意

SE2：我对自己在B站与人分享有用内容的能力很自信。[单选题]*

○非常不同意　○不同意　○不确定　○同意　○非常同意

SE3：我对自己的作品能够准确传达自己的观点态度很自信。[单选题]*

○非常不同意　○不同意　○不确定　○同意　○非常同意

PS1：我能够熟练完成视频的前期策划，如主题设计、脚本撰写等。[单选题]*

○非常不同意　○不同意　○不确定　○同意　○非常同意

PS2：我能够熟练完成视频的中期拍摄，如景别选用、镜头手法等。[单选题]*

○非常不同意　○不同意　○不确定　○同意　○非常同意

PS3：我能够熟练完成视频的后期剪辑，如字幕特效、编辑画面等。[单选题]*

○非常不同意　○不同意　○不确定　○同意　○非常同意

UGB1：未来我会持续在B站进行知识类视频创作。[单选题]*

○非常不同意　○不同意　○不确定　○同意　○非常同意

UGB2：未来我会增加知识类视频创作和分享的频率。[单选题]*

○非常不同意　○不同意　○不确定　○同意　○非常同意

UGB3：未来我愿意花时间和精力创作出更优质的原创知识内容。[单选题]*

○非常不同意　○不同意　○不确定　○同意　○非常同意

UGB4：如果有机会，我会积极参与到 B 站知识区发布的各种创作活动中。[单选题]*

○非常不同意　○不同意　○不确定　○同意　○非常同意

UGB5：如果有机会，我会邀请我的朋友一起参与到 B 站知识区的创作和分享中来。[单选题]*

○非常不同意　○不同意　○不确定　○同意　○非常同意

第三部分

以下问题与您的个人基本信息相关，我们会保护好您的个人信息，请您放心填写。

1. 您的性别：[单选题]*

○男

○女

2. 您的年龄：[单选题]*

○15 岁及以下

○16～25 岁

○26～35 岁

○36～45 岁

○45 岁以上

3. 您的受教育程度：[单选题]*

○高中及以下

○大学专科

○大学本科

○硕士及以上

4. 您目前从事的职业：[单选题]*

○学生

○事业单位/公务员/政府工作人员

○私企/外企

○个体户

○自由职业者

问卷到此结束，再次感谢您的耐心填写！祝您生活愉快！

附录3：B站健康知识类视频受众分享行为影响因素调查问卷

尊敬的先生/女士：

您好！我们是华南师范大学在线知识传播课题组，正在进行一项关于B站健康知识类视频受众分享行为的调查研究。诚挚邀请您填写我们的问卷，请您根据您的真实情况准确作答。您的所有回答仅供此次调查的数据分析，我们承诺将严格保密您提供的所有信息。感谢您的配合！祝您心情愉快！

说明："健康知识类视频"，主要是指B站知识区科学科普类中健康主题的视频，其中既包括专业健康知识也包括趣味形式的健康知识科普。

华南师范大学在线知识传播课题组

1. 年龄（数字）［填空题］*

____

2. 学校（请填写全称）［填空题］

____

3. 您是否有使用过B站观看健康类视频：［单选题］*

○是

○否

4. 您是否有分享B站健康类视频的习惯：［单选题］*

○是

○否

5. 最近一个月，您每周在B站观看健康类视频的数量：［单选题］*

○0~1个

○2~10个

○10~20个

○20个以上

6. 最近一个月，您每周分享 B 站健康类视频的次数：[单选题]*

○0 ~ 3 次

○4 ~ 6 次

○6 ~ 10 次

○10 次以上

7. 我会认真作答以下题目：[单选题]*

○是

○否

8. 请根据您的真实情况选择最符合的一项。[矩阵量表题]*

	非常不同意	不同意	一般	同意	非常同意
知识分享态度					
我认为分享 B 站健康知识类视频是一件令人愉快的事情					
我认为分享 B 站健康知识类视频是一件很好的事情					
我认为分享 B 站健康知识类视频是一件有价值的事情					
我认为分享 B 站健康知识类视频是一件有益的事情					
我认为分享 B 站健康知识类视频是一个好的动机					
知识分享主观规范					
我会关注 B 站大家共同关注的知识区健康类 UP 主					
我周围的人利用 B 站分享健康知识类视频比较普遍					
我周围的人认为我分享 B 站健康知识类视频是有价值的					
我周围的人认为 B 站健康知识类视频是有帮助的					

（续上表）

	非常不同意	不同意	一般	同意	非常同意
知识分享控制力					
我能够掌控自己分享 B 站健康知识类视频					
我能够掌控自己分享从 B 站健康知识类视频中获得的知识与经验					
我能够掌控自己分享 B 站健康知识类视频的时间					
知识分享自我效能					
只要我想，找到适合分享的 B 站健康知识类视频对我而言是一件很容易的事情					
我能够辨别适于分享的健康知识类视频					
我能够分享使人觉得有价值的健康知识类视频					
我能够分享为他人解疑答惑的健康知识类视频					
知识分享意向					
在接下来的一年里，我乐意与他人分享 B 站健康知识类视频					
在接下来的一年里，我乐意与他人分享自己在 B 站健康知识类视频中学到的知识					
在接下来一年里，我乐意推荐他人分享 B 站健康知识类视频					
我认为与他人分享 B 站健康知识类视频及知识是很有成就感的					

（续上表）

	非常不同意	不同意	一般	同意	非常同意
知识分享行为					
在过去一年里，我与他人分享B站健康知识类视频的频率高					
在过去一年里，我与他人分享在B站所学到的健康知识频率高					
在过去一年里，我为分享B站健康知识类视频所投入的精力多					

9．您是否愿意参加我们的访谈？如果愿意，请留下您的联系方式，备注QQ号/微信号/手机号，例如：手机号：11111111111［单选题］*

○是________________*

○否

附录4：B站健康知识类视频受众分享行为影响因素访谈提纲

【访谈对象】

大学生，年龄段在19~25岁之间，以本科生、研究生为主体，注意不同地区、不同性别。

【访谈目的】

（1）挖掘大学生群体分享B站健康知识类视频行为背后的影响因素，揭示在分享意愿形成过程中的影响因素。

（2）为弥补问卷调查的不足，强调挖掘个体背后分享行为的经历及故事，为问卷调查数据作进一步的支撑和解释，用以分析论证态度、主观规范、知觉行为控制对分享意愿及分享行为的影响。

【访谈提纲】

向受访者介绍态度、主观规范等定义。

一、个体的基本信息

（1）姓名

（2）性别

（3）年龄

（4）学校以及专业、年级

（5）使用B站的年限

（6）联系方式（微信、电话、QQ任意一种，方便后续联系）

二、分享意愿及分享行为

＊分享意愿及分享行为

（1）您平时观看B站的健康知识类视频吗？什么时候开始用B站观看健康知识类视频，为什么用？怎样开始接触B站健康知识类视频？

（2）最近一次刷B站看视频是在什么时候？日常使用B站观看健康知识类视频的时间、频率？

（3）平时看到B站的健康知识类视频，您会分享给其他人吗？

＊分享偏好

（4）您一般选择分享什么类型的健康知识类视频及知识？

（5）一般会通过什么渠道分享给其他人？（口头/B站内/小范围微信/大范围转发到朋友圈/更大的社交平台，可以引导访谈对象打开B站某健康视频，谈谈分享的想法）

＊认知测量

（6）您认为在B站观看视频时，怎样做是健康知识传播行为？

＊影响分享意愿及分享行为的因素

（7）您为什么会选择分享所观看的健康知识类视频/知识？是什么因素影响了您的分享意愿？请详细描述。（比如视频本身质量/B站上健康知识类视频的发展/周围人影响/随手，是觉得视频讲得很有道理还是觉得它讲得不好等）

您为什么不愿意分享健康知识类视频/知识呢？什么因素影响了您的分享意愿？请详细描述。

（8）在可能的情况下，哪些因素能鼓励您更愿意分享B站健康知识类视频？可以展开说说吗？（周围人影响/更方便/易掌控/视频本身价值高……）

＊态度

（9）您认为分享健康知识类视频/知识，进行健康知识传播对您来说有什么价值/坏处？可以展开说说吗？

＊主观规范

（10）您身边的亲人/朋友/同学会分享B站健康知识类视频吗？如果会，这是否会对您的分享意愿或行为造成影响？请展开说说。

（11）有哪些个人或团体（包括工作单位、相关个人或群体、党和政府以及相关政策等）赞同或不赞同您进行健康知识传播行为？会对您的分享意愿和分享行为造成影响吗？请展开说说。

＊控制力

（12）您在选择分享健康知识类视频/知识的时候会考虑视频的内容或自己需要付出的时间、精力等因素吗？会如何考虑？

＊自我效能

（13）您有分享的健康知识类视频/知识对自己/别人产生帮助的经历吗？请展开说说。

（14）您觉得自己分享的B站健康知识类视频会被其他人如何评价？您觉得您分享的健康知识类视频/知识是能被他人认可的吗？为什么？

＊建议措施

（15）您对B站健康知识类视频的发展有什么建议吗？或者说您更愿意分享什么样的B站健康知识类视频呢？

附录5：人格特质对移动音频 App 持续使用意愿影响的调查问卷

尊敬的先生/女生：

您好！我们是华南师范大学在线知识传播课题组，非常感谢您在百忙之中来填写这份问卷。

本问卷旨在调查人格特质对移动音频 App 持续使用意愿的影响因素。问卷采取匿名形式，并会对所有填报信息严格保密。本问卷仅用于学术研究，不会做任何商业用途。问卷共 4 部分，预计用时 3 分钟，对于您的支持和帮助，深表感谢！

说明：本研究的移动音频 App，特指综合类音频平台（如喜马拉雅 FM）以及播客类平台（如 Apple Podcast），不涵盖在线音乐以及有声书。

华南师范大学在线知识传播课题组

第一部分

以下问题是关于您的人格特质测试，请您根据实际情况进行填写，填写结果没有对错之分，请您放心填写。

[矩阵单选题]*

题目	非常不同意	不同意	一般	同意	非常同意
1. 我常担忧一些无关紧要的事情					
2. 我常常感到内心不踏实					
3. 我常担心有什么不好的事情要发生					
4. 我喜欢一开头就把事情计划好					
5. 我工作或学习很勤奋					
6. 做事讲究逻辑和条理是我的一个特点					
7. 我觉得大部分人基本上是心怀善意的					

（续上表）

题目	非常不同意	不同意	一般	同意	非常同意
8. 虽然社会上有些骗子，但我觉得大部分人还是可信的					
9. 尽管人类社会存在着一些阴暗的东西（如战争、罪恶、欺诈），我仍然相信人性总的来说是善良的					
10. 我是个勇于冒险、突破常规的人					
11. 我喜欢冒险					
12. 我身上具有别人没有的冒险精神					
13. 我对人多的聚会感到乏味（反向）					
14. 我尽量避免参加人多的聚会和嘈杂的环境（反向）					
15. 我喜欢参加社交与娱乐聚会					

第二部分

1. 您的移动终端安装的音频 App 的个数：[单选题]*

○0 个（请跳至第四部分第 1 题）

○1 个

○2～3 个

○3 个以上

2. 您经常使用的移动音频 App 有：[多选题]*

□Apple Podcast

□Spotify

□喜马拉雅 FM

□荔枝 FM

□蜻蜓 FM

□小宇宙

□其他__________

3. 您使用移动音频 App 的次数：[单选题]*

○每天 1 次

○每天 2 次及以上

○每周 2 ~ 3 次

○每个月 2 ~ 3 次

○每个月 3 次以上

4. 您每周使用移动音频 App 的频率更接近以下哪一项：[单选题]*

○30 分钟以内

○30 分钟至 1 小时

○1 ~ 3 小时

○3 ~ 5 小时

○5 小时以上

5. 您一般在什么场景喜爱使用移动音频 App：[多选题]*

□缓解情绪、纾解焦虑

□了解一些我感兴趣的信息

□想听好听的声音

□睡不着，助眠

□无聊，随便听听

□其他____________

第三部分

以下问题与移动音频 App 持续使用意愿相关，请您根据实际情况进行填写，填写结果没有对错之分，请您放心填写。

IQ1 移动音频 App 提供的信息是准确的、合理的。[单选题]*

○非常不同意　○不同意　○一般　○同意　○非常同意

IQ2 移动音频 App 提供的信息是充分的、完整的。[单选题]*

○非常不同意　○不同意　○一般　○同意　○非常同意

IQ3 移动音频 App 提供的信息是及时更新的。[单选题]*

○非常不同意　○不同意　○一般　○同意　○非常同意

IQ4 移动音频 App 提供的信息是符合我的需求的。[单选题]*

○非常不同意　○不同意　○一般　○同意　○非常同意

SQ1 移动音频 App 的响应速度快、运行稳定、操作简单方便。[单选题]*

○非常不同意 ○不同意 ○一般 ○同意 ○非常同意

SQ2 移动音频 App 的相关功能齐全，使用较为方便。[单选题]*

○非常不同意 ○不同意 ○一般 ○同意 ○非常同意

SQ3 移动音频 App 安全可靠，可以保护我的隐私。[单选题]*

○非常不同意 ○不同意 ○一般 ○同意 ○非常同意

QS1 移动音频 App 能为我提供及时的服务。[单选题]*

○非常不同意 ○不同意 ○一般 ○同意 ○非常同意

QS2 移动音频 App 能够给我提供个性化的推荐和专业指导，满足我的个性化需求。[单选题]*

○非常不同意 ○不同意 ○一般 ○同意 ○非常同意

QS3 我在移动音频 App 提出的问题与疑惑，可以得到平台或者其他用户的及时解答。[单选题]*

○非常不同意 ○不同意 ○一般 ○同意 ○非常同意

PU1 我使用移动音频 App 获得了很多信息。[单选题]*

○非常不同意 ○不同意 ○一般 ○同意 ○非常同意

PU2 使用移动音频 App 时，我获取信息的效率很高。[单选题]*

○非常不同意 ○不同意 ○一般 ○同意 ○非常同意

PU3 移动音频 App 为我提供了方便的获取信息的途径。[单选题]*

○非常不同意 ○不同意 ○一般 ○同意 ○非常同意

PU4 总体而言，我认为移动音频 App 对我来说是有用的。[单选题]*

○非常不同意 ○不同意 ○一般 ○同意 ○非常同意

CO1 移动音频 App 的使用体验，比我预期的要好。[单选题]*

○非常不同意 ○不同意 ○一般 ○同意 ○非常同意

CO2 移动音频 App 的内容非常优质，超出了我的预期。[单选题]*

○非常不同意 ○不同意 ○一般 ○同意 ○非常同意

CO3 移动音频 App 的服务水平超出了我的预期。[单选题]*

○非常不同意 ○不同意 ○一般 ○同意 ○非常同意

CO4 总的来说，我对移动音频 App 的预期基本都实现了。[单选题]*

○非常不同意 ○不同意 ○一般 ○同意 ○非常同意

SA1 我对使用移动音频 App 的过程和体验感到满意。[单选题]*

○非常不同意 ○不同意 ○一般 ○同意 ○非常同意

SA2 对我来说，使用移动音频 App 是一个明智的选择。[单选题]*

○非常不同意 ○不同意 ○一般 ○同意 ○非常同意

SA3 我认同并且乐于使用移动音频 App。[单选题]*

○非常不同意 ○不同意 ○一般 ○同意 ○非常同意

CH1 我愿意继续使用移动音频 App。[单选题]*

○非常不同意 ○不同意 ○一般 ○同意 ○非常同意

CH2 我愿意向亲朋好友推荐使用移动音频 App。[单选题]*

○非常不同意 ○不同意 ○一般 ○同意 ○非常同意

CH3 我愿意继续使用移动音频 App 的更多功能。[单选题]*

○非常不同意 ○不同意 ○一般 ○同意 ○非常同意

第四部分

1. 您的性别：[单选题]*

○男

○女

2. 您的年龄：[单选题]*

○15 岁及以下

○16～25 岁

○26～35 岁

○36～45 岁

○45 岁以上

3. 您的受教育程度：[单选题]*

○高中及以下

○大学专科

○大学本科

○硕士及以上

4. 您目前从事的职业：[单选题]*

○学生

○事业单位/公务员/政府工作人员

○私企、外企

○个体户

○自由职业者

诚邀您作为本研究的访谈对象，方便留下您的联系方式吗？如若不便，也欢迎您转发给您的好友，一同参与调研。[填空题]

____

问卷到此结束，再次感谢您的耐心填写！祝您生活愉快！

附录6：人格特质对移动音频App持续使用意愿影响的访谈提纲

说明：本研究的移动音频App，特指综合类音频平台（如喜马拉雅FM）以及播客类平台（如Apple Podcast），不涵盖在线音乐以及有声书。

一、基础信息

1. 您的年龄和职业是？
2. 您使用过移动音频App吗？有哪些呢？
3. 您使用这些移动音频App大概多长时间了？
4. 您一周使用移动音频App的频率大概是怎样的？
5. 您一般在什么场景下使用移动音频App？

二、用户满意度与持续使用意愿

1. 您对移动音频App的使用感受是怎么样的？
2. 您对现在所使用的移动音频App满意吗？为什么？
3. 您会持续使用某移动音频App吗？为什么？

三、影响选择的因素

1. 作为一档音频节目您最看重的是什么？
2. 您希望在音频节目中可以收听到哪些内容？
3. 从信息获取层面，您认为选择音频媒体获取和其他形式（看视频、浏览图文等）获取有什么差别，您比较青睐哪一种？
4. 您对当前移动音频App系统的看法是怎么样的？
5. 您对当前移动音频App的服务是否满意？

6. 您对音频当中的广告态度是怎么样的，对视频或者其他形式的广告态度是怎么样的？

7. 您有喜欢的主播吗？可以适当举例。您是怎么看待您和主播的关系的？

8. 您是怎么看待您与听友之间的关系的？

9. 您会将您听的音频节目分享给他人吗？为什么？

10. 您会将您听的音频节目分享在其他社交平台上吗？为什么？

11. 您在听音频的过程中会有想要分享和表达的时候吗？您又是如何去分享和表达的呢？

12. 您会在收听音频节目的时候参与到互动中吗？（例如，参与前期的活动策划投稿、参与现场录制、参与评论和转发以及讨论）

13. 您尝试过自己制作一档音频节目吗？对于制作音频节目您最看重的是什么？

四、持续使用的动机

1. 您一般选择持续使用移动音频 App 的目的是什么？

2. 通过使用移动音频 App，您认为您是否有收获？可否结合您印象最深刻的一期内容谈一谈？

3. 您购买过音频 App 的内容吗？是和哪方面相关的？您是否排斥音频内容付费？

4. 如果让您为移动音频 App 付费，您认为哪些因素会影响您的购买意愿？

五、媒介选择倾向

1. 您在什么情况下会选择收听音频而不是观看视频？

2. 听音频相较于看视频，您认为带给您最大的不同体验是什么？

3. 相较于广播，您认为当前的移动音频对您来说是否更具吸引力，为什么呢？

4. 相较于音乐类 App 以及有声书类 App，您认为移动音频是否具备优势，为什么？

后　记

本书是作者近年来对知识传播的研究总结，最早来源于广东省教育厅青年创新人才类项目“泛在学习环境下知识分享社区的传播模式研究”。随着在线知识传播现象的不断更替，研究的内涵也在不断扩展。期间，我指导研究生、本科生完成了科研项目和学位论文的研究工作，其研究成果最终结集出版。在本书的编写过程中，我们认真研究了国内外同类的长处和不足，取长补短，力求呈现较为接近真实的在线知识传播现象。但书中难免出现错误和疏漏之处，恳请各位读者、学者不吝赐教。

本书得以完稿，课题组成员付出了很大的努力，周瑶、汪洁伊、朱孟玮、何三江、刘竞哲、李雨婕、江婉晴和彭子晏等同学完成部分内容的调研、分析和撰写工作，特此感谢！

作　者

2023 年 11 月